人类发现之旅

中国战争的历程

李哲 编著

THE HISTORY OF CHINESE WARS

中国画报出版社·北京

图书在版编目（CIP）数据

中国战争的历程 / 李哲编著．-- 北京：中国画报出版社，2014.2（2025.1重印）
ISBN 978-7-5146-0969-1

Ⅰ．①中… Ⅱ．①李… Ⅲ．①战争史－中国－青年读物②战争史－中国－少年读物 Ⅳ．E29-49

中国版本图书馆 CIP 数据核字（2014）第 029556 号

中国战争的历程 　　　　　　　　　　　　　　李哲　编著

出 版 人：	田　辉
责任编辑：	张　桐
出　　版：	中国画报出版社
地　　址：	中国北京市海淀区车公庄西路33号，邮编：100048
电　　话：	010-88417359（总编室兼传真）　010-88417359（版权部） 010-88417418（发行部）　010-68414683（发行部传真）
印　　刷：	三河市兴国印务有限公司
监　　印：	焦　洋
经　　销：	新华书店
开　　本：	700mm×1000mm　1/16
印　　张：	13
字　　数：	282千字
插　　图：	400
版　　次：	2014年3月第1版　2025年1月第2次印刷
书　　号：	ISBN 978-7-5146-0969-1
定　　价：	78.00元

如发现印装质量问题，请与承印厂联系调换。
版权所有，翻印必究；未经许可，不得转载！

中国战争的历程

前言 Introduction

　　人类在自身生存的压力下，去努力探索周围的世界，开始了漫长的发现之旅，而在这发现的旅途中，人类独有的好奇心起着重要的驱动作用，人类由此发展壮大起来。发现之旅艰苦而漫长，其中发生的故事趣味横生、丰富多彩。本套丛书将发现之旅分门别类地呈现在你的面前。

　　自人类出现以来，战争这种社会历史现象就从来没有停止过。从世界历史的发展进程来看，战争既促进了人类文明的发展和进步，又时刻对人类自身的生存产生了莫大的威胁。

　　古代部落之间就开始了最早的战争，很多生命因此被剥夺，但客观上也促进了各民族的融合，并且催生了国家的诞生；再后来，国家内部各民族、各种族之间爆发的战争，也是残酷的，但也有积极的一面，促进了各民族的解放和独立；而国家内部的政治派别间爆发的战争，客观上引起了政权的更迭，促进了人类文明的发展。

　　中国是悠久的文明古国，从远古部落时期的炎黄大战开始，战争就成为中国历史不可或缺的重要组成部分，同时也是人类战争历程中重要的组成部分。中国战争的历程按照通常分法，分为中国古代战争、中国近代战争和中国现代战争。

　　4600余年前，黄帝部落联合炎帝部族与东夷集团之间的涿鹿之战，促进了炎黄部落的兴盛，为中华民族的诞生奠定了基础。而此后又爆发了鸣条之战，牧野之战，导致夏商周之间的朝代更替。

　　进入春秋战国时期，各诸侯国之间战争频繁，著名的有晋楚之间城濮之战，秦晋之间的崤之战，晋国、卫国、鲁国与齐国之间的鞍之战，晋、齐、宋、卫、鲁、郑、曹、邾、滕与秦国之间的麻隧之战，还有著名军事家孙膑指挥的桂陵之战，以及秦国建立期间的长平之战，邯郸之战。

秦朝建立之后，被压迫的百姓被迫大起义，项羽与秦军展开了巨鹿之战，秦军大败，而后刘邦又通过垓下之战，大败项羽，建立了汉朝。

汉朝为维护民族统一，先后与匈奴爆发了白登之战、河南之战、河西之战、漠北之战，将匈奴赶出漠北，成功开疆扩土。这一系列战役中也诞生了卫青、霍去病、李广等著名军事家。在汉末的农民起义的混乱中，刘秀带领绿林军与王莽新朝的昆阳之战，大败王莽，建立东汉。

东汉末年，群雄逐鹿，爆发了曹操大败袁绍的官渡之战，孙权刘备大败曹操的赤壁之战等等，而后建立起的东晋与前秦之间的淝水之战，更是以少胜多的战争典型，并诞生了"草木皆兵"的成语，丰富了中华文化。

历史进入隋唐时期，这时候爆发了著名的李世民大战王世充的洛阳之战，隋炀帝征伐高丽的辽阳之战以及李世民占领长安的长安之战。

两宋时期对外用兵屡次失败，爆发了缔结了"澶渊之盟"的澶州之战。而后南宋打败金朝的采石之战，让南宋获得喘息的机会，不过后来蒙古的襄樊之战，再次让南宋失败，崖山海战后，南宋彻底灭亡，元朝自此登上历史舞台。

元末农民起义中的朱元璋和陈友谅之间的水战——鄱阳湖之战，足以载进历史史册，自此明朝成为中国历史著名的朝代之一，再之后就是后金灭明的关键战役——宁远之战了。

清朝末年，国家积贫积弱，历史进入近代时期，日本侵略中国和朝鲜的甲午战争，记录了许多历史的屈辱，而之后的中英鸦片战争，更让中国沦为半殖民地半封建社会。

本书中将中国战争历程中各个时期的内容，有重点地编写为75个独立单元，配以多幅精美的彩色插图，立体、直观、全面地展现中国战争历程的发展轨迹，阅读此书，读者对于中国战争的历程会有一个概括性的了解，在信息社会的今天，此书不失为一本有阅读价值的书。

目录 CONTENT

第一章 传说时代 夏商西周
阪泉之战 /10
涿鹿之战 /12
甘之战 /14
牧野之战 /16

第二章 春秋
齐鲁长勺之战 /20
楚宋泓水之战 /22
晋楚城濮之战 /24
秦晋崤之战 /28
晋楚邲之战 /30
吴楚柏举之战 /32
越灭吴之战 /34

第三章 战国
齐魏桂陵之战 /40
齐魏马陵之战 /42
齐燕即墨之战 /44
秦赵长平之战 /46
秦赵邯郸之战 /48

第四章 秦代
秦灭六国之战 /52
陈胜、吴广农民起义 /56
巨鹿之战 /58

第五章 汉代
韩信灭赵之战 /62
成皋之战 /64
垓下之战 /68
平定"七王之乱" /70
马邑之战 /75
昆阳之战 /77
黄巾军农民起义 /79

第六章 三国
官渡之战 /82
赤壁之战 /84
巴蜀之战 /88
夷陵之战 /90
诸葛亮七擒孟获 /92
诸葛亮北伐 /94

第七章 两晋南北朝 隋代
秦晋淝水之战 /100
北魏刘宋之战 /104
隋朝统一之战 /106
北邙之战 /108

第八章　唐代

围郑灭夏虎牢之战 /112
反击东突厥之战 /114
讨伐西突厥之战 /116
平定安史叛乱之战 /118
反击吐蕃、回纥联合侵袭之战 /122
平定淮西吴元济之战 /124
黄巢农民起义 /128
后唐奇袭大梁之战 /130

第九章　宋代

宋灭南唐之战 /134
宋辽之战 /136
方腊农民起义 /138
东京保卫战 /140
黄天荡之战 /144
保卫顺昌之战 /146
宋金郾城之战 /148
采石之战 /150

第十章　元代

蒙古灭金之战 /156
忽必烈灭宋之战 /158
刘福通红巾军起义 /160
鄱阳湖之战 /162
徐达北伐之战 /164

第十一章　明代

朱棣亲征漠北之战 /168
于谦保卫北京之战 /170
戚继光仙游抗倭之战 /172
萨尔浒之战 /174
宁远之战 /176
松锦之战 /178
李自成朱仙镇会战 /180
山海关之战 /182

第十二章　清代

清军进军大西南之战 /186
郑成功收复台湾 /188
平定三藩之战 /190
雅克萨自卫还击之战 /192
清平定准噶尔叛乱之战 /194
太平军湖口之战 /196
捻军高楼寨之战 /198
镇南关大捷 /200
中日甲午海战 /202
抗击八国联军的天津之战 /204

中国战争大事年表 /206

第一章
传说时代 夏商西周

从文明初曙的炎黄时代，到青铜文明日益发展的夏商西周，是中国军事史的一个重要发展阶段。因为随着国家机器从最初出现到走向完善，军队作为国家机器的重要组成部分也日渐成熟，真正意义上的战争增多了，武器装备、军事制度、军事思想等也获得了长足的发展。

在这一时期，有史可稽的战争主要发生在以黄河、长江中下游为中心的广大地区。这些战争，首先是在中原角逐，争夺激烈，随后四方先进的生产技术和优秀的文化因素也在这个大舞台上先后登场，促进了黄河中下游政治、经济、文化的繁荣。而这个中心区和四方的关系是极为密切的，东方的夷人、南方的荆楚和百越、北方和西方的戎狄，他们与中原王朝时而和平交往，时而兵戎相见。与四夷关系的好坏，往往影响到中原王朝的统治是否稳固。但从整个历史进程看，和平交往固然促进了文化的交流，而战争也导致了不同文化的撞击，加速了中原与周边地区的交融，从而使两大河流域中下游地区文化逐渐趋同，为后来中华民族的形成奠定了基础。

阪泉之战

华夏儿女常称自己是"炎黄子孙"。"黄"是指黄帝，"炎"是指炎帝。他们为了争夺中原地区部落联盟的首领，在阪泉进行了一次大战。由于黄帝部落和炎帝部落是同属于华夏集团内部两个同源共祖的亲属部落，所以这次战争中既没有残酷的杀戮，也没有分出绝对的胜负。最终两个部落结成了新的联盟。

为什么会爆发战争

在炎帝和黄帝时期，华夏民族形成了自己初具雏形的古代文明，中华大地从此开始繁荣起来。传说中炎帝最大的贡献是发明了农业，教给了人们播种五谷的方法，使人们有了足够的粮食。他另外一个了不起的成就是创造了医药学，延长了人的寿命。同炎帝比较起来，黄帝的知名度更高，他用自己的杰出智慧在政治、思想、农业、医药、军事等多个领域继承了前辈的成果，使中华文明形成了完整的体系，并一直延续到几千年后的今天。

▲黄帝升仙图

黄帝部落和炎帝部落同源共祖，同属华夏民族，他们为什么会发生战争呢？关于黄炎之战的起因众说纷纭，流传最广的说法是两人在治理天下以及为民谋福利的方法上存在分歧，互相又都不能接受对方的政策，因而发生了矛盾，矛盾的激化最终导致了战争的爆发。而史学家们则认为真正的原因是，炎帝和黄帝两个部落在同一地区生产生活，他们为了获得更多的物质利益，就各自与自己的亲属部落联合在一起，结成联盟，并用暴力征服不顺从者。根据"以力为雄"的原则，他们都成为了享有很高威信的首领，很多弱小的部落纷纷投靠他们，以求得保护。然而两强并起的局面，限制了他们的发展空间。为继续扩大自己的势力范围，占得绝对的霸主地位，两个最强的部落之间终于发生了战争。

▼炎帝升仙图

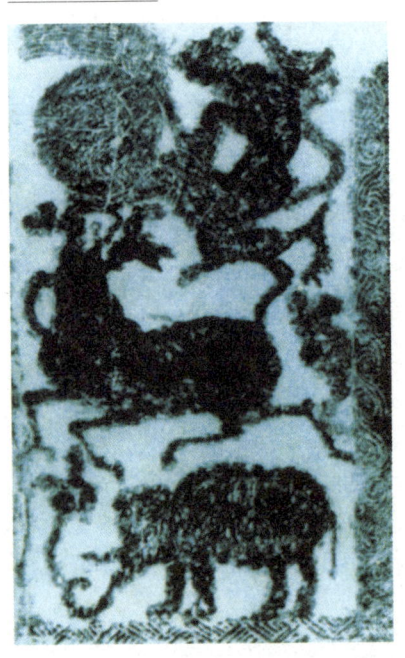

千变万化的星斗七旗阵

战争一开始，两个部落各自占据有利地形。首先，炎帝在黄帝没有防范的情况下，先发制人，率兵以火围攻，使得轩辕城外经常浓烟滚滚，遮天蔽日。黄帝的手下应龙带人用水熄灭火焰，黄帝率兵将炎帝赶回阪泉之谷。在阪泉河谷中，黄帝积极进行作战准备。为增强武力，他将强悍的熊、罴、狼、豹、虎等六个氏族中有战斗力的人员编成氏族武装，精心教练。同时他竖起七面大旗，摆开了星斗七旗战法。黄帝仰慕炎帝的医药和农耕技术，吩咐手下士兵只许与炎帝斗智斗勇，不能伤其性命。他在炎帝营外摆阵练兵，千变万化的阵法层出不穷，炎帝无计可施，只能利用悬崖作屏障拒不出战。黄帝一边以演练战法做掩护，一边派人日夜掘进，将洞穴挖到炎帝的后方，最终突然偷袭了炎帝军营，活捉了炎帝。

黄帝虽然取得了这场战争的胜利，成为中原地区部落联盟的首领，但他并没有否定炎帝的功劳和威望。在处理同炎帝的关系上，他表现出了博大胸怀，他把炎黄两个部落联合起来，建立了新的同盟关系。黄帝的这种兼容并包的精神也奠定了中华民族不断发展的基础，这种征服思想也被后世所继承。

◀炎帝像

▶黄帝像

中华民族的历史

在夏王朝建立之前，中华民族历史经验的传递靠口耳相传，这段时间被称为"传说时代"。

在传说中，这时最活跃的有华夏、东夷、苗蛮三大部族集团。华夏集团的主要代表是黄帝和炎帝，其先世均发祥于西北地区，后来子孙昌盛，四散开来，主要活动在黄河中游，一般认为他们是仰韶文化、中原龙山文化的创造者。

涿鹿之战

如果说黄帝是通过战胜炎帝获得了统治地位，那么他真正巩固了自己的统治是经过了另外一场重要的战争，即同蚩尤的涿鹿之战。蚩尤是炎帝的后代，传说他铜头铁额，能吞云吐雾，是一个有超常能力的战神。他不甘心向黄帝臣服，几次挑起战争。黄帝为了平定蚩尤作乱，亲自带兵出征，上演了一场旷日持久、规模巨大的史诗般的战争。

不食人间烟火的蚩尤

蚩尤实际跟黄帝一样，也是部落联盟的首领。他统率了72（或说81）个氏族，势力很大。传说蚩尤经常炫耀自己有超人的能力，可以不吃食物，用沙子来补充自己的体力。他的头上长着两只尖角，打仗时比野兽还要凶猛。实际上，当时人类已能种稻谷，蚩尤只是以米为食，而不是以沙为食。他的头上并没有长角，只不过戴着插有两只锋利牛角的头盔罢了。蚩尤会制造多种类型的兵器，据说剑、戈、矛、戟、弩和铠甲都是由蚩尤发明并在自己的军队中率先使用的。天性勇猛的蚩尤不愿听从黄帝的指挥，希望自己号令天下。于是蚩尤率领手下的氏族军队开始向黄帝进攻，战争在涿鹿爆发。

指南车指引黄帝走出迷雾

传说中蚩尤最拿手的是吞云吐雾，他的这一本领使黄帝的军队吃尽了苦头。正当双方交战处于难解难分之际，蚩尤开始作法，只见他七窍生烟，吞云吐雾，浓烟夹杂着迷雾一下子扩散开来，奇怪的是，这些烟雾只能遮挡住黄帝将士的视线，而蚩尤手下的兵将却能看得清清楚楚。这样，蚩尤的士兵不断地进行突然袭击，得手后就躲在烟雾里。以上这些不过是神话传说，真实的情况是蚩尤族大多习惯适应了恶劣的天气环境，特别是擅长在浓雾和暴雨中作战。所以他常常选择有雾和下雨的天气与黄帝交战，天时不利

▼涿鹿之战（油画）

▲涿鹿古战场遗址，今河北涿鹿矾山川

时，他轻易不出兵。这时候，黄帝手下一个叫风后的能工巧匠，想出了办法，他模仿北斗星制作了指南车，车上有一个磁石做成的小人，无论怎么转动指南车，小人的手始终指向南方。黄帝在指南车的帮助下，率领族人冲出雨雾，脱离了险境。当雨季过去，黄帝选择了有利的天气，向蚩尤发起进攻，这一次，黄帝取得了胜利。

低沉浑厚的龙吟之声开启了胜利之门

蚩尤的士兵个个凶猛剽悍，所以他们的战斗力要强于黄帝，双方交手多次，黄帝的军队败多胜少。黄帝只好再次寻找破解方法。当他得知玄女族人擅长利用计谋和阵法与敌交战时，就与玄女族结成联盟。此后黄帝不与蚩尤正面硬碰硬地交锋，而是组织各氏族部落采取灵活多变的作战阵形，用智慧和经验把只有蛮力的蚩尤士兵打得只有招架之功，没有还手之力。有一次双方正在激战，突然狂风四起，尘沙漫天，黄帝便找来大批牛角和羊角，做成可以吹出龙吟之声的号角，然后让士兵一起吹起号角，低沉浑厚的号角声使蚩尤族在风沙中惊心动魄，不知所措，以为上天在帮助黄帝。就这样，胜利一步一步地走向了黄帝。最后黄帝采取诱敌深入的办法，把敌人引诱到他们生疏的地形上，待敌人十分疲惫之时与之决战，一举获胜。黄帝打败蚩尤后，地位得以巩固，他带领百姓开垦农田，定居中原，奠定了华夏民族的根基。

▼黄帝战蚩尤

甘之战

公元前21世纪,黄河中游一个强大的部落联盟首领禹死后,他的儿子启用暴力的手段夺取了联盟首领的职位。启这种破坏传统习俗的篡夺行为引起了一些部落的不满。尤其是那些实力雄厚,同样希望取得联盟最高权位的部落首领,以有扈氏为代表,公然表示不服从启做新的领导,从而发生了启伐有扈氏的甘之战。

▲夏启像

因为身份特殊才被提名

传说在尧舜禹时代,部落联盟的领袖是需要经过各部落共同选举产生的,这种选举的制度叫作"禅让制"。"禅让制"最大的特点就是传贤不传子,也就是领袖的儿子没有法定的继承权,尽管在任领袖的儿子常常会被优先提名,但起决定作用的还是看被提名者是否有才能。

禹的年纪渐渐大了,他决定选一个接班人。作为现任的联盟领袖,禹把各部落首领召集在一起,研究自己的接班人问题。经大家选举,把皋陶确定为禹的继承人。因为皋陶比禹死得早,部落联盟不得不再次召开选举大会,这次大会首先确定了两个候选人,一个是启,一个是益。启是禹的儿子,因为他的身份特殊,所以被优先提名。但他的功绩和威名无法与益相比,所以落选了。益与皋陶有一定的血缘亲属关系,他曾经协助禹平治水土,因为立了大功,所以特别受舜的器重。而他的最大功绩是发明了畜牧业,这使所有的部落人民都得到了实实在在的好处。所以益很自然地成为议事会上大家认可的法定继承人。

启对益的当选并不服气,但由于惧怕父亲禹,所以不敢提出什么反对意见。禹死后,启便露出了真实面目,他立即对益发动了攻击,企图夺取天下。启的叛乱遭到了益的有力反击,叛乱被镇压下去,启

◀古代战场

也被拘禁了起来。但启所在的部落夏后氏却不甘心失败,他们与自己的盟友联合起来,对益发动了战争,并杀死了益。在拥护者的支持下,启终于夺得了领袖的职位。后世的"夏传子,家天下"就由此而来。

▲云南沧源岩画中反映的部落武装格斗的情形

奖惩分明的战斗动员

夏后启夺得领袖职位后,为了争取支持者,巩固自己的统治地位,他组织了一个各部落和附近酋邦参加的盟会。但这个盟会开得并不顺利,因为启用暴力的手段夺权篡位,破坏了传统的"禅让制",所以引起了一些部落的不满。尤其是那些实力雄厚,同样希望取得联盟最高权位的部落首领。有扈氏作为这部分部落的代表,公然表示不认可启这个新领袖。有扈氏是当时的一个强大的部落,传说禹在位时,这个部落就曾经为了争夺权力,发动过反叛战争。大会不欢而散。之后,有扈氏自恃实力强大,便起兵争夺王权。

夏后启当然不会束手就擒,他面对有扈氏的威胁和挑战,为了维护自己的统治地位,组织起同盟者,调集重兵在甘地与有扈氏展开决战。开战前夏后启召集各个主将,进行了战斗动员。他说:"有扈氏上不敬天,下不敬人,引起天怒人怨,所以我现在要惩罚他们。"接着他又宣布了作战纪律:"所有人员要服从指挥,不得擅自行动;要忠于职守,奋勇杀敌。对于有功的人,我要在先祖的神位前给予奖赏,违背命令的人,将会在神坛前被处死。"经过动员,夏军士气大振。经过激烈战斗,夏后启将有扈氏彻底击败,取得了甘之战的全面胜利。

▼夏代战车(夏代战车一般驾四匹或两匹马,车上武士3人,左右两人负责搏杀,中间为驾战车的人。)

作战中的军事纪律

军事纪律在古代也受到极大的重视,这就是《周易》所谓"师出以律",意思是出师要用法制、号令统一意志、统一行动,否则力量就要削弱,招致祸殃。这种思想至少可以追溯到夏初,"甘誓"中就包括出征前宣布的战场纪律,要求将士遵守职责,奋勇作战,无论是车左、车右,还是御者,不称职、贻误战机都是不奉行命令,回师后,努力奉行军令的,将在祖庙中论功行赏,违命者或畏缩不前的,将在社坛前斩杀以示惩戒。可见当时军事纪律已经制度化,有了严格的军纪奖惩法规。

牧野之战

牧野之战是商周时期周武王率军在牧野大破商军、灭亡商朝的一场改朝换代的著名战争。经此一战，殷商王朝600年的统治宣告终结。周是商的附属国，实力原比商小，但周武王却在牧野之战中以少胜多、以弱胜强，体现的谋略和作战艺术，给后人留下了深刻的启示。这场战争也确立了周王朝对中原地区的统治。

通过检阅部队了解备战情况

在商纣王统治下，政治腐败，刑罚残酷，连年用兵，贵族矛盾激化，导致了整个社会动荡不安。武王的父亲周文王为了完成灭商大业，已进行了多年的精心准备。为了避免引起对方怀疑，他天天歌舞升平，装出一副贪图享乐的样子，时不时还亲自带领手下大臣朝拜纣王，向其显示出很忠心的样子。通过一系列伪装，纣王对他放松了警惕。这使得灭商的准备工作一直进行得非常顺利。周文王在完成大业前夕逝世，武王姬发继位。他即位后，继承了父亲的遗志，表面上对纣王恭恭敬敬，暗地里继续加紧备战。时机成熟后，周武王向所有诸侯郑重宣布："商纣王罪恶深重，现在已经到了讨伐他的时候了！"他亲自率领战车300辆，勇士3000人，各路将士45000人，浩浩荡荡东进伐商。

▲姜尚

"母鸡是不应该早晨打鸣的"

周军进攻的消息传到了朝歌，殷商上下一片惊恐。商纣王无奈之中只好仓促部署防御。但此时商军主力还无法立即调回，他只好把奴隶和囚犯都武装起来迎战武王。

▼酷刑图

周武王率军来到商都朝歌附近的牧野，排兵布阵完毕，带领大家庄严誓师（史称"牧誓"）："辛苦了，全军将士们，举起你们的戈，排好你们的盾，立好你们的矛，我们就要作出征宣誓了！古人道：'母鸡是不应当早晨打鸣的，如果母鸡在早晨打鸣，那么这个家必定要败落。'如今的商纣王，只听信宠姬的谗言，不治理国家，不尊重祖先，不报答神灵赐予的恩惠；他抛弃了自己的亲兄弟，却任用罪恶多端的罪犯，让他们欺压百姓，虐待百官，为非作歹，犯法作乱！现在我们要遵照天意去讨伐商纣。"接着，武王又郑重宣布了作战中的行动要求：每前进六步、七步，就要停下来整顿一下行列，以保持队形；每刺杀四五次或六七次，也要停下来整顿队伍，以稳住阵脚。最后他向大家明确了作战纪律：对于逃跑的商军不要追杀，冲锋时要勇猛顽强，否则按军法处置。

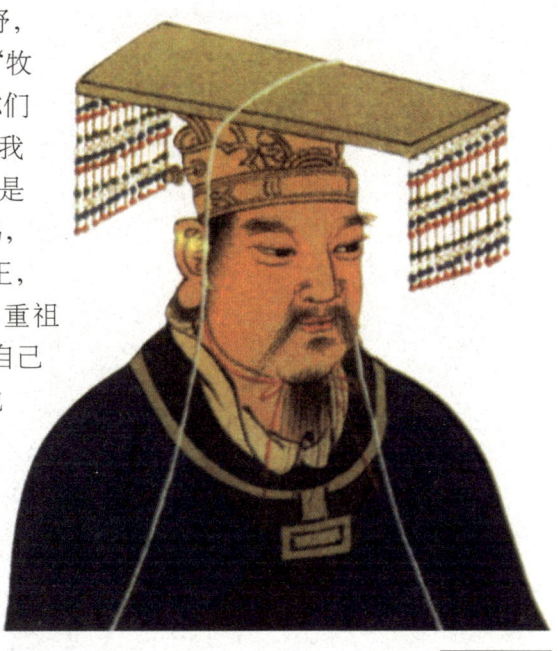

▲周武王像

杂牌军临阵倒戈

商纣王在国都朝歌听到武王进攻的消息后，急忙组织防御，此时商军主力还在外征战，一时无法调回，纣王只好把大批奴隶和战俘临时拼凑起来，加上守卫部队共17万人。纣王带着这支杂牌军到了牧野，他把奴隶和战俘部署在最前面，将正规部队放在后面，迎战武王。

武王下令向商军发起总攻击。他首先命令师尚父率领勇士突击队向商军挑战，打乱了商军的阵脚。而商军中被迫应战的奴隶和战俘，根本没有打仗的心思，这时纷纷阵前起义，掉转戈矛。武王不失时机地投入主力，猛烈突击敌阵。商军顷刻间土崩瓦解。纣王见大势已去，仓皇逃回朝歌，登上鹿台自焚而死。武王率大军乘胜攻克了朝歌，结束了商王朝的统治。

◀西周铜器利簋及其所记周武王征商铭文

第二章
春秋

春秋是中国历史上社会经济、政治、军事、文化各个方面都发生重大变化的转折时期。战争占据了春秋社会活动的显著地位，成为当时社会政治、时代文明的焦点和枢机。在春秋近300年的时间里，各种战争此起彼伏，连绵不断。

春秋时期的战争，就作战样式和指挥艺术而言，比以往的战争更复杂。一般而言，大方阵的车战是当时作战的主要形式。然而自春秋中期起，步兵重新崛起，步战再次在战争中发挥出强大的威力。这在多山的晋国和南方地区的吴、楚、越诸国中表现得尤为显著。同时，从春秋开始，水军渐渐得到发展，不再像殷商、周代单纯起运输的作用，特别是在南方地区水战发展迅速。另外，在当时的战争中，城池攻守战、要塞争夺战、伏击包围战、奇袭突击战、迂回奔袭战以及诱敌而歼之等战法，也进入了角色并有所发展，具有相当令人瞩目的表现。如长勺之战中鲁军善察时机，后发制人；城濮之战中晋军退避三舍，击敌先弱后强；崤之战中晋军预设埋伏，聚歼强敌；柏举之战中吴军迂回奔袭，连续作战等等，都是春秋战争史上精彩卓绝、脍炙人口的范例，对后世战争史的发展产生了极其深远的影响。同时，当时的战争领导者也普遍注意将军事斗争与政治、外交斗争结合，并重视运用智谋韬略，利用地理环境，强调联合联盟，注重灵活用兵，提倡惑敌误敌，从而使当时的战争不断呈现出新的面貌和气象。

战争发展到春秋时期，其规模日趋扩大，其样式日趋复杂，其程度日趋激烈，其结局对社会生活的影响日趋增大。而所有这一切，又是与社会演进的大趋势相一致的。

齐鲁长勺之战

长勺之战发生在公元前684年。交战的双方是齐国和鲁国。这次战争规模虽然不大，但是齐败鲁胜的战争结果可以表明，大与小、强与弱是相对的；在一定的条件下，劣势和优势也是可以转化的。曹刿等齐军三鼓后才命令出击，目的就是消耗敌人士气，使双方形势发生转变。所以历代兵家都认为，在战场上要善于创造有利于自己的态势，这样才能收到良好的效果。

▲曹刿挟齐桓公画像

为老百姓办好事才能打胜仗

公元前684年，齐桓公在巩固了君位之后，仗着兵强马壮，步步深入鲁国。鲁国兵少国弱，处于劣势。为了保存实力，伺机反攻，鲁军不得不暂时避开齐军的锋芒，采取守势。后来，鲁军退到一个有利于反攻的地方——长勺，战局才开始扭转。

当时鲁国执政的是鲁庄公，他为民做了一些好事，老百姓都很拥护他。面对齐国的进攻，他决定动员全国的力量与之决一胜负。鲁国有一个名叫曹刿的人，听到全国上下要与齐国作战的消息，非常着急。他虽然不是什么肩负国家重任的大官，但是他认为，对关系到国家生死存亡的大事，每个人都有责任来关心和过问。而且他认为当政大臣们庸碌无能，未有远谋，于是他决定求见鲁庄公，为帮助国家战胜强敌出谋划策。

曹刿见了鲁庄公，开口就问："齐军快打来了，听说您已经作出了应战的决策，但不知您凭什么同齐军作战？"鲁庄公正需要有人帮他出主意，见曹刿这样关心国家大事，就高兴地回答说："我对臣民还算是宽厚的，对衣食等生活用品，从来不独自享用，总要分一些给别人。"曹刿认为单凭这一点还远远不够，还不能作为战胜齐国的保证，就对鲁庄公说："您只是给人家一些小恩小惠，况且还不能施及全国，多数人并没有得到。所以老百姓是不会和您一起死战的。"鲁庄公又说："我对待天地神明是很虔敬的，祭祀天地的祭品总是有多少说多少，从不敢虚报。"曹刿还是不以为意，说："您不虚报祭品的数量，这只能算是守点小信，老天爷未必能感动给您降福。"鲁庄公沉默了一会儿，又继续说："鲁国每年都发生许多起诉讼案件，我虽然不能做到明察秋毫，但我总是尽最大努力公正处理。"曹刿这时才说："这倒是尽到了君主的责任，为老百姓办了些好事。我认为您具备了同齐国决一胜负的基本条件了。"于是，曹刿自告奋勇，请求随同鲁庄公一起出战。鲁庄公答应了他的这一请求，让他和自己同乘一车前往长勺。

◀凤衔斤杖首（此器出土于春秋齐国贵族墓葬中，以立体的凤鸟作装饰。"斤"是一种类似戈的长兵器，但此物是象征权势的礼器，而不是兵器。）

齐、鲁矛盾的由来

齐、鲁的矛盾冲突由来已久，早在齐襄公在位时，两国就因纪国的归属发生过激烈的争夺，结果鲁国失败，纪国被齐国兼并。到了公元前686年，鲁国为了灭掉郕国曾联合齐国出兵，结果郕国到头来又划入了齐国的版图，鲁庄公兼并郕国的计划由此而破灭。这样既加深了两国的矛盾，又使得齐桓公错误地认为鲁国不堪一击，所以最终酿成了长勺之战的爆发。

一鼓，两鼓，三鼓

齐鲁两军在长勺摆开阵势，准备决战。齐军仰仗人多，一开始就擂响了战鼓，发动进攻。鲁庄公也准备下令反击，曹刿连忙阻止说："等一等，不要击鼓反击。眼下敌人士气正旺，如果我军出击，必然损失惨重，不如先不跟他们交锋，消磨消磨他们的锐气。"当齐军擂响第二次战鼓时，曹刿还是叫鲁庄公按兵不动。在急于求胜心理的驱使下，齐军凭恃强大的兵力优势，又一次主动向鲁军发起猛烈的进攻。齐军连续三次的出击都在鲁军的严密防御之下无功而返，未能达到先发制人的目的，反而造成自己战斗力衰落，斗志沮丧。曹刿见时机已到，建议鲁庄公果断地进行反击。鲁庄公听从了他的意见，传令鲁军全线出击。鲁军于是凭借高昂的士气，一鼓作气冲垮了齐军的阵地，大败齐军。鲁庄公见到齐军败退，急欲下令发起追击，此时又被曹刿所劝阻。曹刿下车仔细察看，发现齐军的车辙痕迹紊乱；又登车远望，望到齐军的旗帜东倒西歪，判定了齐军确是真败，这才建议鲁庄公实施追击。追击令一下，鲁军个个奋勇当先，终于把齐军赶出了鲁国国境。

战争结束后，鲁庄公向曹刿询问取胜的原因。曹刿回答说："用兵打仗凭的是勇气，第一次击鼓冲锋时，士气最为旺盛；第二次击鼓冲锋，士气就衰退了；等到第三次击鼓冲锋，士气便完全消失了。齐军三通鼓罢，士气已完全丧尽，相反，我军士气却正十分旺盛，这时实施反击，自然就能够一举打败齐军。"接着曹刿又说明未立即发起追击的原因："齐国毕竟是实力强大的国家，不可等闲视之，要防止他们假装败退，设下埋伏。我看到他们的车辙紊乱，军容不整，相信是真的溃败，这才建议实施追击。"在曹刿的指挥下，鲁军击退了齐军，局势从此稳定下来。

▼武士斗兽铜镜（这是春秋时期的铜镜，镜面上的武士头戴护盔，手持长剑与盾牌，与野兽斗杀，反映了当时社会尚武的风气。）

▼鎏金兽

楚宋泓水之战

泓水之战的规模虽然不大，但是在中国古代战争发展史上却有一定的意义。讲仁义的宋襄公拘泥于陈旧的用兵教条，认为敌人没有摆好阵势，就不能发动进攻。结果被楚国大败。此战标志着西周以来"成列而鼓"为主要特色的"礼义之兵"行将寿终正寝，新型的"以诡诈奇谋"为主导的作战方式正在崛起。

因为想出头而被拘捕

春秋第一个霸主齐桓公去世后，长期以来受齐桓公遏制的楚国，就企图乘机进入中原。这时各诸侯国因为失去了盟主，已成为一盘散沙。宋襄公此时便想继承齐桓公的霸主地位，出头领导各诸侯抗衡楚国。

公元前638年秋，宋襄公为提高自己的声望，召集了楚、陈、蔡、郑、许、曹等国的国君举行盟会，希望在这次盟会上最终确立诸侯盟主的地位。楚成王早已处心积虑要算计宋襄公，便乘赴会之机，率军北上。而宋襄公对楚国的战略动向毫无觉察，出发前又拒绝了公子目夷（宋襄公的庶兄）提出的多带战车、以防不测的建议，轻车简从赴会。结果在盟会上当场被楚军拘捕。楚军押着宋襄公乘势攻打宋国，多亏公子目夷等人事先已作准备，率领宋国军民进行顽强抵抗，才抑制了楚军的猛烈进攻。几个月后，楚成王接受了鲁僖公的调解，将饱受屈辱的宋襄公释放回国。

宋襄公遭此奇耻大辱，既痛恨楚成王的不

▲春秋时期战车

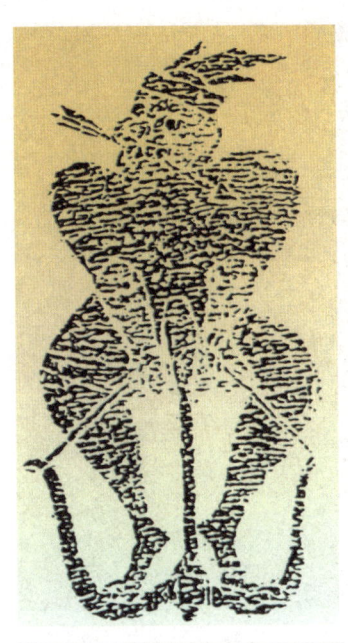

▲足蹬弩施放图（弩的拉力很大，劲弩需用脚踏的力量来发射。）

守信义，出尔反尔；更愤慨其他诸侯国见风使舵，背宋亲楚。恼羞成怒的他一心想报仇雪恨。可他知道宋国的军力不如楚国，所以不敢主动招惹楚国，而是把打击的矛头指向了带头臣服于楚军的郑国，他决定兴师讨伐它，以显示一下自己的威风，挽回自己被楚囚俘而失去的面子。这时公子目夷和大司马公孙固认为攻打郑国会引起楚国出面干预，对宋国极为不利，所以劝阻宋襄公要头脑冷静，不要伐郑。可刚愎自用的宋襄公根本听不进大家的劝告，一意孤行地联合了卫、许、滕三国出兵攻打郑国。

"仁义之师"被全歼

郑文公听说宋军大举来攻，立即向楚国求救，楚成王果然迅速起兵伐宋救郑。宋襄公得到了这个消息，才知道事态的严重性，不得不急忙从郑国撤军。宋军虽然返回了本土，但楚国仍然不依不饶，准备从郑国境内追杀到宋国。宋襄公为了阻挡住楚军，将部队部署在自己的边境地区，宋军在泓水的北面等待着楚军的到来。公元前638年11月，楚军开进到泓水南岸，并开始了渡河。这时宋军早已摆好了阵形，可以随时出击。宋国大臣公孙固建议宋襄公趁楚军渡河到一半时发起突然袭击。这一合理建议却被宋襄公断然拒绝，从而使楚军顺利渡过泓水。楚军渡河后开始布列队形，这时公孙固又提出乘楚军列阵未定之际发起攻击，但宋襄公仍然不予接受。就这样，一直等到楚军做好了一切作战准备，宋襄公才击鼓向楚军进攻。可是，弱小的宋军哪里是强大楚师的对手，一阵厮杀后，宋军受到了重创，宋襄公本人也受了重伤，他的禁卫军全部被楚军所歼灭。幸亏公孙固等人拼死掩护，宋襄公才狼狈不堪地突出了重围。

逃回到都城后，宋国许多大臣都埋怨宋襄公实在糊涂，可是宋襄公本人并不服气，反而振振有词地为自己的错误指挥作辩解："讲仁义的人不去伤害已经受伤的人，这叫'君子不重伤'；也不去攻击头发花白的老年人，这叫'不擒二毛'。仁义之师是不能利用险隘地形取胜的，更不能主动攻击还没有排好作战队形的敌人。"第二年，因为腿伤过重，这个满脑子"仁义礼信"的宋襄公死去了。

▼春秋时期楚国长城遗址

晋楚城濮之战

城濮之战是春秋时期晋、楚两国为争夺中原霸权而进行的第一次具有决定意义的战争，它对于当时中原局势的演变具有重大影响。"退避三舍"这个成语典故，就产生在这次战争中，最早说出这句话的人，就是晋国的公子重耳。晋国在大战中的胜利，大大提高了它的声威，从前同楚国关系密切的一些诸侯国，纷纷脱离楚国，归附晋国。这就改变了战前晋、楚两国力量的对比，实际上确定了晋国的霸主地位。

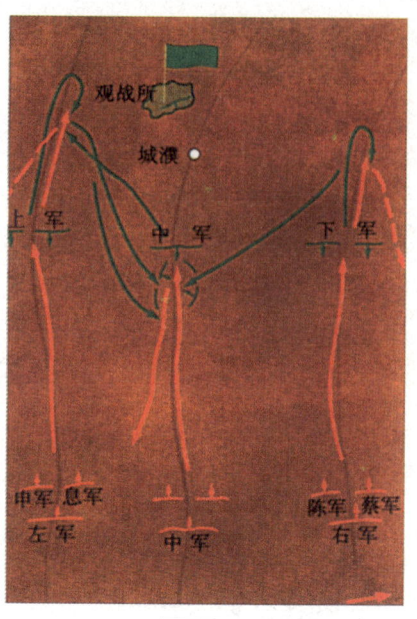

▲城濮之战侧翼攻击法

假装挖掘祖坟攻下曹国

公元前632年，楚成王为了争夺中原霸权，亲自率领楚军攻打宋国，把宋国的国都商丘包围了起来。宋成公派人向晋国求援。晋文公决定采取曲线救宋的策略，也就是去攻打楚国的同盟国曹国和卫国，迫使楚国救援，这样，宋国就可以不救自解了。

晋军轻易地攻下了卫国后，又包围了曹国的国都。曹军猛烈抵抗，晋军死伤很多。曹人为打击晋军士气，把晋兵的尸体挂在城墙上面，这件事使晋文公很伤脑筋。这时，一些士兵献计说："我们把军队驻扎到曹人的墓地上，让他们以为我们要挖掘其祖先的坟墓，曹人一定会很恐惧，这时就可以趁他们慌乱的时候去攻城。"这一计策果然收到奇效，城上的曹兵看见晋军要挖自家的坟墓，乱成一团，为了阻止晋军，他们赶快把城上的晋军尸体用棺木装好，并送出城去。晋军抓住这个机会，攻入曹国国都，活捉了曹共公。

晋军攻打曹、卫两国，原来的意图是想引诱楚军北上，解救宋国之危。然而楚军却不为所动，反而加紧了对宋都商丘的围攻。于是宋成公只得又派人向晋国告急求援。这使得晋文公感到进退两难：要是不救宋国，宋国可能就会同晋国断绝关系，从而使晋国失去一个重要的同盟国，这样会损害称霸中原的计划；但要直接出兵救援，在兵力有限的情况下，远离本土与楚军交战也很难取胜，另外这样做也违背了过去与楚王的誓约。这时新任元帅

▼晋楚交战示意图（晋国上中下三军与楚国左中右三军对峙时，楚军中军力量最强。晋军避开其强军，攻击其右翼。并且，晋上军假意撤退，诱其左军追击，三军合力攻楚中军。）

▲晋文公

先轸给晋文公出了一条妙计。他建议让宋国表面上同晋国疏远，然后由宋国出面，送厚礼给齐、秦两国，由他们劝解楚国撤兵。同时晋国把曹、卫的一部分土地送给宋国，以坚定宋国抵抗楚国的决心。这样的结果是，楚国看到曹、卫的土地被宋占有，必定会拒绝齐、秦的调解。而齐、秦收了宋国的厚礼，便会抱怨楚国不听劝解，从而与晋国站在一起，出兵共同与楚作战。晋文公对此计大加赞赏，并按此计一一施行。楚成王果然拒绝了齐、秦的调停，而齐、秦见楚王不给面子，也大为恼怒，便出兵助晋。齐、秦都是当时的大国，他们放弃了中立立场，使得晋、楚双方的力量对比发生了重大变化。

只有退避三舍，才能理直气壮

楚成王看到晋、齐、秦三个大国结成了联盟，形势明显对自己不利，就决定进行战略收缩，他把楚军撤到楚国的申地，并命令大将子玉将攻打宋国的楚军主力撤离宋国，避免与晋军发生直接冲突。他告诫子玉说，晋文公流亡在外19年，有丰富的经验，又洞察民情，要量力而为，切不可轻举妄动。但是，正在前线指挥攻打宋国的子玉却骄傲自负，他根本听不进楚成王的劝告，仍坚决要求与晋军决战，并请求增调兵力。楚成王对子玉坚持与晋决战的态度很是不满，但又优柔寡断，同时希望能侥幸取胜。所以他既没有坚决制止子玉的做法，又没有给子玉增拨充足的兵力，只派了少量人马前往增援。

子玉得到了楚成王的增派的援兵之后，更加坚定了同晋军作战的决心。他不顾楚成王的告诫，指挥楚军向曹都陶丘逼近，寻求与晋军进行战略决战。

晋文公见楚军逼近，立刻命令晋军后撤。这个不同寻常的举动引起了一些军臣的不满。他们认为这是对敌人示弱的一种表现，是晋国的耻辱。其实，晋文公命令撤退的理由还要从他流亡到楚国时的一段故事说起。当年还不是国君的晋文公曾经在楚国流亡，楚成王把这位晋国公子当成贵宾看待。在一次招待盛宴上，楚成王曾经

重耳的逃亡生活

晋公子重耳曾经因为晋国内部的动乱，逃离晋国，四处流亡。流亡19年后，他回国登上了国君的宝座，成为历史上赫赫有名的晋文公。

晋文公这19年在外流亡的生活，对他日后成就称霸大业的影响极为重大。通过流亡，他完成了一个由纨绔子弟到杰出政治家的转变，在困境中磨炼了意志，增强了政治才干。同时，他了解了当时主要诸侯国政治、军事、外交、经济的基本情况，初步掌握了列国的战略动态，为自己登位后制定图霸战略方针提供了可贵的第一手材料。流亡中他团结了一大批既忠诚又有才干的大臣，这些贤能之士始终追随他，在流亡过程中彼此荣辱与共，同甘共苦。他们在此后的经国治军上发挥了巨大的作用。

▲晋文公复国图卷 南宋 李唐

问他："如果公子回国做了国君，准备怎么报答我呢？"公子重耳回答说："美女、宝玉和丝绸，您有的是。如果托您的福，我能回到晋国做了国君，将来晋国与楚国万一发生了战争，我一定命令晋军退避三舍。"现在，晋、楚两国的军队真的碰上了，晋文公命令撤退，就是为了表示履行自己对楚成王许下的诺言。

当然，晋文公的撤退，并不单纯是为了履行诺言。他这样做一方面可以树立自己信守诺言的形象，取信于民，另一方面又可以先避开楚军的锋芒，挫伤楚军的士气，选择有利时机同楚军决战。但是，晋国的一些将领并不明白晋文公的良苦用心。为了与全军将士取得认识上的统一，先轸和狐偃又向将士们解释道："出兵打仗，理直的军队士气就会旺盛，而理亏的军队士气就低落。我们的国君在流亡时受过楚王的恩惠，现在我军后撤，正是对楚国的报答，如果我们说话不算数，楚军就会觉得有充分的理由攻打晋国，如果后

▼楚都郢（纪南城）遗址

撤而楚军仍然不肯罢兵,那就是楚军侵犯我们,这时就可以理直气壮地与他们交战。"就这样,晋军撤到了卫国境内的城濮。

将战马披上虎皮吓败晋军

对晋军的主动后撤,楚军中不少人也感到事有蹊跷,主张慎重对待,不可大意。然而刚愎自用的子玉却认为这正是打败晋军的大好时机,于是挥兵跟进到城濮。子玉这种自负的做法也不是完全没有道理,当时,晋军的兵力仅仅是楚军的一半,他想借助绝对的兵力优势聚歼晋军。晋文公对此也是有一些顾虑,既怕晋军无必胜的把握,又担心与楚决战会有负楚成王过去的恩惠。狐偃等人的及时进言打消了晋文公的这些顾虑,他们激励晋文公说:"这一次决战,如果我们打赢了,就可以称霸中原;即使万一战败,我们还可以利用我国险要的地理条件,抵御敌人的进犯。"这时齐、秦、宋等盟军也先后赶来,准备在附近策应晋军的行动。晋文公最终下定了开战的决心。一场继齐桓公称霸之后对春秋历史进程有决定性意义的大战就这样一触即发了。

当楚军主将子玉派人前来挑战时,晋文公果断决定应战。晋将胥臣把驾车上的马蒙上虎皮,首先向楚军战斗力最差的右侧发起进攻,楚军的战马看见"老虎"扑来,都惊恐地伏倒在地,不能动弹。士兵们也惊惶失措,纷纷弃阵逃跑。接着,晋军又采取诱敌出击、分割聚歼的战法对付楚军的左侧。大将狐毛故意在车上竖起只有主帅才有的两面大旗,冒充统帅,同时装出要退兵的样子,其他部队也与之配合,用战车拉着树枝,扬起尘土,假装败逃。楚军看到这种情景,误认为晋国的主帅败退了,就驱马追击。晋将见楚军中计,拦腰冲杀回来,将楚左军大部歼灭。楚军战败后,向西南撤退,楚军主将子玉无脸回见楚王,便自杀而死。城濮之战就这样以晋军大获全胜而告结束。

▲鲁伯大夫簋

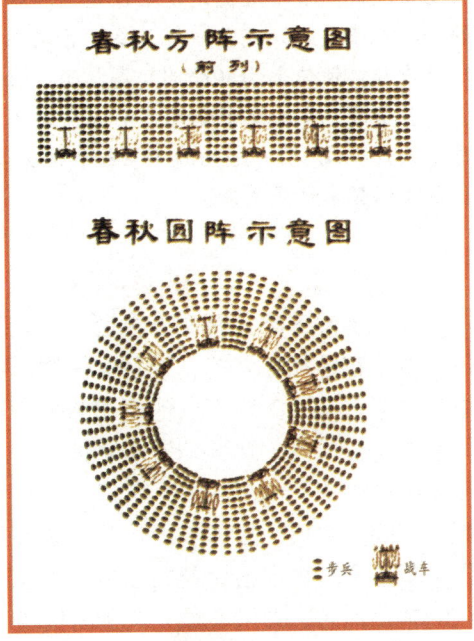

▲春秋兵阵示意图

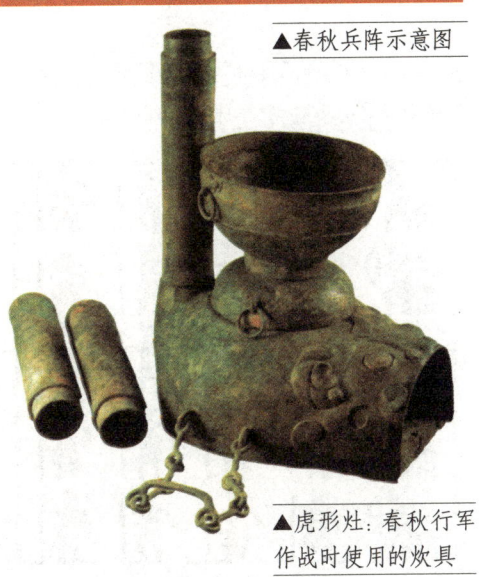

▲虎形灶:春秋行军作战时使用的炊具

秦晋崤之战

晋文公在世时，晋国联合秦国共同抗楚，当时秦、晋两国往来频繁，关系密切，互通婚姻，结为友好同盟。"秦晋之好"也成为盟国之间相互信任，相互支持的代名词。但是，在国与国的关系上，既无永久的敌人，也无永久的朋友，有的只是永久的利益。终于，他们因为各自的利益而反目成仇。崤之战就是发生在秦国和晋国之间的一场战争，此战完全破坏了秦、晋两国之间的传统友谊，致使秦国转而同楚国结盟。晋国因此而侧背受敌，无法集中全部力量与主要敌人——楚国进行决战。所以这场战争虽然晋国大获全胜，但最大的赢家却是楚国。

▲秦穆公

"秦晋之好"被密探破坏

公元前628年，晋文公去世了，晋国和秦国这两个曾经相互支持、相互信任的国家的关系日益紧张起来。终于，他们在为争夺郑国这件事上反目成仇。郑国地处中原腹地，无论谁称霸中原，都必须控制郑国。一日，秦国在郑国的密探杞子，派人给秦穆公送来一份密报。杞子在密报中宣称，自己已掌握了郑都北门的控制权，故请求穆公派兵偷袭郑国。秦穆公得杞子密报后，认为中原争霸的时机来了，于是决定出兵袭取郑国，进而图求霸业。但是秦国偷袭郑国，必须经过晋国境内的崤山地区。如果不预先向晋国借道，便构成对晋国的入侵，必然会遭到反对；但如果预先通知晋国，晋国未必会同意，而且也难以再对郑国保密，就样就失去了军事行动的隐蔽性。所以秦穆公执意要偷袭郑国这件事实际上已破坏了秦晋联盟。

▼步兵的基本建制（步兵的建制实行行伍两制，伍是由五名士兵组成，二十五人为一两。）

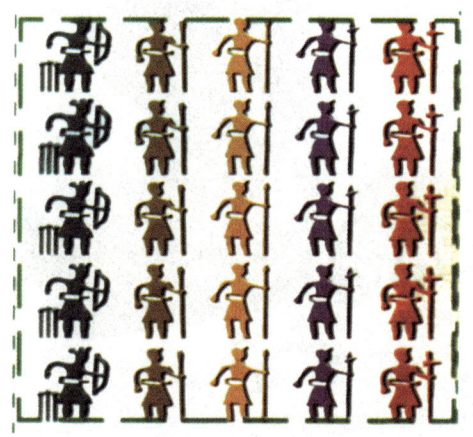

牛贩子慰问敌军

当秦军开进到与郑国相邻的滑国时，一个预想不到的情况出现了。郑国一个叫弦高的贩牛商人正在那里经商，他发现秦军大兵到来，断定是准备攻打郑国的。于是他急中生智，想出了一个对付秦军的办法来。他先派人火速赶回郑国报告这一消息，然后把自己装扮成郑国的使臣，精心挑选了12头牛，来到了秦军大营。秦军主帅孟明视看到郑国使者来见,感到十分奇怪,就按外交礼节接待了他。面对秦军大将,弦高十分镇静,从容地对孟明视说:"将军辛苦了,我们国君早就听说贵国军队要求从我们国土上经过,所以,特意派我在路上迎接和犒劳众将士。"他又接着说:"虽然我们郑国是一个小国,但由于不断遭受大国的侵犯,所以时刻都厉兵秣马,丝毫不敢大意,所以还请你们看到这些情况后千万别介意。"这一下,秦军统帅都没了主意,主帅孟明视认为,郑国使臣远道前来犒师,说明郑国已知道了秦军偷袭的计划,并已有所准备,在这种情况下去攻打,绝无成功的可能。所以秦军放弃了袭郑的计划。为了避免空手而归,秦军在归途中趁势灭掉了滑国,准备回去交差。郑国收到了弦高的急报,也将秦国的内应驱逐出了国境。

▲铜弩机(铜弩机是一种强劲有力的远射武器,出现于战国早期。这种铜弩机由牙、钩和悬刀组成,无廓,用铜枢安在木臂框槽中,属于"擘张弩"。)

回家的路上被全歼

秦军袭郑的消息很快传到了晋国,并掀起了轩然大波。卿大夫先轸第一个站出来要求开战,另一个大臣栾枝主张放过秦军,认为晋文公曾受过秦穆公的恩惠,现在袭攻其军,将无法面对刚刚去世的晋文公。晋襄公认为自己东进争霸的时机已经成熟,于是决定出兵截击秦军,为确保截击行动的成功,晋还联络了善于山地作战的姜氏部落共同出战。秦军回师途中,对晋出兵行动一无所知,又缺乏必要的警惕,终于一步步走向失败的深渊。四月初,秦军到达了崤山地区,这里山高路窄,道路崎岖,秦军此时已是人困马乏,举步维艰。秦帅孟明视等人发现无异常情况,戒备更为松懈。就在这时,鼓声大起,晋军从左右前后突然杀出。秦军突遭伏击,想要应战,但兵车无法在山路上列阵和回旋,进退不能。在晋襄公亲自督战下,晋军将士个个奋勇向前,一举全歼了秦军。崤山之役晋军大获全胜,秦军"匹马只轮未返"。

▶崤山谷地战场遗址

晋楚邲之战

◀ 楚庄王

晋楚邲之战，是春秋中期的一次著名会战，是当时两个最大的诸侯国——晋、楚争霸中原的第二次重大较量。在作战中，楚军利用晋军内部分歧、指挥无力等弱点，适时出击，反客为主，先发制人，一举战胜对手，从而一洗城濮之战中失败的耻辱，在中原争霸斗争中暂时占了上风。而楚庄王本人，也由于此役的胜利，无可争辩地跻身"春秋五霸"之列。

受夹板气的郑国

由于崤之战引起秦、晋战略同盟的破裂，两国陷入了长期争战的泥潭之中。这使楚国的势力逐渐复苏，并构成对晋国的重大威胁。公元前614年，楚庄王继位。楚国在楚庄王的治理下，综合实力日益增强。楚、晋之间的一场大战已在所难免。而弱小的郑国成了引发战争的导火索。

晋、楚都想号令中原诸侯，这使郑国、宋国等小国夹在了两个势力中间，谁也不敢得罪。小国们为了自保，只好两面讨好。尤其是郑国。郑国所在位置是中原的战略要地，它面对两大强国常常是左右为难，所以郑国对楚、晋双方只能时叛时服，摇摆不定。公元前598年，郑国归服了楚国，但不久，它又主动向晋国求和。楚庄王深知郑国在争霸全局中的重要性，于是便以郑通敌叛楚为罪名，亲率大军攻伐郑国，就此拉开了晋、楚邲之战的序幕。郑国都城被围数月，因为没有得到晋国的及时援助，虽经顽强抵抗，但终因实力与楚相差悬殊，导致国都被攻陷。楚庄王破城后从争霸全局出发，并没有吞并郑国领地，只是强迫郑国与之结盟。

▼ 战国的马鞍具

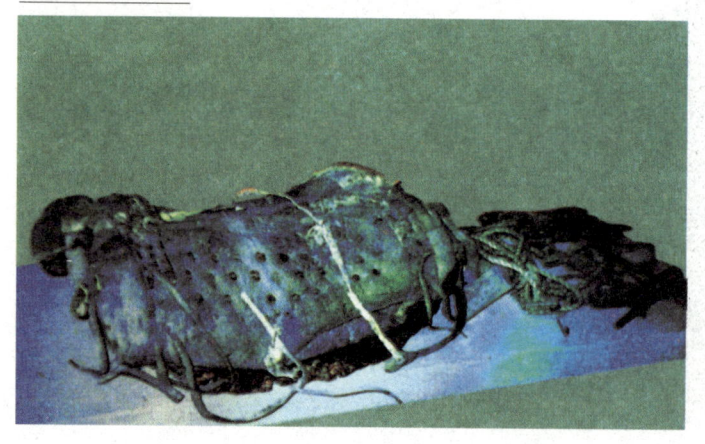

谁也做不了主

郑国是晋国进入中原的

通道，晋国自然不能允许楚国控制这里，所以在楚围郑两个月后，晋景公就委任荀林父率军救郑。就在大战一触即发的前夕，郑襄公派遣使臣前往晋营，劝说晋军进攻楚军，并向晋国许诺，如果晋、楚开战，郑军将会和晋国协同作战。对郑国的这一请求，晋军一部分将领认为应该借此机会立即出战，一部分人却认为郑国来劝战，纯粹是出于自身利益的考虑，希望晋、楚双方速战速决，好以战争结局来决定郑国的依赖取向。晋军主帅荀林父对于两派的意见也犹豫不定，迟迟未能作出决断。正在此时，楚庄王派来了使者，表示楚国这次出师北上，目的只是教训一下郑国，而并没有得罪晋国的意思。荀林父则很

▲人面纹护胸牌饰 春秋

客气地答复说，晋国对郑国心怀二心的做法很看不惯，所以奉命来质询郑国，而与楚国也没有关系。晋军主战派将领赵括对此大为不满，认为荀林父谄媚楚国，于是便用挑衅性的语言答复楚国使者，说晋国出兵就是为了把楚军从郑国驱逐出去，为达到这个目的，不惜与楚军交战。这样一来，晋军内部的混乱和分歧，便直接暴露在楚使眼前，从而楚庄王也掌握了晋军的意向和虚实。

晋军自相砍杀

为了进一步麻痹晋军，确保作战的胜利，楚庄王再次派人以卑屈的言辞向晋军求和。荀林父本来就没有决战的想法，见楚军求和，立即就答应了，并放松了戒备。可晋军中两个对荀林父心怀不满的部将以出使请和的名义，擅自向楚军挑战，这下正好被楚军所利用。楚大军倾巢而出，猛烈地向晋军发起了突然攻击。

此时晋军主帅荀林父正在等待楚国派使者前来议和，却猛然发现楚国大军已如潮而至，顿时手足无措，竟然在恐慌中发出了全军渡河撤退的命令，这样一来，晋军更是陷入一片混乱，全部拥挤在黄河的岸边，争相渡河逃命。由于船少人多，加上没有指挥，先上船的怕楚军赶到，急于开船；未上船的跳入河中，手臂抓住船舷，企图挤上船头，以至于渡船难以开动。结果引起了一阵自相砍杀，晋军损失惨重。就这样，楚军取得了邲之战的胜利。

◀龙凤云纹皮盾（皮盾为皮、木制作，有的还镶嵌有青铜的狰狞兽面或人面状的饰物。）

吴楚柏举之战

公元前506年所发生的柏举之战，是由中国伟大的古代军事家孙武所指挥的一次经典战役。它是春秋末期一次规模宏大、战法灵活、影响深远的大战。有史学家称它为"东周时期第一个大战争"。吴国在经过6年的"疲楚误楚"战略后，深入楚境，于柏举一举战胜多年的敌手楚国，给长期称雄的楚国以十分沉重的打击。这场战争在很大程度上改变了春秋晚期的整个战略格局。

▲军事家孙武（公元前551至前479年）

假厨师用鱼肠剑行刺

吴国在与楚国争夺江淮流域的争斗中屡屡取胜，但要彻底战胜楚国，还必须出现一位旷世的明君。这一位君主，就是吴王阖闾。阖闾是一位文武双全且富有心计的人，当他未即位时称作公子光，按照"兄终弟及制"的惯例，公子光的父亲吴王夷末死后，夷末的庶弟僚登上了国王的宝座。作为嫡长子的公子光对此并不服气，于是他通过楚国亡臣伍子胥的推荐，找到了勇士专诸，准备杀王夺位。公子光在客堂摆设酒席宴请吴王僚。王僚不知是计，只带少数精兵欣然前往。酒过三巡，勇士专诸伪装成厨师端上烤鱼，等接近王僚时，突然掰开鱼腹，抽出事先藏在鱼肠子中的利剑猛刺过去，这一剑从前胸穿透到后背，吴王僚当场毙命。公子光夺取了王位，取号为阖闾。吴王阖闾立志称霸天下，他注重发展经济和军事，吴国呈现了国富兵强的势头。

小的骚扰隐藏大的野心

公元前512年，阖闾在急于求成的心态驱使下，提出大举发兵攻楚的打算，孙武认为时机未到，劝阻道："楚国疆土比吴国大，人口比吴国多，尽管国力出现了衰败的迹象，

孙子与《孙子兵法》

孙子，名武，字长卿，春秋末期齐国人。他是我国古代最著名的军事家。他的兵学思想集中反映了春秋时期军事理论的伟大成就和最高水平，并对中国古代军事文化的成熟和发展产生了极其深远的影响。

孙子之所以在今天的军事学术史上有着重大的影响，是因为他的一部不朽的兵学名著——《孙子兵法》。《孙子兵法》今存本共十三篇，5900余字。它对于如何在战争中取得胜利进行了系统、精辟的论述。它以无可怀疑的事实向古往今来的人们昭示：孙子无愧于"一代兵圣"的光荣称号，《孙子兵法》无愧于"百世谈兵之祖"的不朽之作。

但军事实力仍然很强大。吴楚两国的整体实力相比较，楚国还是占有一定优势的，特别是它拥有一支相当规模而且实战经验丰富的军队，数量达20万人，现在攻楚还不是时候。"接着孙武提出了具体建议："虽然我们现在不攻打楚国，但要始终对其进行骚扰和麻痹。我们可以派出小股部队长期对其袭击，使吴军始终处在疲劳的状态。"

吴王采纳了孙武的建议，每隔一段时间，吴军就派出一支部队对楚国进行袭击，楚国总是派大量兵力迎战，可是等楚军出动后，吴军便往回撤。如此轮番袭扰楚国长达6年时间，先后袭击了楚国的夷、潜、六以及弦、豫等重要地区。害得楚军疲于奔命、疲惫不堪，人力物力都被大量耗费。同时，吴军这种浅尝辄止、不作决战的做法，也给楚军造成错觉，误以为吴军的行动仅仅是"骚扰"而已，而忽视了吴国隐藏在深处的"野心"。

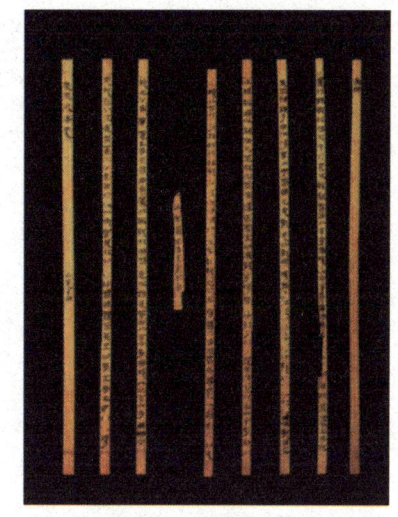
▲银雀山《孙子兵法》竹简

逃到河的中间再开始追击

吴国实施的"疲楚误楚"等策略，给楚国造成沉重的打击，使吴国基本上完成了消灭楚国的战略准备。公元前506年，给楚国以致命一击的时刻终于来临了。吴王阖闾御驾亲征，他委任伍子胥、孙武等人为将军，公子山为先锋，倾全国水陆兵力3万余人，直取楚都郢。楚国方面闻报吴军大举来袭，大为惊恐，不得已而在极其被动的情况下仓促应战。几经激战，楚军已陷入完全被动的困境，被迫在柏举地区做最后的挣扎。遭到重创的楚军丧魂失魄，狼狈溃逃，吴王阖闾尾随不舍，终于在柏举清发水追上楚军。吴军见追兵赶来，争先恐后地抢渡过河，等楚军渡到河中间时，吴军加速追击，结果再度给渡河逃命的楚军以沉重的打击。在柏举决战后的第十天，吴王阖闾指挥吴军一举攻陷楚都郢，柏举之战至此终于以吴军的辉煌胜利而宣告结束。

▶苏州虎丘剑池（吴王阖闾葬于此。相传因阖闾爱剑，死后以名剑三千殉葬，此地也就称为剑池。）

越灭吴之战

吴越战争的规模和影响远远不及当年的晋、楚争霸,但越王勾践"卧薪尝胆"的奋斗精神却代代相传。吴国和越国的角逐发生在春秋中晚期,双方经过长期较量,一波三折,极富戏剧色彩。越王勾践经过20余年的卓绝努力,终于灭了吴国,成为春秋时期的最后一个霸主。

▲吴王夫差鉴

▶吴王夫差鉴铭文

阵前集体自杀

吴楚柏举之战以后,楚国已经不是吴国的对手。吴国要想谋求进一步的发展,就必须在南征越国和北战齐、晋两个方向上做出选择。吴王阖闾本来是想北上与齐、晋等大国一争雌雄,但遭到了伍子胥和孙武为代表的南进派反对。加之越国近在咫尺,并不时骚扰进犯,吴王不得已将矛头指向了越国。

公元前496年,阖闾得知越王允常去世,认为正是进击越国的大好时机,于是便决定大兴吴师,征伐越国。伍子胥虽然坚定主张南进,但却认为不应该在敌国君王刚刚去世时出兵,这样会在政治上陷于被动,所以他以时机不成熟为由劝阻吴王的盲动,结果被阖闾拒绝。阖闾趾高气扬地统率吴军开向吴越边境。新越王勾践见吴军大举来犯,不甘示弱,也亲自率领越军主力进行抵御。双方在两国边界上展开了第一场大战。越王勾践先发制人,组织了两支敢死队,率先向吴军发起冲击,然而吴军训练有素,防御阵形坚固,挫败了越军的几次攻击。

▼吴国都城(为春秋时期伍子胥始建,当时共有城门八处,每处均水陆两门并列。)

勾践见初战不胜，使出了惊人一举。他迫使犯了死罪的囚徒，都拿着剑排成三列前进队形，当进至吴军阵前时，一起举剑自杀。吴军目睹这一幕，不禁个个目瞪口呆，军心震撼，顿时阵脚大乱。勾践乘机指挥越军发起了猛烈攻击，一举冲垮了吴军的阵形。阖闾在混乱中也被击伤。吴军只能撤离战场，退回本国。在撤退的路上，吴王阖闾因伤势过重，不治身亡。他在临终前再三嘱咐太子夫差要牢记这一血海深仇，日后一定要攻灭越国。

◀ 范蠡

亲自去做人质

阖闾死后，夫差继位吴王。夫差牢记父亲的叮嘱，每天派专人提醒自己："夫差，你忘记越王的杀父之仇了吗？"夫差则回答："我不敢忘！"就这样，夫差遵循父王的遗志，致力于操练部队，增强军备，准备有朝一日向越国讨还血债。而越王勾践因为大胜了吴国，滋长了骄傲情绪，认为阖闾已死，年轻的夫差不会对自己有什么威胁，就松懈了军事上的准备。当勾践知道了夫差正加紧备战的消息，终于如梦初醒，为了摆脱厄运，他决心孤注一掷，先发制人，首先发动对吴国的进攻，以求侥幸取胜。吴王夫差得知越军来犯，当即调集了10万精兵迎战勾践，两军在吴国境内的夫椒展开了激战，双方从白天一直厮杀到夜晚。吴军在夫差、伍子胥等人的指挥下，出奇兵高举火把猛攻越军两翼，并乘敌混乱之际夹击越军主力，越军惨败而逃。勾践自知已无力抵抗，只好退守稽山。夫差指挥吴军乘势将勾践及其败军紧紧包围。在越军濒临覆灭的时候，大夫范蠡向越王提出了屈辱求和的建议，主张向吴国求降，

▶ 越王勾践卧薪尝胆图

▲无锡蠡园

如果吴国不答应，就由勾践亲自去吴国做人质。不得已，勾践采纳了这个建议，一面准备死战，一面派人向吴王求和，并用美女、财宝贿赂吴太宰伯嚭，要他从中斡旋，劝说夫差允许越国作为吴国的附属国，并声称如果吴国不接受求和，就会与吴军血战到底。夫差因为急于北上与齐国争霸，并认为越国已经名存实亡，于是答应了勾践的求和请求，率兵回国。

勾践卧薪尝胆

按照事先的约定，越王勾践将国内事务分别托付给了文种等大臣，自己带着范蠡等人去吴国做人质。勾践到了吴国，每天喂马擦车，服侍夫差狩猎游玩，每天晚上还在阖闾间的坟前守墓。吴国大臣伍子胥常常劝说吴王杀掉勾践，因此，勾践必须装出万分忠于吴王，而且不能让吴王发觉他的虚假。勾践在吴国忍辱含垢，历尽了艰辛，终于骗得了夫差的信任，在吴国权臣伯嚭的帮助下，三年后被释放回国。

勾践返回越国后，决心东山再起，复国灭吴。他励精图治，做出表率。勾践亲自耕田，夫人亲自织布，食不加肉，衣不重彩，礼贤下士，厚待人才。为了不忘记在吴国当奴仆的奇耻大辱，勾践还在身边总放着一个苦胆，坐卧饮食都先尝一尝苦胆，这些举动，极大地感动了越国的军民，大大增强了民众的凝聚力。

同时，他不断送给夫差优厚的礼物，表示忠心臣服，以消除夫差对越国的戒备；勾践还将美女西施、郑旦送给吴王，使他沉溺于女色；同时越国拿出大量财物贿赂吴国的大臣，争取他们的同情和帮助，并设法使吴国群臣内部互相猜忌；为了破坏吴国的经济，越国用高价收买吴国的粮食，使其内部粮价高涨，造成供应困难；为消耗吴国人力、物力，勾践送给了夫差许多能工巧匠和优质建材，促使其修筑宫殿，大兴土木。越国对吴国实施的这些措施，使吴王穷奢极欲，忘乎所以，并极大地消耗削弱吴国经济、军事实力，使其在不知不觉中走向了衰败。至此，越国已全面复兴，其综合国力大为增强，发兵伐吴只需要一个良好的时机了。

吴越战争爆发的根源

越国的迅速崛起是在春秋的晚期，在允常和勾践统治期间，越国的实力有了相当大的发展，其疆域已纵横数百里，成为南方地区仅次于楚、吴的大国。随着国势的逐渐强盛，允常和勾践也想以中原诸国为榜样，循序渐进争霸中原。然而，越国的北方是比它强大得多的吴国，越国要北上，首先要越过吴国这道障碍，这就势必导致两国政治、经济利益上的冲突，出现"争三江五湖之利"的局面。这就是吴越争霸兼并战争发生的内在根源。

◀ 西施像

连杀 7 个报信人

在越国上下一心、为复仇雪耻磨刀霍霍时，吴国却日趋腐败，夫差奢侈淫乐，穷兵黩武。夫差一边调用了大量人力、物力建造姑苏台，以供自己寻欢作乐，一边又征调大批民工开凿人工运河邗沟，修筑屯兵基地邗城，为北上征战齐国做准备。此时，齐国发生内乱，局势十分动荡，这就给夫差伐齐带来了机会。他认为中原霸权已唾手可得，不可错失良机，便北上联合鲁军，击败了齐军。战后，夫差更加骄横，认为只要压服晋国就可以中原称霸，于是率领精兵 3 万，北上黄池，只留下 1 万多老弱残兵留守姑苏。勾践梦寐以求的机会终于来到了。公元前 482 年，勾践调集 5 万越军，兵分两路，一路由范蠡带领，由海道入淮河，切断了吴军自黄池的归路，一路勾践亲自率兵直袭姑苏。越军到达后，发起了猛攻，将吴军一举包围聚歼。此时，夫差正在黄池与晋定公争当霸主，听说越军攻破了姑苏，惟恐这个消息动摇了军心，影响到争霸的形势，他一连杀掉了 7 个前来报告情况的人，以封锁这一不利消息。并以强大的军威逼迫晋国让步，终于勉强做了霸主，然后才急忙回国。此时姑苏失守的消息已经泄露，军心因此涣散，将士都没有了斗志，夫差感到反击越军已没有希望，便派人向越国求和。勾践此时也没有灭吴的把握，所以同意撤兵回国。公元前 478 年，吴国发生了大饥荒，勾践认为伐吴的时机已经成熟，于 3 月率军出征。结果越军出其不意地渡过笠泽江，使吴军一败再败，只能退守到姑苏。越军采取了长期围困的策略，围困吴军三年之久，最后夫差绝望自杀。越王勾践终于成为了春秋时期的最后一霸。

▼吴越时期百越族羽人船纹图

整艘船都以羽毛装饰　　双手被缚的俘虏

手持武器准备杀死俘虏　头戴长羽毛冠　有百越特色的船

第三章
战国

战国是我国历史从奴隶制社会进入封建制社会的大转变时期。这个时期上承春秋列国纷争之绪，下开秦统一大帝国之基，长达200余年。

战国时代的战争中，兼并的本质更加显露。战争的目的已不再是为了"号令诸侯"，而是以夺占敌方国土、人口、财富，并最终达到兼并为主旨。而为了实现这个战争目的，战争的残酷性就远远超过以往。兼并敌国的先决条件就是消灭其有生力量，力图在短期内决战决胜。这一时期，各诸侯国经济实力的增长，使承受战争中人力物力巨大消耗的能力加大。后勤保障力量提高，无论是粮草供给还是兵员、装备的补充，都能快速到位。这些有利条件，使战争持续的时间增长，如秦、赵邯郸之战，双方相持3年之久。

战国时期的作战方式较之以往，内容更为丰富，并且出现了一些新的特点。这与该时期士兵成分的变化、兵种的增多以及武器装备的不断改进和完善息息相关。多兵种协同作战成为当时重大军事行动中的惯见战法。车、步、骑、舟四兵种之间，经常统筹部署，互相配合，各自发挥特长，以共同完成作战任务。由于步、骑兵的大量使用，部队的机动性大为提高，作战行动的突发性也就大大增强。正因为突然袭击的方式可以获得更大的战略和战场利益，所以奇袭、伏击、迂回包抄等战法被频繁用于实战中，如齐、魏桂陵、马陵之战等。

齐魏桂陵之战

与敌人作战时，是正面交锋以硬碰硬，还是集中力量攻击敌人的弱点呢？齐魏桂陵之战给我们提供了很好的答案。桂陵之战是战国中期发生在齐、魏两个大国之间的一场著名战争。作战中，孙膑使用避实击虚、攻其必救等用兵方法，大破魏军，创造了"围魏救赵"的著名战法。

▲孙膑

赛马赢千金

公元前 354 年，魏国为了维护自己的霸主地位，派大将庞涓带兵 8 万进攻赵国，包围了赵国国都邯郸。邯郸局势危急，派遣使者先向齐国求救。当齐威王决定出兵救赵时，首先想到让孙膑担任主将，统率全军。孙膑曾受庞涓迫害，被用刑导致双腿残废，所以他推辞说："我是个受过刑的人，当大将会被敌人笑话的。还是请大王另选别人吧。"于是，齐威王改派田忌为大将，孙膑为军师，统率齐军救援赵国。一个受过刑的人为什么会得到齐威王的重用呢？这还得从田忌赛马说起。

孙膑精通兵法，齐国大将田忌非常赏识他，把他留在自己的门下，敬为上宾。齐威王喜欢赛马，下的赌注很大。田忌家里也养了不少好马，但是每次比赛，老是赛不过齐王。有一次，孙膑去看赛马，他看到田忌虽然每场都输了，但是就马的足力而论，相差得并不太远。他就对田忌说："下次赛马，您只管把赌注下大，我有办法使您得胜。"尽管田忌半信半疑，但他知道孙膑足智多谋，到了下次赛马的时候，田忌就下了大注。临比赛之前，孙膑教田忌说："今天赛马，第一场先用下等马同国君的上等马比赛；第二场用上等马同他的中等马比赛；第三场用中等马同他的下等马比赛。"田忌按他的办法去比赛，结果一负两胜赢了千金。齐威王见田忌居然能够连赢两场，非常奇怪，就问他用什么方法取胜的。田忌就把孙膑替他出主意的经过告诉了齐威王。齐威王听了，认为孙膑有过人的才智，立刻传令召见。齐威王与他谈起兵法，孙膑精辟独到的见解引起齐威王强烈的共鸣。于是齐威王决定以后要委之以重任。

▼《孙膑兵法》竹简

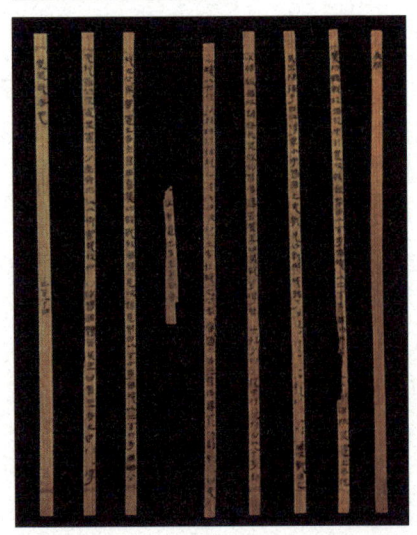

救赵国要用劝架的方法

田忌决定率领大军直接开到赵国，以解邯郸的围困。孙膑对田忌说："这不一定是上策。"接着他分析道："要想解开一团乱丝，只能用手指慢慢地去理，不能一把抓在手里，强拉硬扯。同样的道理，要劝解两个人打架，只能从旁边劝说，不能自已进去帮着打。现在我们要去劝解魏、赵之争,只能采取避实击虚的策略,不必去同围城的魏军主力正面交锋,而是要乘虚攻击敌人的后方。现在魏国已经把精兵全部调到了攻打赵国的前线上,而且与赵国相持已经一年多了。而留在国内的只有一些老弱残兵。您不如率领大军火速前往魏国的首都大梁,占据魏国的交通要道,攻击它的薄弱环节。攻打赵国的魏军听到这个消息,就一定会放弃赵国而回兵救援。这样,既可以解救邯郸,又可以调动敌军,使他们来回奔袭,那时,您就可以选择有利时机消灭他们,这样岂不是一举两得吗?"田忌听取了孙膑的建议,迅速带兵向魏国的都城大梁进军,切断了魏国的交通要道,引诱庞涓回救国都。齐军主力以逸待劳,都集结在魏军的必经之路上等待魏军的到来。

▲勾连云纹灯

以逸待劳大获全胜

经过苦战,魏军付出很大的代价后,在攻打赵国的第二年终于攻下了邯郸。此时,孙膑认为与魏军决战的时机已经成熟,便请田忌派出小部队轻装直扑大梁而去,做出要攻取魏都的假象。远在赵国的庞涓刚刚攻下邯郸,还未来得及休整,就接到了齐军攻打大梁的战报。庞涓只好留下少数兵力控制刚刚攻克的邯郸,率领主力轻装回救国都。此时,田忌、孙膑早已料定魏军必然经过桂陵,率主力先期到达桂陵布置阵地,设置埋伏。而魏军由于长期攻打赵国,兵力消耗较大,加上长途跋涉,士卒疲惫不堪。当魏军马不停蹄地刚到桂陵,即遭到齐军截击,结果自然惨败。庞涓狼狈逃回大梁。

▼田忌赛马

齐魏马陵之战

马陵之战是齐国对魏国具有决定意义的一次伏击歼灭战,也是一场经典的隐真示假、隐强示弱的战例。作战中,齐军减少士兵做饭用的锅灶,掩盖了自己的真实兵力,迷惑了魏国。齐国在桂陵、马陵两次大败魏国,表面上看是救了盟国,实际上是为自己消灭了强敌。此战过后,齐国进入到"诸侯东面朝齐"的强盛时期。

口头答应救援,可就是按兵不动

公元前344年,魏惠王即位,邀请韩、宋、邹等国参加即位庆典,但韩国拒不赴会,这使魏惠王觉得丢了面子,他一直怀恨在心。两年后,魏惠王派庞涓率军向韩国发动了进攻。韩国抵挡不住,向齐国求救。齐威王口头答应了韩国使者,但又没有马上出兵。齐威王有自己的打算,如果当时出兵,韩国既不会遭到太大损失,魏国也不会消耗太多实力,这样不利于齐国的长远战略利益。所以齐国一面向韩国传递了救援和信守盟约的信号,做出维护两国友好关系和帮助韩国抗魏的样子,坚定韩国抵抗魏国的决心;另一面让魏、韩继续互相消耗,准备在魏军疲惫之际,再寻找机会解救韩国。果然,韩国得到齐国答应救援的允诺,人心振奋,竭尽全力抵抗魏军进攻,但结果仍然是五战皆败,韩国只能再次向齐国求救。公元前341年,齐国抓住魏、韩两国都疲惫的时机,以田忌为主将,田婴为副将,孙膑为军师,率领齐军直取魏都大梁。

▲庞涓

▼错金银马首形铜辕饰(出土于河南辉县,是战国错金银铜器典型代表。)

做饭的锅灶派上了大用

魏国眼看着胜利在望,又是齐国从中作梗,自然十分恼怒。于是决定放过韩国,调转大军,气势汹汹扑向齐军,企图好好教训一下齐国。齐军进入魏国境内纵深地带,兵马辎重数量众多,行动速度缓慢,魏军尾随而来,一场鏖战已是不

大军事家孙膑

孙膑是孙武的后代,早年曾经与庞涓同学兵法。庞涓后来在魏国为将,自以为才能不如孙膑,便将孙膑召到魏国,借机迫害,并施以膑刑(一种割去人膝盖骨的酷刑),使其残废。孙膑在齐国使者的帮助下,逃到了齐国,受到齐威王和大将田忌的重用,任为军师。孙膑在齐国改革军事,而且谋略出众,取得了齐魏桂陵之战和马陵之战的辉煌胜利,从此"名显天下,世传其兵法"。

孙膑在继承其祖先孙武的军事思想的同时,针对他所在时代的军事战争特点,进一步进行了创新和发展,并著有《孙膑兵法》。"必攻不守"就是《孙膑兵法》中的一个著名的作战思想,"必攻不守"是指进攻方向必须选择在敌人没有防守或不易防守的要害地域。现代战争中的"避实击虚"就是从此种作战原则中演化而来的。

可避免。田忌问孙膑有什么破敌之计。孙膑胸有成竹地说:"魏军自以为兵强马壮,轻视齐国军队,我们就要利用魏军骄傲轻敌、急于求成的心理。"接着孙膑提出了一套减灶诱敌的作战方案。按照孙膑预先的部署,齐军与魏军刚一接触,就立即佯败后撤。为了诱使魏军追击,齐军每天都减少士兵做饭用的锅灶:第一天挖了可用于为10万人做饭的锅灶,第二天减少为5万人用灶,第三天又减少为3万人用灶。齐军士卒大批逃亡的假象果然使庞涓上当,他认为齐军不敢同魏军作战,军心已经涣散,并根据减少的锅灶计算出逃亡的齐军士兵数量,于是丢下步兵和辎重,只带着一部分轻装精锐骑兵,昼夜兼程追赶齐军。

在树上写着能杀人的字

孙膑根据魏军的行动,判断魏军将在日落之后到达马陵。马陵一带地形险要,道路狭窄而且林木茂密,属于打伏击战的绝佳地形。而且马陵已在齐国境内,既便于齐军的后勤补给,也利于封锁消息。于是齐军在马陵设伏。他们构筑了野战壁垒,埋伏下弓弩手。孙膑还下令把路旁的树木砍倒,只留下中间一棵大树并削去一块树皮,在上面写上几个大字。魏军果然在天黑后如期而至,庞涓见树上有字,就叫士兵点起火把照明,当看到树上写着"庞涓死此树下"时,惊呼上当。但是已经为时太晚,埋伏在两旁的弓弩手一看到火光,立刻朝火光方向万箭齐发,魏军顿时大乱,纷纷死于箭下,齐军乘势冲杀过来。庞涓眼见败局已定,自刎而死。齐军消灭了庞涓的精锐部队,乘胜追击,势如破竹,又连续大破魏军,前后歼敌10万余人,并俘虏了魏军主帅太子申。马陵之战以魏军惨败而告终结。

▼马匹护甲(马甲主要是皮质,分别保护马头及躯干两部分,面上涂漆,并常常画有精美图案。)

齐燕即墨之战

齐燕即墨之战，田单以复仇雪耻为号召，带领守城军民，同仇敌忾，齐军不仅成功坚守孤城三年，而且还巧妙地利用火牛阵一举击溃了攻城的燕军，尽收失地，上演了一出绝地反攻的好戏，创造了反败为胜的奇迹。齐燕即墨之战也因此成为我国古代战争史上一个"得人心者得天下"的经典战例。

散布流言换掉强将

公元前284年，燕昭王封乐毅为上将军，统率燕、秦等国，消灭了齐军主力，连下齐国70多座城池，攻占了齐国的国都临淄。当时齐国只剩下即墨和莒两城未被攻下。即墨为齐国较大的都邑，地处富庶的胶东，靠山近海，土地肥沃，财物丰富，有坚固的城池和一定的人力用于防守。守城将领田单为挽救危局，除积极争取人心，还将所带的族兵及收容的残兵7000余人，及时加以整顿和扩充；他亲自带头构筑城防工事，加固城墙；将族人、妻妾编入军营参加守城。田单与将士同甘共苦，使即墨军民群情振奋，斗志昂扬，决心为保卫自己的生命财产，奋起抵抗燕军。如此相持三年之久，两城依然未被攻下。

▲乐毅

公元前279年，燕昭王死后，惠王继位。田单知道惠王早在做太子时便对乐毅不满，就派间谍进入燕国，到处散布流言说："齐王已经死了，现就只有两座城没有攻打下来，乐毅为什么三年攻不下两座城？其实他想控制军队当齐王。现在齐国人还没有答应乐毅的要求，所以他故意放缓攻城的行动。齐国现在最怕的就是燕国换另外一个将领顶替乐毅，那样即墨很快就会被攻破。"燕惠王早已怀疑乐毅，加上田单挑拨离间，便派骑劫代替并召乐毅回国，乐毅知道惠王会加害自己，便投奔了赵国。这样田单借燕王之手撤换了难以对付的敌将，而且燕军将士因为这件事都为乐毅愤慨不平，所以军心涣散。

◀立凤蟠龙丈铺首　战国（此器造型巨大，纹饰优美，出土于燕下都宫殿遗址，应为宫门上之饰物。）

俘虏被割了鼻子

新来的燕军主将到任后,一反乐毅的做法,改用强攻。由于齐国军民的顽强抵抗,仍未能奏效。田单为了进一步激励士气,便诱使燕军行暴。他向燕军散布谣言说:"我最怕燕军割去被俘士兵的鼻子,如果把这些人放在攻城军队的前面,即墨城就会被攻破。"燕军听到后,就按照他说的做了,城中军民看到被俘的士兵被割去了鼻子,全都异常愤怒,决心与燕军死战到底,决不当俘虏。田单又向燕军宣扬:"齐人最怕自己的祖坟被挖,那样会令人伤心沮丧,斗志全无。"燕军就把齐人在城外的祖坟全部挖掉,并烧了尸骨。齐国军民从城上看到此景,更加愤怒,纷纷要求与燕军决一死战。田单看到军民士气高昂,知道反攻的时机已经成熟。

▲铁胄(这件护头铁胄是迄今为止发现最早的铁胄,是由八十九处铁片编缀成圆形平顶,编法都是上排压下排,前片压后片,制作工艺成熟。)

火牛阵绝地反击

田单先命精壮士兵全部隐伏起来,以老、弱、妇女登城守望,使燕军误以为齐军青壮年男人已伤亡殆尽,失去继续作战的能力,然后他又派人向燕军诈降,燕军信以为真,更加麻痹松懈。田单在城中收集了1000多头牛,在牛角扎上锋利的尖刀,在牛的身上披上红色的外衣,在牛尾上绑好渗透油脂的芦草,在城脚挖了几十个洞,又挑选了5000名精壮勇士,扮成神怪模样。夜里,齐军点燃了牛尾上的苇草,1000多头牛从城墙洞中飞奔而出,5000勇士随之冲杀,全城军民敲打铜器呐喊助威。一时间火光通明,杀声震天。燕军从梦中惊醒,仓皇失措,四处逃命,死伤无数。骑劫也在混乱中被杀。围攻即墨的燕军完全溃败了。田单奇袭获胜后,立即大举反攻。齐国民众痛恨燕军的暴行,纷纷响应,很快将燕军逐出齐国,收复了被燕军攻占的70余座城池。

▼战国时期嵌错赏宴乐铜壶上第三层的水陆攻战纹饰

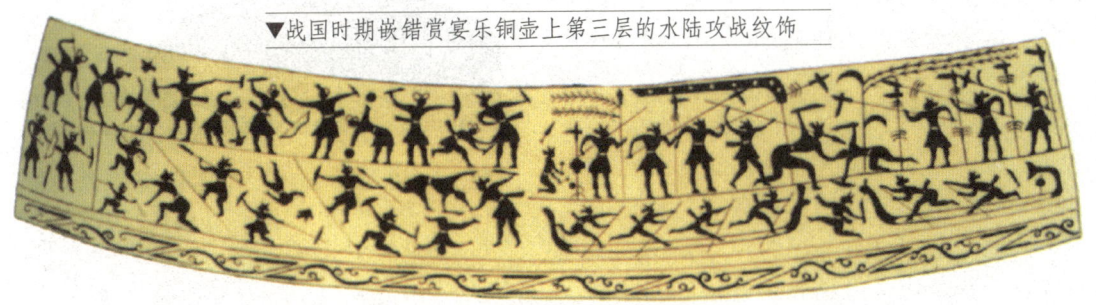

秦赵长平之战

战国历史上，规模最大，杀戮最惨烈的战役，当属秦赵长平之战。秦军所以大获全胜，除了它在政治、经济、军事上占有优势地位外，还在于成功地运用了"远交近攻"的外交策略，使赵国失去了与各国联合的机会。决战前夕，使用离间之计，诱使赵国换掉久经沙场、经验丰富、威震三军的老将廉颇，使用缺乏实战经验，只会"纸上谈兵"的赵括，也是赵国战败的一个重要原因。

"秦军最害怕的将领是赵括"

赵国国力较强，是战国时期能与秦国抗衡的少数国家之一。秦国为完成统一六国大业，必须要拔去这颗钉子。公元前261年，秦国夺取上党，赵国被牵入战事。赵王听说秦军进犯的消息，派遣名将廉颇率领大军开往长平，抵御秦军的进攻。秦强赵弱，所以秦军希望速战速决，廉颇不愧为久经沙场的名将，他准确分析了双方形势，决定凭险固守，拒不出战，等秦军给养困难时，再伺机进攻。这一招很是奏效，两军在长平相持不下。

秦王看到攻不下长平，就运用谋略来打开缺口。一方面，他们借赵国使者郑朱到秦国议和的机会，故意殷勤招待郑朱，向各国制造秦、赵和解的假象，使赵国在外交上丧失了与各国联合的机会，陷于被动和孤立。另一方面，采用离间计。他们派人携带千金重礼到赵都邯郸，贿赂收买赵王身边的人，并且散布流言说："廉颇老了，容易对付，而且他固守长平，不主动出战，是准备投降秦国。秦军最害怕的将领是赵括。"赵括是赵国名将赵奢的儿子，他从小熟读兵书，对用兵打仗的道理说得头头是道。但赵奢了解他的儿子：没

▲赵括　▼廉颇

▲白起（秦昭襄王十四年，白起官拜左更，率兵在伊阙击败韩、魏等联军，升任国尉，秦昭襄王十五年，官拜大良造，攻克楚都郢，被封武安君。）

有实战经验,只会夸夸其谈。赵奢曾经对妻子说:"打仗是关系生死存亡的大事情,可是赵括却说得那样容易。今后赵国不用赵括带兵倒也罢了,如果用他做大将,断送赵军的一定是他。"赵王听信谣言,准备用赵括换下廉颇,丞相蔺相如和赵括的母亲都极力反对,说他只会纸上谈兵,不会在实际中灵活运用。赵王不听,执意任命了赵括为赵军主帅。

▲赵长城遗址(赵国的长城分布在河北蔚县至内蒙古,长约1300公里,用以防备匈奴。)

谁泄露消息就处以死刑

赵括上任后,马上改变了廉颇的军规制度,更换了将领,搞得赵军上下四分五裂,斗志消沉。他还撤除了廉颇的防御部署,命令部队做主动出击的准备,企图一举打败秦军。

秦国在离间赵国君臣的同时,也及时调整了自己的军事部署,不仅向前线增派了大批攻赵军队,还征调了骁勇善战的武安君白起为上将军。为了避免引起赵军的注意,秦王下令全军将士要严守这一机密,谁泄露了白起担任主将的消息就处以死刑。这个白起,可不是寻常人物。他是战国时期最杰出的军事将领之一,久经沙场,曾大战伊阙,斩杀韩、魏联军24万;南破楚国,打得楚人闻风丧胆。只会背吟几句兵书的赵括哪里是他的对手。

公元前260年8月,不知深浅的赵括果然指挥赵军向秦军发动了大规模的进攻。秦军的先头部队佯装败退,赵括不察虚实,立即率军实施追击。追至秦垒时,被秦军团团围住。赵军只好筑垒防守,等待援兵。但他们等来的是秦国的援军,秦军彻底切断了赵军的所有粮道,到了九月,赵军断粮已46天,以至于出现了吃人充饥的情况。赵括孤注一掷,亲自率领精兵强行突围,结果被秦军乱箭射死。赵军失去主将,斗志全无,40万饥疲之师向秦军投降。白起认为赵军士兵反复无常,日后很有可能发生叛乱,就下令将他们全部活埋。秦军取得了长平之战的彻底胜利。长平之战中,秦军前后共歼灭赵军45万人,从根本上削弱了强劲的对手赵国,也给其他诸侯国以极大的震慑。从此以后,秦国统一六国的道路变得畅通无阻了。

范雎的"远交近攻"策略

范雎是战国时期的著名军事战略家,他向秦昭王提出了一套系统的战略思想,这就是"远交近攻"的思想,这个思想对秦国以后的兼并战争产生了深远影响。

"远交近攻"就是对远方的诸侯实行暂时的联合政策,以争取其中立;对邻近的诸侯实施军事打击,以蚕食其土地。这样才能"得寸则王之寸,得尺亦王之尺",巩固既得的成果,扩展秦国的疆域。"远交近攻"的原则是先弱后强,由近及远,先占据中枢之地,再向四周扩展,最后完成统一。

"远交近攻"战略是秦军事与外交策略逐步成熟的产物。它的提出,也标志着秦统一天下在战略思想上的准备已基本完成。秦贯彻"远交近攻"之策取得的第一次重大胜利,就是长平之战的胜利。

秦赵邯郸之战

历史上著名的"毛遂自荐""窃符救赵"的典故都出自邯郸之战。秦国在长平之战取得的辉煌胜利,使各国深切感受到了秦国的威胁,形势逼迫他们不得不走合纵抗秦的道路,以求自保。邯郸之战中,赵国的坚决抵抗,魏、楚两国的救援,使合纵的力量显示出威力,令秦国损兵失地,遭受了战国后期以来最严重的挫折。

▲虎符

锥子放在口袋里就一定会冒尖

长平之战后,秦赵缔结和约,但赵国后来未按约定割让六城给秦国,导致秦王发兵攻打赵国国都邯郸,此为邯郸之战的由来。赵国对于秦军的进攻,采取了持久防御、避免决战的战略。同时还积极争取其他诸侯国的帮助,魏国首先答应出兵,并派将军晋鄙率军救赵。平原君赵胜还亲自带领毛遂等人来到楚国求援。毛遂是平原君手下的一个门客,他一开始并没有受到平原君的重视,当平原君确定与自己同行赴楚的人选时,他自我举荐。平原君并不熟悉这个门客,就认为他没有才能。对他说:"有才能的人就像一把锥子,如果放在口袋里,它的尖会很快冒出来的,而你恐怕没有什么本领吧?"毛遂从容地反驳说:"几年来,我从来就没有被您放在口袋里,怎么能冒尖呢!"平原君觉得毛遂说得有道理,就带着他和其他几十个门客一起来到了楚国。见到楚王后,毛遂有胆有识,他用秦国攻下楚国国都、焚烧了楚国坟墓等往事激将楚王,楚王决定派春申君率军北上救赵。

▼毛遂

偷出能指挥部队的信物——虎符

秦王听到魏楚两国发兵救赵,便派人威胁魏王说:"秦国攻下赵国是早晚的事,如果哪个诸侯国胆敢派兵前往救援,秦国一定会先去攻打这个国家。"魏王听到后非常害怕,担心秦国会来报复,所以连忙派人通告晋鄙,要求他把兵马驻扎在邯郸以南的邺城,按兵不动。同时派遣使者进入邯郸城,要平原君劝说赵王投降秦国。平原君当然不会答应,所以不断催促魏公子信陵君设法救赵。信陵君又多次请求魏王,但魏王始终不肯下令进军。

这时，信陵君的朋友侯生想出了一个大胆的计策。他让信陵君求助于魏王的爱妾如姬。这个如姬与信陵君有过一段不寻常的关系。当年，如姬的父亲被人杀害，她为了替父报仇，就请求信陵君帮助找到凶手，信陵君派自己的一个门客杀死这凶手，为如姬报了仇。如姬因此非常感谢信陵君，曾经表示愿意以死报答。信陵君按照

▲战马（这是战国赵王陵的随葬品，是目前仅见的战国战马形象。马的形态矫健，一作奔走状，一作食草状，应为内蒙古河套一带的马种。赵国是骑兵较发达的国家，赵武陵王为了发展骑兵，将胡人骑马的服装引入中原。）

侯生的计谋，找到了如姬。因为如姬非常受魏王宠幸，所以能随便出入魏王的卧室。信陵君就和如姬商量，让她偷出魏王的虎符。虎符是可以调动部队的信物，谁拿着虎符，就说明魏王已授予了这个人兵权，可以指挥调动魏军部队。当天夜里，如姬趁魏王熟睡以后，偷出虎符，交给了信陵君。

拿出了 40 斤重的大铁锤

信陵君拿着偷来的虎符，来到了邺城。他假称受魏王的命令要求晋鄙交出指挥权，晋鄙检验了兵符后，仍然有些怀疑不肯交出兵权，说还要亲自奏明魏王才能照办。这时，跟随信陵君的大力士朱亥，不容晋鄙再做分辩，拿出一个40斤重的大铁锤，砸死了晋鄙，信陵君就这样夺取了魏军的指挥权。他高举虎符，对众将士高呼："现在魏王命我接替晋鄙去救援邯郸，晋鄙不听命令，已被处死，这与你们无关，只要大家服从命令，一心杀敌，都有重赏。"他见将士们的情绪已经稳定，就宣布，父子同在军中的，父亲可以退役回家，兄弟同在军中的，哥哥可以回家，独生子也可回家奉养父母。魏军的士气一下子高涨起来。他挑选了8万精兵，立刻向邯郸进发。当魏军到达邯郸时，楚军也已派兵赶到，两军协力将秦军击退。邯郸城内的平原君也组织了3000人的敢死队主动出击，配合魏、楚联军作战。这时，秦军已攻打邯郸两年之久，消耗十分巨大，在遭内外夹攻、腹背受敌的情况下，终于力不能支，溃败于邯郸城下。这场关系赵国生死存亡的邯郸之战，至此告终。

◀信陵君夷门访侯嬴图　清　吴历

第四章
秦代

秦代,自秦始皇二十六年(公元前221年)统一天下,建立秦朝,至秦二世三年(前207年)灭亡,总计15年。这一时期在中国历史上的地位特殊,因为它是我国历史上第一次出现的大统一局面,是承前启后、继往开来的分水岭。秦代的战争较先秦有很大的发展。它不同于夏、商、周时期部族、方国、诸侯间的征服战争,也不同于春秋时期的大国争霸战争和战国时期的七雄割据、兼并战争,而是随着时代的前进,战争的性质、规模、类型都具有新的时代特点,出现了我国封建社会中大规模统一战争、大规模民族战争和大规模农民起义战争。

秦代统一战争即秦灭六国的战争,始于公元前236年,终于公元前221年,以秦的全面胜利,韩、赵、魏、燕、楚、齐六国的彻底灭亡而告结束。统一战争的胜利顺应了历史发展的客观要求,对于促进国家的统一、民族的团结和社会发展都具有重大的历史意义。统一战争的最大特点就是有多政权、多势力并存,以一方消灭其他各方为根本目的,因而需要高超复杂的战争指导艺术。秦统治者在以一敌六的形势下,运用"连横"的谋略和"远交近攻"的思想,成功地对六国采取利用矛盾、分化瓦解、由近及远、各个击破的策略,从而保证了统一战争的胜利。这一经验后来广为历代封建统治者所借鉴,成为历代战争中极为重要的战略思想和指导艺术。

秦代农民战争发端于公元前209年陈胜、吴广领导的大起义,这是我国历史上第一次农民大起义。其来势之猛、规模之大、斗争之激烈都是空前的。

秦代军事史不仅给后世留下了丰富的正面经验,而且也留下了极为深刻的教训。其中最重要的一点,就是军事活动超越了国力所能承受的最大限度。毫无疑问,秦代在完成统一、开拓边疆的战争中和国防建设中所取得的各项成就都是空前伟大的。但是,这些成就是在国力所不能承受的条件下,以人民所无法忍受的牺牲为代价而换得的,因此带来了严重的后果。

秦灭六国之战

秦灭六国的战争，是中国历史上最早的一场封建统一战争。秦国用了10年的时间，相继灭掉了韩、赵、燕、魏、楚、齐六个国家，结束了春秋以来长达500余年的诸侯割据纷争的战乱局面，建立了中国历史上第一个中央集权的封建统一国家。秦王嬴政之所以能完成这一历史伟业，是与秦国领土辽阔、人口众多、经济发达、政权巩固、兵力强盛等方面的优越条件密切相关的。同时，秦国经过六代国君的改革图强，特别是自秦昭王采纳了范雎提出的"远交近攻"的战略之后，军事力量日益增强，外交方针灵活有效，疆域领土迅速扩展，也为平灭六国、完成一统奠定了坚实的基础。

"赵为号，秦为笑"

公元前236年，燕、赵两国发生了战争，秦王嬴政决定假借救燕为名，分兵两路大举攻赵。从此拉开了统一战争的帷幕。秦国经过数年连续攻赵，不但极大地削弱了赵国实力，而且从军事和地理形势上，还将六国沿黄河南北拦腰断开，使他们难以联合起来，相互支援策应。由于秦国一时难以快速灭赵，便掉转矛头进攻韩国。韩国是六国中最小的诸侯国，原本就是秦国确定要首先攻取的目标。早在公元前244年，秦将蒙骜就已夺取了韩国的十二个城池，奠定了灭韩的基础。公元前230年，秦国借口韩与魏、赵联合攻秦，派出内史腾从南阳率军一举攻破韩都阳翟，俘虏了韩王安，成功灭韩。

公元231年，秦国第五次攻打赵国。当时，赵国已连续两年发生地震、干旱和

◀泰山封禅（公元前219年，秦始皇率领文武大臣及儒生博士七十人，到泰山去举行封禅大典。秦始皇按照自己的想法开辟车道，到泰山顶上立了碑，举行封礼。接着下山，到附近的梁父山行了禅礼。秦始皇是第一个举行封禅大典的皇帝，确定了皇帝作为天子的至尊地位。）

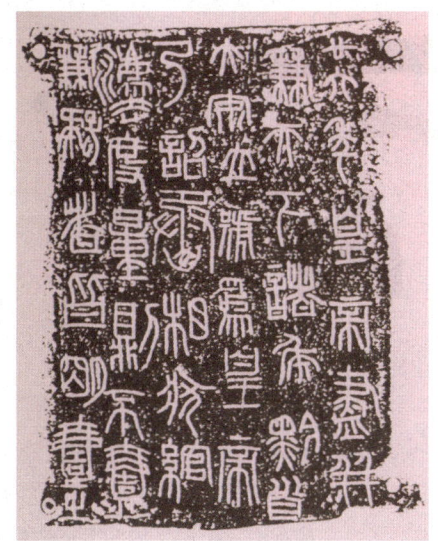

▲始皇诏版 秦（这块青铜的诏版，原置于宫廷重要的器具之上，文为"二十六年，皇帝尽并兼天下诸侯，黔首大安，立号为皇帝，乃诏丞相状、绾，法度量则不壹，歉疑者，皆明壹之。"）

饥荒，人心浮动，百姓流离。民间广泛流传着"赵为号，秦为笑，以为不信，视地之生毛"的流言，意思是说赵国遇到天灾人祸，民众号啕大哭，而秦国却在为有机会灭掉赵国而欢天喜地，如果不相信这种说法，土地上长着的白毛可以验证。秦国名将王翦率军攻下了井陉、杨端和从北、南两方夹攻赵国国都邯郸。赵国派出大将李牧、将军司马尚迎战，双方各有胜负，陷入了僵局。双方相持的时候，秦国使出了反间计，他们用重金收买了赵国宠臣郭开，要他向赵王诋毁李牧、司马尚企图谋反。赵王听信了谗言，撤换了李牧和司马尚。赵军由于临阵易将而造成指挥失误，失去了相持能力。公元前228年，王翦向赵国发起总攻，很快攻占了赵都邯郸，俘虏了赵王迁，终于实现了灭赵的战略目标。

图穷匕见

灭赵之后，秦在统一战争中取得了极大的主动权。正当秦国考虑和选择下一步战略进攻的方向时，发生了燕太子丹派荆轲刺杀秦王的事件。秦王早年曾随父母生活在赵国，当时与燕太子丹在赵国做人质，两人相处得很好。秦王即位后，燕太子丹又在秦国做了人质，没料到秦王对他的态度很冷漠，太子丹因而十分气愤，在秦王十五年私自逃回了燕国。从此秦、燕两国绝交。秦国灭掉赵国后，燕国一片恐慌，燕王无计可施，只能听凭太子丹谋划。

太子丹在走投无路的窘境中，打算用刺杀秦王的办法来挽救危局。公元前227年，燕太子丹派刺客荆轲和秦舞阳，

▼▶秦二十八年琅邪刻石（琅邪刻石与泰山刻石、碣石刻石、会稽刻石，是秦始皇巡视各地时所刻的，宣扬他统一全国的功绩。到秦二世时又加刻词，现仅存泰山刻石、琅琊刻石的残迹。）

▲秦国货币

◀小篆体十二字砖（砖上刻有"海内皆臣，道毋饥人"。）

带着燕国督亢地区的地图和秦国流亡将军樊於期的人头，以割地献图为名，企图刺杀秦王。荆轲献图时，地图展到最后，露出了匕首，荆轲拿起匕首刺向秦王。结果刺杀失败，荆轲当场被杀，"图穷匕见"由此而来。太子丹的冒险行动，激怒了秦王，他立即决定把下一步的进攻矛头指向燕国。公元前227年，秦王派王翦率兵大举攻打燕国，燕王与太子丹率残部逃到了辽东郡。秦将李信率兵追到辽东，再次击败太子丹军，燕王出于无奈，忍痛杀死了太子丹，向秦求和。秦王虽未答应，但鉴于燕国残部已无碍大局，不足为患，便下令调转兵力，乘势灭魏，并准备大举攻楚。

必须有60万军队才能灭楚

秦国重创燕国之后，已控制黄河南北大部分地区，黄河中下游只剩下孤立无援的魏国。公元前225年，秦将王贲率军从关中出发，进攻魏国，很快包围了魏都大梁。大梁城坚固难攻，秦军便引黄河水灌入城中，魏王只好投降。

在攻取魏都后，秦国便已把进攻目标转向楚国。公元前226年，秦王问诸将攻楚需要多少兵力，老将王翦认为楚国地广兵强，必须有60万军队才能灭楚，而李信则说只用20万军队就能攻下楚国。秦王认为王翦年纪太大，害怕作战，所以没有听取他的意见，派李信和蒙恬率军20万攻打楚国。秦军开始进军顺利，但在楚将项燕的顽强抵抗下，在城父遭到重创，李信大败而归。李信伐楚失败后，秦王十分生气，当即把李信免职。他认识到伐楚失败的主要责任是自己决策失误，没有采

万里长城

春秋战国时期，各诸侯国为了防御邻国的突然袭击，常常在自己的边境上修筑一些关、塞、亭、障等守备设施，后来又进一步用城墙连接起来，便出现了长城。我国历史上最早出现的长城是楚国的方城。

秦始皇统一中原后，在秦、赵、燕三国边境长城的基础上，进一步大规模地加以增筑，便出现了我国历史上闻名古今中外的秦代万里长城。长城一般修建在险峻的山梁岭脊之上，它的结构并不是一道单纯孤立的城墙，而是以城墙为主体，同大量城、障、亭、燧相结合的防御体系。

自秦代以后，万里长城被许多封建王朝的统治者所继承，经过2000多年的不断修缮和扩筑，规模越来越宏伟壮观，是我国军事筑城史上的奇迹之一，至今仍是中华民族的骄傲。

取王翦的正确建议。于是秦王亲自来到已经退休的王翦家中，向他赔礼道歉。并答应"非六十万不可"的条件，起用王翦担任灭楚的统帅。王翦采取养精蓄锐、以逸待劳、乘虚而进的作战方针，抓紧时间休整部队，坚持等待战机，不肯出战。双方相持了很久，项燕看到求战不能，就引兵撤退。王翦见战机到来，立即下令全线出击。楚军正在撤退移动，队形混乱，被迫应战后无法抵抗秦军的猛烈进攻，全军四散溃逃。秦军乘势发起追击，杀死了项燕，全歼了楚军。第二年，秦军乘胜攻入楚都寿春，俘虏了楚王负刍，楚国灭亡。

▲竹简

天下大势不可逆

秦国灭楚之后，天下大势已定，统一战争接近了尾声。公元前222年，秦将王贲、李信率军进入辽东，迅速击败燕国残余力量，俘虏了燕王。秦军随即又回师攻打赵国余部，在代北俘获赵国代王嘉，赵、燕彻底灭亡。

此时，齐国面临着随时被消灭的危险，其内部混乱不堪，人无斗志。齐王想亲自到秦国去投降，走到城门时被把守城门的司马劝阻。有人提出建议，把齐国军民全部武装起来，再将逃亡在齐国的楚、赵、燕、魏、韩的贵族都利用起来，主动出击秦国。齐王感到没有什么希望，没有采纳这一建议。最后，齐王和齐相后胜决定，把齐军主力集结在齐国的西部地区，准备抵抗秦军的进攻。这种单纯在边界某一个方向集中主要兵力设防的做法，恰恰造成了其他方向的薄弱和国内的空虚，给了秦军突袭齐都临淄以可乘之机。

秦对齐的作战已呈摧枯拉朽之势。但秦军吸取了灭楚时轻敌的教训，仍以重兵攻打齐国。公元前221年，秦王派王贲、李信、蒙恬等大将率兵攻齐。秦军避开齐军的正面防御，从燕国的南部进军，从其防御薄弱的北面直插齐都临淄。与此同时，长期潜伏在齐国的陈驰等人乘机向齐王施加压力，并承诺，如果齐王投降，就封给齐王500里地。在秦的军事压力和政治利诱下，齐王投降了秦国。投降后，他被押送到了一片松柏林中，活活饿死。至此，秦统一中原的战争宣告结束，我国历史上第一次实现了空前的大统一。

◀连绵起伏的万里长城

陈胜、吴广农民起义

公元前209年，陈胜、吴广所领导的农民起义战争，是我国历史上第一次农民大起义。在秦王朝残酷的统治和严密防范的情况下，陈胜、吴广敢于"斩木为兵、揭竿为旗"。在短短6个月内，革命风暴席卷全国，从根本上动摇了秦朝的统治，为刘邦、项羽等推翻秦王朝奠定了基础。这次大规模的武装起义，为以后的农民起义树立了榜样，在农民革命斗争史上写下了光辉的第一页。

▲陈胜像

鱼肚子里藏布条，狐狸能学人说话

公元前209年，秦王朝从汝阴、蕲县征发900名贫民去渔阳戍守边防。陈胜、吴广也在被征之列，因为他们有人望所以被指定为屯长。当他们走到蕲县大泽乡时，遇到连日大雨，因道路被冲断，所以无法按时赶到渔阳。按照当时秦朝的法律，误期便要被处死。于是陈胜、吴广商量，与其白白死去，还不如拼死干一番事业。而且他们认为天下百姓痛苦地生活在秦王朝的残暴统治之下已经很久，如果起义一定会得到老百姓的拥护。

当时人们普遍有迷信思想，因此陈胜和吴广设计了一条取得众人支持的计策。他们用朱砂在布条上写上"陈胜王"，再塞到鱼肚子里，而后叫别人把鱼买回来。在剖开鱼膛准备做菜时，大家看见了写着字的布条，都非常惊奇，并互相暗暗传播开来。接着陈胜又叫吴广在夜间到驻地附近的荒庙中，点燃一堆火，假装狐狸的声音叫道："大楚兴，陈胜王。"戍卒们听见后更加惊异，都以为陈胜是个非凡的人物，对他产生了信赖和拥戴之心。

经过这些谋划和准备，陈胜、吴广终于找到一个发动起义的机会。有一天统率戍卒的两个秦尉喝醉了酒，吴广为激怒秦尉，故意散布要逃跑的言论，秦尉果然大怒，下令鞭打吴广，这就引起戍卒们的愤恨不平。吴广遭到鞭打后仍然不服，进一步激怒了秦尉。秦尉拔剑要杀吴广，吴广乘机夺剑杀了秦尉，在陈胜的帮助下，他又杀了另一个秦尉。陈胜、吴广把大家召集在一起，激励大家说："我们遇到大雨，已经耽误了日期，不能按时到达肯定会被杀头的，与其白白送死，不如大家共同起义反秦。"就这样，在陈胜和吴广的带领下，我国历史上的第一次农民起义爆发了。

▼大泽乡遗址

一直攻打到秦王朝的心脏

起义爆发后,在广大贫苦农民的拥护下,起义军同秦王朝统治者展开了殊死搏斗。他们首先攻占大泽乡,接着夺取蕲县,起义队伍一步步壮大起来,很快发展成了数万人的大军。陈胜在陈邑称王,立国号为张楚,建立起了中国历史上的第一个农民政权。张楚政权建立后,对于全国各地的广大贫苦农民和其他反秦势力,是一个极大的鼓舞。全国各地的农民纷纷响应,原来被秦国灭掉的六国旧贵族也乘机起兵反秦,逐渐形成了声势浩大的天下反秦之势。

在这一大好形势下,陈胜决心彻底推翻秦王朝的统治。他领导的各路起义大军先后取得了重大的胜利:吴广所率领的楚军主力,很快就击败了驻守在荥阳一带的秦军主力,夺取了荥阳周围各地;宋留所率的部队,顺利地攻占了南阳地区;取得成就最大的是周文。周文经历过抗秦斗争,具有较多的军事知识和战争经验。他率军西进,在吴广主力的掩护之下,绕过荥阳,一直攻打到距离秦都咸阳附近。在征战途中,他们受到广大农民群众的支持,起义军队伍空前壮大,大有一举毁灭秦王朝之势。

> ### 秦始皇陵兵马俑
>
> 1974年,在陕西临潼秦始皇陵东侧1.5千米处发现了兵马俑。这些兵马俑是秦始皇陵墓总体构成中的一个重要组成部分。出土的文物中,不仅兵器和战车同当年的实物一样,而且陶制武士俑和马俑的高低、大小、装束、形象特征也都同当年的真人、真马完全一样。
>
> 秦始皇为什么要以大量的兵马俑群作为自己的陪葬呢?秦始皇在晚年曾极力追求长生不死,企图永做人间的"千古一帝",但又觉得没有把握,人似乎非死不可,所以他就幻想做地下的"千古一帝"。而秦始皇生前的一切成就和历史伟业都是由强大的军队铸就的,他为了能在死后也获得至高无上的权威,进而主宰全部阴间世界,就必须把这支军队带到地下去。

连车夫也叛变了

此时,秦王朝上下一片震惊,秦军集中兵力数十万进行反击。公元前208年11月,秦军出关击败周文,周文战败后自杀,全军瓦解。此时吴广率领的起义军发生内讧。吴广率军到达荥阳以后,迟迟不能攻下荥阳,部将田臧、李归就以骄傲自满、不懂带兵等理由,假传陈胜的命令,擅自杀死了吴广。因为义军不能没有主帅,陈胜不得已只能让田臧接替吴广指挥作战。周文和吴广的死,使起义军的士气、军心受到很大影响,加上兵器装备与兵力数量上的劣势,起义军已很难与秦军对抗。后来,秦军在敖仓、荥阳等地连续击败了起义军,陈胜只好亲自率军作战,也被秦将章邯击败。公元前208年12月,陈胜退到城父时被他的车夫庄贾杀害。至此,陈胜领导的农民大起义终告失败。

◀陈胜、吴广起义 油画

巨鹿之战

巨鹿之战，是秦末农民起义军同秦军主力在巨鹿地区进行的一场战略决战。项羽率领的楚军，是当时反秦力量中最强大的一支军队，他针对秦军兵多粮足的情况，先派兵断其粮道，然后与之交战，终于获胜。项羽军在巨鹿之战的胜利，使楚军一举成为雄冠诸军的霸主。巨鹿之战中项羽军以一当十、英勇顽强，一举歼灭秦军主力，扭转了整个农民战争的战局，对于灭亡秦朝具有决定性的意义。

刘邦入关

公元前208年，项羽等率军北上救赵，刘邦率兵在黄河以南机动作战，与诸将约定："先入定关中者王之。"由于项羽在河北鏖战，歼灭秦军主力，因而使刘邦在河南的作战比较顺利，发展较快。正当项羽扫荡黄河以南的秦王朝残余势力时，刘邦率兵10万经武关进军至灞上，迫降秦王子婴，灭亡了秦朝。刘邦进入咸阳城后，宣布废除秦朝苛法，并与关中百姓约法三章：杀人者死，伤人及盗抵罪，刘邦也因此受到了百姓的拥护。

救援的路上竟然驻扎了46天

秦将章邯镇压了陈胜、吴广起义之后，又采取突击手段，在定陶打败了项梁率领的楚军。之后就北上攻打赵王歇，迫使赵王歇退守到了巨鹿。章邯率军乘胜逼进，他命令王离、涉间、苏角等率领绝对优势的兵力，将巨鹿团团围住。

巨鹿城内的赵国守军兵少粮缺，形势十分危急，于是赵王向楚怀王求救，楚怀王果断作出战略决策，他任命宋义为上将军，项羽为次将军，带领5万人马北上救赵。楚军出征后，宋义听说秦军声势浩大，对秦军产生了畏惧心理，到达安阳（今山东曹县）后，就停止了前进，一连在那里驻扎了46天。项羽劝他赶快率兵前进，他不同意。还非常自负地对项羽说："在战场上冲锋陷阵，我比不过你，但是运筹谋略，你却不如我。"宋义拒绝了项羽的建议后，继续按兵不动，还整日摆酒聚会，寻欢作乐。又亲自到无盐大摆宴席，送他的儿子去齐国为相，以发展扩大自己的势力。当时天气寒冷多雨，士兵忍饥受冻，巨鹿的赵军又十分危急，宋义的做法引起了将士

▶刘邦像

们的不满。性格刚烈的项羽更是觉得忍无可忍,在再次据理力争未被采纳后,他杀死了宋义。然后派人报告楚怀王,楚怀王见事态已经如此,便任命项羽为上将军,由他率军北上救赵。

过河后凿沉渡船,打破饭锅

项羽取得指挥权后,首先派遣2万人的前锋切断了秦军运粮的通道,使秦军陷入缺粮的困境。项羽则亲自率领主力渡过漳河,渡河以后,他下令凿沉渡船,打破所有做饭用的炊具,并规定每人只带三天的干粮。项羽用这个"破釜沉舟"的方法来表示全军上下有进无退、一往无前、与秦军决一死战的决心。战斗开始后,楚军迅速将秦军包围,楚军将士们无不以一当十,奋勇死战,将秦军杀得溃不成军。章邯急忙率人援救,也被楚军英勇击退。项羽指挥楚军连续作战,不给秦军以任何喘息的机会,三天中打了九个胜仗。

◀项羽像

交战开始时,因恐惧秦军而躲在旁边观战的各路诸侯援军,这时看见楚军胜局已定,也参与到对秦军的作战中。最后,秦军主将王离被俘虏,两名副将一个被杀,一个被迫自焚身亡,楚军获得了大胜,从而解了巨鹿之围。项羽在巨鹿之战中所表现的杰出指挥才能和一往无前的英勇气概,使各路诸侯无不为之震慑和敬重。他们便一致拥戴项羽做各路诸侯的统领大将军,统一指挥所有集结在赵地的军队。

▲项羽戏马台(位于徐州,相传项羽曾在此操练兵马,检阅士兵。)

章邯在巨鹿战败后,并没有善罢甘休,他率军撤退到棘原进行坚守,项羽率部乘胜追击,章邯屡次败退,尽管还有几十万兵马,但士气低落。章邯急忙派人向秦王告急求援,这时秦朝内部已经分崩离析,不但没有抽调兵力援助章邯,反而追究章邯战败的罪责。这使得章邯进退不得,无奈之下,他多次秘密向项羽求和投降。公元前207年7月,章邯率20余万秦军投降了项羽。至此,巨鹿决战胜利结束。前后历时十个半月,秦军精锐和主力先后被歼,秦王朝的军事力量基本瓦解,灭亡的命运已不可避免。

第五章
汉代

　　汉代在中国历史上占有重要地位，在此时期形成了继秦朝之后我国历史上第二个和第三个统一的封建王朝，依次为西汉和东汉。

　　西汉前期的战争是从楚汉战争拉开帷幕的。楚汉战争是继秦始皇统一六国战争后中国历史上第二次大规模的统一战争。被项羽封到巴蜀、汉中的汉王刘邦，面对的是实力强大的项羽，自己处于劣势的地位，屡战屡败。在这种形势下，他只能斗智而不能斗力。因此，他采取以智取胜的指导思想，按照张良的献策，分化对方，争取同盟，在军事、政治、经济、地理、外交、人才诸方面调动一切可以利用的因素，为自己营造全局上的优势，并运用自己的智谋，首创了在统一的战略指导下多个战区互相配合的战争指挥艺术。

　　刘邦之后，其后继者仍然坚持先内后外的方针，无为而治，与民休息，致力于经济的恢复与发展。随着经济的恢复与发展，同姓诸侯王的实力也在急剧增长，从而与中央集权的郡县制发生冲突，导致吴、楚七国之乱的爆发。汉景帝调动汉军，集中主力，控制要点，采取后发制人的方针，平息了这场叛乱。中国历史上秦汉时期中央集权的郡县制与分封制的最后一次大斗争至此宣告结束。

　　东汉王朝自刘秀建立开始，至献帝刘协下台结束，历时195年。这是继秦、西汉以后第三个统一的封建王朝。东汉王朝在中国历史上占有重要地位：维持统一局面的时间较长，立国近两个世纪；社会经济与科技文化比西汉发达；以专制主义中央集权制为核心的各项制度渐趋完备；此外，在军事领域也有建树，是个颇具特色的时期。

　　东汉政权是西汉的继续，自建立之日起，便面临着各种问题和矛盾。豪族地主势力恶性膨胀，外戚宦官专权，政治腐败，社会矛盾全面激化。故连绵不断的战争，贯穿于东汉的始终。不仅连续时间长，而且战争的类型也多，出现了封建的统一战争、民族战争、农民战争，还有军阀割据战争等。这些战争的决策指导和战略战术等，具有其鲜明的时代性。

韩信灭赵之战

韩信是刘邦手下的一员大将，他以灵活运用兵法而著称。在整个楚汉战争中，给项羽以最大打击的，莫过于韩信在北方战场的灭赵、破代等战争。在灭赵之战中，韩信显示了卓越的军事才能，他能够根据敌我双方的实际情况和赵军统帅的轻敌思想，灵活运用兵法，以"背水阵"一战而胜，全歼赵军。

背靠大河排好了阵势

正当刘邦在荥阳战场与项羽周旋时，韩信向刘邦提出一个宏伟的战略构想，他准备在北方大举出击，对项羽实施战略包围，进而夺取其全部领地，最后在荥阳将项羽围歼。刘邦采纳了这一建议，立即拨给韩信精兵3万，并派张耳做他的助手。于是，韩信在灭魏之后，紧接着发动了破赵之战。

这时，赵军已做好迎敌的准备，赵王歇和陈余集中了号称20万大军，企图在井陉口以绝对优势的兵力一举将韩信军围歼。赵国有个善于用兵的将军叫李左车，他向赵军主帅陈余献计道："汉军虽然士气高昂，但他们也有不利的一面，汉军要迅速通过几百里的山路，他们的粮食必然跟随不上，我可领兵3万，从小路截住汉军的辎重，而大王您可以深挖壕沟，暂不同他们交锋。这样，汉军将前不能进，后不能退，不出十天必然溃散。"可陈余骄傲自大，自以为熟悉兵书，通晓兵法，根本没把汉军放在眼里，没有采纳李左车的计策。

▲栈道

▶韩信

韩信知道敌我力量相差很大，不能直冲猛打，就把大军驻扎在离井陉口很远的地方，观察形势，研究赵军的兵力部署。他侦察到陈余拒绝了李左车的建议，就已经知道陈余有轻敌心理。因此，他设计了一个出奇制胜的作战方案。他指挥部队开到离井陉口30里的地方驻扎下来。挑选了2000名年轻力壮的骑兵，叫他们每人手里拿一面红旗，趁着天黑，沿偏僻小路，埋伏在赵军大营附近的山中，并吩咐他们，等到第二天与赵军决战时，赵军一定会倾巢出击，那时要乘

▲栈道遗址

赵营空虚,把赵军的军旗换成汉军的红旗。韩信又派出1万人马作为先锋,开至井陉口附近,沿着绵蔓水东岸背水摆好阵势。韩信深知陈余想把汉军一网打尽,所以不会攻打汉军先头部队。因为他怕攻打先锋会导致后面的主力部队往回撤退。果然不出韩信所料,这支先头部队未遭到任何阻击,顺利地开到了绵蔓水的东岸,建立起了阵地。赵军望见汉军背水列阵,无路可退,都讥笑韩信根本不懂兵法。

敌军大营插满了红旗

汉军按照韩信的计划准备就绪,天刚亮,韩信亲自率领主力向赵军发起进攻,陈余看到汉军发起了攻击,认为消灭汉军的时机已到,立即出兵迎敌。双方激战了很长时间,韩信、张耳假装战败,向绵蔓水方向后退。陈余误认为汉军已被击败,就命令全军空营而出。汉军主力退到水边与背水列阵的1万人会合,因为身后无路可退,所以汉军将士个个奋勇作战。埋伏在赵营背后的汉军2000轻骑,此时乘虚攻入赵营,拔掉赵军的旗帜,在营垒上全部插起汉军的红旗。进攻背水阵的赵军忽然看见自己的营地被汉军攻占,以为统帅被俘,顿时大乱。韩信乘势发起反击,占据赵营的骑兵也同时杀出,赵军在两面夹击下,纷纷丢盔弃甲,四散溃逃。汉军猛烈追击,杀死陈余和赵王歇,平定了全部赵、代各地。

战斗结束后,汉军众将都问韩信:"兵书上说,军队在布阵的时候,应该是右面和后面靠山,前面和左面临水,现在将军却违反兵法规定,背水列阵,这是什么原因?"韩信解释道:"背水为阵在兵法上也是有的,只是诸位没有仔细研究。兵书上说的'陷之死地而后生,置之亡地而后存',与我要求的背水列阵是一样的。把军士们安排在后退无路的死地,才能使他们拼死冲杀;如果都配置在安全地带,万一抵挡不住敌人,那他们就都要逃跑了。"韩信此战,创造了我国战争史上又一个以少胜多的奇迹。

▼萧何月下追韩信(图上骑马人物为萧何,花瓶背面为韩信像。)

成皋之战

成皋之战是项羽、刘邦之间具有决定意义的战略决战。战争中，刘邦能及时采纳张良、韩信等人的建议，制订了"正面坚持、南北牵制、敌后骚扰"的方针，使强大的楚军陷于多面作战的困境。而项羽既不善于争取同盟势力，又不能团结内部，结果陷于孤立。最终汉军由劣势转为优势，由被动转为主动，以十万兵力，彻底歼灭了楚军的四十万大军，为建立强盛的西汉王朝奠定了基础。

> **鸿门宴**
>
> 刘邦入关后，为了向项羽表示自己并无背叛之心，就来到项羽的驻地鸿门赴宴。宴会上，项羽的谋士范增三次示意项羽杀掉刘邦，项羽不肯动手。范增又找来项羽的从弟项庄，让他以舞剑助兴为由，相机刺杀刘邦。不料项羽的叔父项伯也拔剑而起，与项庄对舞，保护刘邦。张良找来刘邦的随从樊哙，樊哙持剑拥盾闯入宴席，准备与项羽拼命，从而解除了"项庄舞剑，意在沛公"的危机。接着，刘邦退席逃回军中。而项羽不仅没有追究刘邦的不辞而别，还接受了张良代表刘邦所奉献的礼物。这就是历史上著名的"鸿门宴"。

吐出嘴里的饭破口大骂

公元前206年，项羽进入咸阳后，自恃力量最强，战功最大，便发号施令，在全国范围内封了18个诸侯王，并自封为西楚霸王。刘邦虽然对项羽的分封不满，但因实力不如项羽，只能暂时容忍，积蓄力量，等待时机。刘邦虽然巩固了后方，但因军事力量处于下风，所以正面受楚军的压力仍然很大。韩信在井陉背水为阵，大败赵军后，不仅解除了刘邦左翼的威胁，而且为牵制项羽在荥阳的正面进攻发挥了有力的作用。不久，九江王英布接受了刘邦手下谋士萧何的劝说，也背叛了项羽，归顺了刘邦。这样，荥阳汉军右翼又减少了一个重大威胁。项羽见两翼接连失利，就从正面加紧对荥阳的进攻。这时刘邦手下有个叫郦食其的谋士，劝刘邦立六国国君的后代为王，以便共同对付项羽。

▼刘邦、项羽隔鸿沟对峙的遗址——汉王城、霸王城

刘邦没有仔细考虑，就同意了这个建议，并让人准备刻制印章，准备册封六王。张良听说了此事，立刻表示反对。他提出这样做会树立更多的敌人。刘邦这才醒悟过来，他正在吃饭，气得吐出嘴里的饭，破口大骂郦食其："这小子差点坏了老子的大事！"并派人立即销毁已刻好了的六国王印。这一着棋，刘邦虽然没有走错，但是并不能解决军中的缺粮问题，刘邦不得已，就使用缓兵之计，派人向项羽求和，表示愿意以荥阳为界，中分天下。项羽看到自己的后方不很巩固，打算接受和议。谋臣范增劝阻说："汉军是容易对付的，现在错过了机会，将来后悔就来不及了。"项羽这才拒绝了讲和，继续加强攻势。

丰盛的酒宴换成了粗茶淡饭

荥阳的汉军受到的压力越来越大，眼看就要支撑不下去了。刘邦又采纳了谋臣陈平的建议，使用反间计来破坏项羽君臣之间的关系。陈平从刘邦那里领到大量黄金，用来收买楚军，让他们散布谣言，说楚将钟离昧等人私通汉王。这样，就引起了项羽对部下的猜忌。为了挑拨项羽与范增的关系，刘邦等人更是想尽了办法。一次，项羽使者到汉军去探

▲古画《鸿门宴》

风摸底。刘邦亲自招待了楚军使者，他首先让人摆上丰盛的酒宴，等使者入席后，刘邦却装出一副惊讶的样子说："我原以为是范将军派来的使者，没想到是项王派来的人。"说着，他又叫人撤下酒席，换上了粗劣的饭菜。使者回去以后，向项羽报告了此事，项羽果然怀疑范增同刘邦有勾结，不再相信范增了。范增见项羽这样轻信多疑，就生气地说："天下大势已成定局了，大王好好地干吧，我已经老了，就让我回家去吧。"于是范增离开了项羽，在回乡的路上毒疮发作病死了。

▼壁画《鸿门宴》局部

妇女装扮成士兵出城投降

陈平的离间计虽然赶走了范增，但楚军对荥阳的包围仍在继续，刘邦仍处在危机之中。为了防止刘邦被俘，在陈平、纪信的谋划下，制订了一个诈降脱险的方案。一天夜里，汉军打开荥阳的东门，先放出两千名披盔戴甲的妇女，假装出城投降。接着，纪信坐在刘邦平日乘坐的车子上，打着汉王的仪仗，假扮刘邦，也从东门出来。随从的士兵一边走，一边喊："不要再打了，汉王愿意投降了！"楚军听说刘邦出城投降，都从四面涌向东城。刘邦就趁这个机会，带着几十名亲信从西门逃向了成皋。项羽见到了纪信，才知道受了骗，他一怒之下，就叫人把纪信活活烧死了。不久，成皋被楚军占领，刘邦被迫又退到了函谷关。刘邦从武关出兵，将楚军吸引过来，使荥阳的汉军得到了喘息的机会。这时，项羽的后方又出现了新的麻烦。有一个参加过秦末农民起义的将领，名叫彭越，他在反秦战争中立下很大功劳。秦朝被推翻后，他还拥有一支1万多人的队伍，在军事上很有实力。但是，项羽在分封时并没有封他为王，因此，彭越一直怀恨在心。楚汉战争爆发后，彭越归顺了刘邦。等到项羽带兵南下，攻打刘邦的时候，他就经常在后方袭击楚军的粮食补给线。为了配合汉军作战，他率兵渡过了淮河，占据了下邳，直接威胁着楚都彭城。项羽因为后方受到威胁，不得不撤回主力对付彭越。刘邦乘机击败留守的楚军，又夺回了成皋。

▲汉高祖刘邦

刘邦被射中了胸部却说脚趾痛

项羽回师击退了彭越，但他还没有来得及彻底消灭彭越，就听到成皋失守的消息，只好又集中兵力攻向成皋。不料彭越又在其后方出击，项羽被迫再次返回。就这样，楚军始终在前后两个战场上来回奔波。项羽为了避免两线作战，决心先将刘邦消灭。

▼广武涧（曾是刘邦和项羽争霸对峙的地方）

公元前203年10月,项羽率领楚军主力重返荥阳,刘邦已猜透了项羽的心思,知道他无法两线作战,所以采取了避不出战、拖延时间的办法。项羽求胜心切,就把捉到的刘邦的父亲拉到两军阵前,对刘邦喊话道:"你再不出来投降,我就把你的父亲活活地煮了。"可是刘邦却不慌不忙地回答:"你我曾经是兄弟,我父亲就是你父亲,如果你一定要煮死你的父亲,别忘了分给我一杯肉汤喝!"这种无赖式的回答,让项羽无计可施。项羽正要杀死刘太公,他的叔父项伯上前劝阻说:"争夺天下的人是不会顾惜自己的家人的。你杀了他父亲,不会得到什么好处,只会增加他对你的仇恨。"项羽无可奈何,只得把刘太公押回大营。

项羽又提出要与刘邦单独决一雌雄,刘邦却笑着回答:"我宁愿与你斗智,不同你斗力。"并在阵前当众谴责项羽犯上作乱等十大罪状,项羽听后十分恼怒,命令弓箭手放箭射杀刘邦。刘邦被乱箭射中了胸部,但他为了稳定军心,强忍伤痛,装作若无其事的样子,

▲张良像

弯着身子摸着脚说:"射中了我的脚趾。"两军就这样继续在广武展开持久对峙。

此时,韩信在北方平定了齐国,所以来信请求刘邦允许他暂时代理齐王,管理齐国。刘邦见信后大怒,当着众人的面大骂韩信:"我这里的形势这么危急,盼着他来救我,而他却忙着称王!"张良深知此时韩信是个举足轻重的人物,连忙在暗中踩了一下刘邦的脚,对他耳语道:"现在我们处于危难之中,需要韩信的协助,怎么能阻止他称王呢?不如满足其愿望,让他镇守齐国,不然有可能发生叛乱。"刘邦一听觉得有道理,但是刚才骂出去的话又收不回来,只能顺着他前面的话接着说:"大丈夫平定诸侯,怎么能做代理的王呢?必须当真正的王。"于是派遣张良前往册立韩信为齐王,并让他向楚都彭城推进,继续牵制项羽。

楚汉两军又相持了几个月,项羽欲战不得,欲罢不能,完全陷入了被动。此时韩信部队正逐步南下,准备直攻项羽老巢彭城,彭越又不断袭扰楚军后方,英布在南方战场也十分活跃,被刘邦立为淮南王。项羽在四面受敌、兵疲粮尽的情况下,权衡利弊,决定放弃攻打刘邦,收缩兵力,保住后方。于是项羽送回了刘邦的父亲和妻子,被迫议和。楚汉双方决定以鸿沟为界,以东属楚,以西归汉。至此,成皋之战以汉胜楚败而告终。

▼刘邦拜将台

垓下之战

公元前202年12月,楚汉在垓下进行决战,当时正值寒风凛冽的严冬季节,楚军在垓下被汉军重重包围,缺衣少食,景况非常凄惨。深夜,忽然从四面传来凄凉的歌声,仔细一听,歌声从汉营传来,唱的竟是楚人的歌曲。楚军听到歌声后思乡之情油然而生,顿时军心瓦解,斗志全无。项羽败逃至乌江边,自知兵败,不能再与刘邦抗争,于是拔剑自杀。项羽一死,他统治之下所有的地方都投降归汉了。

▲乌骓马

封地以后才出兵

楚汉成皋之战后,项羽向东撤退,刘邦也打算西撤。但张良、陈平一致认为此时楚军兵力疲惫,粮食殆尽,正是彻底灭楚的大好时机,应乘胜追击。否则就是养虎为患。刘邦听后恍然大悟,决心利用项羽东撤时的麻痹疏忽,突然发起追击,并派人通知韩信和彭越,合力歼灭楚军。

▼项羽自刎

公元前202年10月,刘邦追击楚军至固陵,但韩信、彭越却按兵不动,没有如约会师。项羽乘机反击,大败汉军,刘邦被迫转入防御。这时刘邦很怕韩、彭二人不听调遣,造成被动,便和张良商量对策。张良献计说:"楚军马上就要被击败,而韩信和彭越还没有得到封地,所以他们按兵不动。如果现在答应分给他们土地,他们就会立即出兵。"于是,刘邦将睢阳以北到谷城之间的土地分封给彭越;而把陈以东到海边之间的土地封给了韩信。封地之后,两人果然出兵进击楚军了。

韩信摆了个"五军阵"

韩信亲率精兵数万南下,一举攻破彭城,然后挥师直逼项羽背后。在韩信与刘邦夹击之下,项羽不得不向垓下败退。在刘邦、韩信夹击项羽的同时,彭越、英布、刘贾等军均击败当面楚军,几路大军会师于垓下。刘邦委任韩信全权指挥,负责最后决战。

此时,汉军总兵力约五六十万,其中仅韩信就有30万人马,而项羽的军队只有10万人,两军实力相当悬殊。韩信一向以出奇制胜闻名,但在垓下因为手中握有绝对优势的兵力,他针对项羽善于正面突破的特点,摆出了一个"五军阵"。也就是将汉军分成前、后、左、右、中五个部分,这个阵形的特点是正面兵力密集,两翼机动灵活。果然,决战开始后,韩信有效地阻止了楚军的正面突破,并使楚军损失惨重,项羽被汉军重重围困。

"这是天要我亡"

当时正值寒风凛冽的严冬季节,楚军在垓下被汉军重重包围,缺衣少食,景况非常凄惨。深夜,又忽然听见四面传来凄凉的歌声,仔细一听,歌声从汉营传来,唱的竟是楚人的歌曲。楚军听到歌声后,思乡之情油然而生,顿时军心瓦解,斗志全无。其实这是刘邦的心理战术,他让自己的士兵学唱楚国的歌曲,目的就是让楚军感到汉军已完全占领了楚国的土地,从而动摇楚军的军心。项羽心中烦躁,与虞姬在帐中借酒浇愁,虞姬为不拖累项羽,拔剑自刎,这就是后人所为之感慨万千的"霸王别姬"。

▲虞姬像

此时项羽感觉大势已去,便抛下数万楚军将士,乘夜色仅率800名骑兵向南突围逃走。黎明时分,刘邦发觉项羽已逃,派灌婴率五千骑兵追击。项羽渡过淮水时仅剩100余随从。走到阴陵地方,又迷失了道路,陷进了一片沼泽地。汉军追上了他们,项羽突围后身边只有28个兵士。项羽自料不能脱逃,对跟随他的人说:"我从起兵到现在已有八年,亲身经过七十多场战斗,从未打过败仗,今天被困在此,这是天要我亡啊!"

说完,项羽又冲上前去,杀死了一些汉军将士。最后他逃到乌江岸边,虽有渡船接应,但他想到当年带了八千江东子弟出征,如今自己独自回去,已没有脸面再见江东的父老,所以自刎于江边。争夺天下的楚汉战争,至此告结。此后,刘邦当上了汉高祖,建立了统一的西汉王朝。

◀垓下遗址

平定"七王之乱"

汉景帝时,以吴为首的七国诸侯发动叛乱。为维护国家的统一和安定,汉景帝决心平叛。指挥主要战场作战的周亚夫熟知韬略,制订了"诱敌深入,避其锋芒,伺机破敌"的作战方案。公元前154年正月,吴楚联军在久战不胜的情况下被迫退兵。周亚夫亲率大兵适时追击,将叛军主力吴楚联军杀得丢盔弃甲,狼狈而逃。仅仅经过三个月的作战,"七王之乱"便被基本平定。

▲争功图 汉

假帮皇帝真篡位

公元前157年,汉文帝驾崩,太子刘启继位,是为汉景帝。汉景帝继位以后,各诸侯国的势力发展迅速,已显示出与朝廷分庭抗争的迹象。景帝召集群臣商量对策。御史大夫晁错建议"削藩","削藩"就是削夺各个王国的一部分土地,然后归中央直接管辖。景帝决定接受这个建议,并首先削减了楚、赵及胶西三王的封地。这一下激起了各个诸侯王的强烈不满和恐慌。反对最激烈的是吴王刘濞。刘濞是汉高祖兄刘仲的儿子,被汉高祖封为吴王,拥有50多个县,其地位仅次于拥有72县的齐王,是同姓诸侯王中的第二大国。刘濞的都城在广陵,下辖豫章、会稽等郡,那里有铜矿可

一代忠臣周亚夫

周亚夫是秦末汉初名将周勃的儿子,他治军严明,是个不可多得的将才。周亚夫在平定七王叛乱时,更显示出出众的战略指挥才能。面对不可一世的吴楚叛军,周亚夫不争一城一池的得失,坚持彻底消灭叛军的战略部署,一举平定了吴楚的叛乱。

周亚夫晚年,其子为他买了500件甲盾,准备用作葬器,因未给搬运者工钱被诬告盗买官府器具,准备谋反。周亚夫受不了不白之冤,一气之下,绝食五日,于汉景帝后元元年(公元前143年)八月吐血而亡。

▶周亚夫

以铸钱,海水可以制盐,土地广阔,财力富足。同时刘濞利用雄厚的财力,大肆收买民心,不向百姓收赋。到文帝时,随着经济实力的增长,刘濞日益骄横,逐渐走上了与朝廷对抗的道路。有一次,吴王世子因对皇太子不恭敬,被皇太子(即景帝)杀死,从此他便称病,不再上朝。汉景帝的削藩,使刘濞终于忍耐不住了。

吴王刘濞决定纠集各方势力反叛朝廷,夺取皇位。刘濞听到胶西王刚刚被削夺了六个县城的封地,心中正愤愤不平,就派人联合胶西王反对朝廷,胶西王起初犹豫不决,刘濞就表示事成之后与他平分天下。胶西王经不住吴王引诱,答应参加。吴王怕他反悔,又亲赴胶西当面约定。同

▼晁错像

时派遣使者游说齐、菑川、胶东、济南等王参加。吴王经过一番奔走勾结以后,以为联盟已成,准备伺机而动。公元前154年正月,朝廷下令削夺吴的会稽、豫章两郡,吴王认为时机已到,首先起兵,并派人通知闽越、东越出兵相助。这时胶西等六国也都先后起兵。

一时间,七国诸侯并起,天下大乱。为了表示出师有名,他们打出了"诛晁错,清君侧"的旗帜,意思是皇帝身边出了像晁错这样的奸臣,我们要出兵帮助皇帝诛灭奸臣,而不是以下犯上,谋权篡位。其实,这只是吴王的幌子,他的真正目的就是要夺取皇帝宝座。

吴王刘濞发动叛乱的消息传到京都长安后,汉景帝先是采取了姑息政策,杀掉了晁错,并表示恢复诸王的封地,企图以此平息战乱。但刘濞等不但不退兵,还公开叫嚣要夺取皇位。景帝这才恍然大悟,悔恨错杀了晁错,决定改变姑息政策,发兵讨伐叛军。他想起汉文帝临终前

对他说的一句话"即有缓急，周亚夫真可任将兵"，于是，他任命周亚夫为太尉，统率汉军主力，主攻吴楚军队，另外还派大将军窦婴、栾布等分兵钳制齐、赵的叛军。

汉景帝的兄弟气得暴跳如雷

指挥主要战场的周亚夫，是一位熟悉韬略的将军，他向景帝提出了自己的作战构想。他说："叛军现在锐气正盛，不宜正面和他们交锋。现在他们正在进攻梁国，梁王是您的弟弟，肯定会拼死抵抗。我想一面让梁王坚守城池，引诱并牵制吴、楚军队，挫败敌人的锐气；一面迅速出兵洛阳，抢占荥阳，控制战略要地，然后再用精锐的主力将其铲平。"景帝同意了这一建议。随即，周亚夫率大军从长安出发，迅速抢占了战略要地荥阳，控制了许多粮仓和武器库，顺利实现了第一步作战计划。

公元154年正月，吴、楚联军向梁王刘武发起攻击。刘武是汉景帝的同胞兄弟，原来被封为淮阳王，因为梁王刘揖死后无子，所以汉文帝将刘武改封为梁王，并扩大他的封地，以防范其他诸侯王的反叛。汉文帝的这步妙棋，现在果然产生了积极的作用。梁王对吴楚联军进行了坚决的抵抗。但梁王兵少力弱，在损失了数万人后，被叛军围困在

▲歌风台

▶西汉玉印

了睢阳。梁王不得已，只好派人向周亚夫求救。此时，周亚夫正按照预定计划，率军进占昌邑，筑垒固守。对于梁王的数次求救，周亚夫决定不予增援。梁王向景帝告状，景帝下诏命令救援，但是周亚夫仍不直接出兵救梁，只派出一支小部队迂回到吴、楚联军的背后，截断吴军粮道。直到吴、楚联军因攻梁受到相当损耗后，才将主力推进到下邑。周亚夫迟迟不肯出兵相救，把梁王气得暴跳如雷，但又毫无办法。他只好命令将士拼死抵抗，坚守睢阳。

　　吴楚联军久攻睢阳不下，使得刘濞心中十分烦躁。为争取主动，速战速决，他决定调转兵力进攻下邑，寻求与周亚夫的主力决战。但不管叛军如何挑战、辱骂，汉军始终坚守在城池内，避而不战。刘濞又派出少部分兵力佯攻东南城楼，企图把汉军主力转移过去，然后再从西北方向强攻。周亚夫及时识破了叛军的意图，在西北角加强了戒备，又挫败了吴、楚联军声东击西的企图。吴楚联军数十万人马始终无法与汉军主力决战，粮食渐渐接济不上，士气逐渐低沉下来。在粮尽兵疲、士卒叛逃的情况下，吴王刘濞只好引兵回撤。

攻打自己的盟友

　　周亚夫见敌军士气低落，不胜而退，认为决战时机已到，便亲自率大军追击。吴、楚联军只顾后退，背对汉军，被杀得丢盔弃甲，狼狈而逃。刘濞见联军大败，丢下大部人马，只率数千人向江南逃窜。吴、楚士卒有的归降于周亚夫，有的投降梁王，顷刻瓦解。楚王刘戊见大势已去，自杀身亡。吴王刘濞狼狈地逃到东越，企图作最后挣扎。东越王由于害怕汉军，便将刘濞骗出军营，

▲汉朝武士装束

割下他的头颅送交了汉朝廷。

在齐国战场上，齐王原先曾答应出兵反叛，但战争开始后，齐王却出尔反尔，决定据城自守。这使得胶西、胶东、济南、菑川四王十分恼火，于是四王联手决定首先围攻悔约背盟的齐国。四国军队在胶西王的统一指挥下，改变了进攻洛阳与吴楚会师长安的计划，攻向了齐都临淄。经过3个月激战，四国的军队不但没有攻下临淄反而被拖累得疲惫不堪。所以当汉将栾布率军前来平叛时，叛军一触即溃，纷纷缴械投降。结果，胶西王自杀，其他各王也相继被杀。

在赵国战场上，赵王刘遂为保存实力，并未出兵参战，而是暗中勾结匈奴，并集结兵力准备等吴、楚破梁后，再西攻长安。当汉军向他进攻时，赵军立即采取守势，退到邯郸以求自保。由于赵军之前没有投入作战，所以实力较强，汉军围攻邯郸7个月仍没有攻破。匈奴单于听说吴楚兵败的消息，所以也不发兵救赵。这就使栾布在消灭胶西四王后，得以从容赶来支援。最后，汉军引水灌入邯郸城，赵王无奈自杀身亡。至此，喧嚣一时的七王叛乱彻底失败。

▲汉代驭马陶俑

◀错金铁书刀 东汉

马邑之战

马邑之战是西汉武帝时期反击匈奴的第一战。此战的奇特性是汉军与匈奴军还没有发生直接交锋就已结束。这虽然是一场未发生的战争,但它促使西汉君臣进一步认识到反击匈奴战争的长期性和艰巨性,进而需要切实研究制订对匈奴作战的长期战略。更重要的是,汉武帝利用马邑之战,彻底结束了朝廷内部对匈奴"和"还是"战"的争议,从而揭开了汉匈长期战争的序幕。

雇佣匈奴人训练汉军骑兵

汉武帝时期,西汉王朝经过六七十年的努力,社会经济已得到恢复和发展,国力空前强盛。雄才大略的汉武帝,不甘心继续维持对匈奴委曲求全的和亲政策而处于屈辱的地位,决心从消极防御转入主动进攻,解除长期困扰西汉边境的匈奴之患。为此汉武帝进行了大量的反击匈奴的准备工作。

▲汉武帝刘彻像

骑射是匈奴军的特长,正如晁错对汉文帝所说,上山下坡,涉水过河,汉朝的马匹不如匈奴的马匹;险道斜坡,边跑边射,汉军的骑射不如匈奴的技术;不畏风雨,忍饥耐渴,汉军的士兵不如匈奴的士兵。在这种情况下,没有一支训练有素的强大骑兵,是难以战胜匈奴的。所以汉武帝对匈奴采用"利则进,不利则退"的善于机动袭击的战术,大力发展骑兵。他在过去马政建设的基础上,扩建骑兵,甚至还制定法律条文鼓励民间养马。为了扩军备战,武帝在南军增设了期门军和羽林军,选召了许多精于骑射的官家子弟担任皇帝的侍卫,作为重点培养的对象。后来在对匈奴作战中屡建功勋的抗匈名将卫青、霍去病等人,都是骑士出身。在骑射的训练上,又大量雇用精于骑射的匈奴人来训练骑兵。经过努力,建立了一支较强的骑兵,为对匈奴军作战创造了重要条件。

公元前133年,雁门郡马邑县有个叫聂壹的豪绅通过大臣王恢向武帝提出,匈奴刚刚与汉和亲,对西汉王朝并无防备,现在可以利诱使匈奴军出动,然后设下埋伏,将其击败。虽然御史大夫韩安国等大臣对此计策表

汉初的马政

马是汉代军队作战的重要工具和军事装备,在诸多的兵种之中,骑兵是最具战斗力的兵种之一。但是,西汉初年,因为经历了长期的战争,马匹极其匮乏,甚至连皇帝出行时,拉车的马都找不到同一毛色的。为此,西汉王朝从一开始,便致力于马政建设,大力发展养马事业。

汉初的马政,基本上包括官马管理制度和民间养马政策两大内容。就官营养马而言,汉初已建立完整的养马机构,形成分布较广的养马管理体系。政府还特别鼓励民间养马,甚至还制订了有关养马的法律条文。

汉初的马政制度虽然还不完备,但它的建立有力地推动了养马事业的发展,从而为组建大规模的骑兵集团创造了必要的条件。

示坚决反对，但汉武帝觉得反击匈奴的条件已经成熟，所以采纳了王恢的意见，决定让聂壹诈降，以献出马邑城为诱饵，引诱匈奴大军前来，然后用伏兵将其歼灭。

满山遍野的牲畜没人管

马邑位于雁门关外不远，是自北方进入雁门关的必经之地，战略地位十分重要。这里的地貌不但利于隐藏伏兵，而且不利于骑兵作战，的确是汉军伏击匈奴的好战场。武帝任命韩安国为护军将军，统率30多万人马，埋伏在马邑附近的山谷中。并进一步明确了作战任务：骁骑将军李广和轻车将军公孙贺的主要任务是与匈奴主力决战，而王恢则领兵从侧后截击匈奴辎重。一切准备就绪后，聂壹按事先约定的计策去引诱匈奴，他向军臣单于说："我能杀掉马邑的县令，您可以借机攻占马邑城，夺取城中的所有财物。"军臣单于大喜，立刻与聂壹约定了进兵计划。

▲大破匈奴

▶马踏匈奴石雕

聂壹回到了马邑，将一个死囚杀死，并割下人头悬挂在城楼上，对军臣单于的使者说："马邑长吏已经被我杀死了，请赶紧通知单于派兵来吧。"接到报告的军臣单于亲率10万骑兵，从雁门郡武州塞赶来。当匈奴军行至距离马邑还有百里左右的地方时，单于看到漫山遍野都是牲畜，却没有一个放牧人，顿起疑心。他下令停止前进，并在附近抓获了一名巡防的小官吏。小官吏贪生怕死，把汉军设伏于马邑的机密全盘供出。军臣单于大惊，迅速带兵撤回。汉军迟迟不见匈奴的踪影，后来听说匈奴已经退兵，急忙追击，但为时已晚。王恢本应该截击匈奴的辎重，但他们听到匈奴大军已经回撤，所以未敢出击。就这样，一场精心策划的伏击战最终以徒劳无功而告吹。马邑之谋失败后，盛怒的汉武帝将未敢出击的王恢抓进监狱，迫使他自杀，而匈奴则与汉朝彻底决裂。

▼胡汉交战画像石

昆阳之战

西汉末年,外戚王莽玩弄权术,篡夺了西汉政权,王莽政权残酷压迫广大劳动人民,全国因此爆发了大规模的农民起义。在众多起义军中,有两支最为突出,这就是威震山东的赤眉军和纵横中原的绿林军。昆阳之战中创造以弱胜强辉煌战绩的正是绿林军。昆阳地处军事要冲,为历代兵家必争之地,起义军驻守在城中的兵力不足1万,面对40余万铺天盖地而来的莽军,他们不畏强敌,英勇奋战,取得了光辉胜利,此战是历史上著名的以少胜多的经典战例。昆阳之战也奠定了推翻王莽政权的基础。

巨无霸走在"人兽联军"的最前面

公元23年,各路农民起义军统一归编为汉军,汉军连续取得了几个大胜利后,部队得到了发展壮大。于是,汉军分兵两路,一路以主力部队进攻宛城,准备把宛城作为夺取关中的根据地;另一路则迅速占领了昆阳等地。昆阳城虽然小,但城防设施却很坚固,它同宛城形成了犄角之势。从军事地理上看昆阳是一个进、退、攻、守俱佳的战略要地。

王莽听说宛城被围,昆阳失守,非常恐慌,他纠集了各郡精兵共42万,号称"虎牙五威兵",交给了他的亲信王邑和王寻指挥。所谓"虎牙五威兵",主要是由各州郡精选出来的锐卒,其武器装备和作战能力都在普通士兵之上。为壮军威,王莽还任命了一位巨无霸为垒尉(负责管理营垒的官)。同时还驱赶着一群大象、老虎、豹子和犀牛,让它们和巨无霸一起走在部队的最前头。可以看出,已近穷途末路的王莽决意孤注一掷,企图以压倒性的优势,一举歼灭汉军,彻底扭转被动的局势。当莽军逼近昆阳时,城中的汉军仅有八九千人,但汉军将领决心坚守昆阳,迟滞、消耗莽军兵力,掩护主力攻取宛城,同时派出了刘秀等人出城求援。

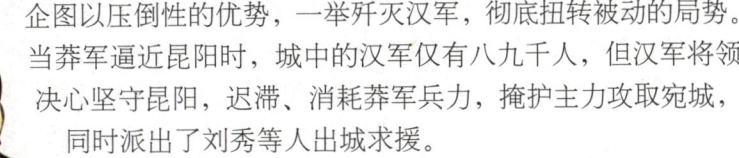
▼王莽与王皇后

故意丢失的"假捷报"

王邑、王寻率领的大军,一到昆阳城下,就立即轮番向昆阳城发起进攻。攻城的喊叫声几十里外都能听到。莽军架起了高达十几丈的云车,从城外向城内监视守城汉军的情况,同时还用挖掘地道,楼车撞击城墙、城门的战术日夜攻打昆阳城。由于城墙深厚坚固,加上守城军民的拼死坚守,汉军多次击退了莽军的进攻,昆阳城始终坚如磐石。

公元23年6月,刘秀率领援军来到昆阳城外,此时汉军主力已攻克了宛城,但是消息还没有传到昆阳,刘秀也一点不知道。刘秀为了进一步鼓舞汉军的士气,动摇敌人的军心,就制造了一个假情报,宣称汉军主力已经夺下宛城,并用箭把战报射入城内;同时,又故

▲汉光武帝刘秀像

◀赤眉军无盐大捷

意把这份"捷报""遗失"给了莽军。这样,攻城和守城的两方都得到了这个消息。莽军将士人人吃惊,数十万大军攻击不足万人防守的昆阳,一个多月竟不能占领;有重兵防守的战略要地宛城,却被为数不多的汉军攻破,莽军士气一落千丈,而守军的士气更加高涨。

20∶1的绝对优势

刘秀迅速组织起一支3000人的敢死队,由他率领从城东迂回到城西,向莽军的指挥大营发起突然袭击。当他们突然出现在莽军阵前,莽军主帅王邑依旧轻视汉军,一看汉军兵力不多,便决定亲自带兵迎战。他们首先严令留守的各支部队不得随意行动,以免由于无谓的混乱而使全军不安,然后带领1万余人迎战刘秀的敢死队。整个昆阳战场上莽军虽然拥有20∶1的绝对优势,但在这次局部作战,王邑只出兵1万,加之士气低落,实际并无优势。所以激战不久,莽军很快陷入被动挨打的困境,在混战中,莽军副帅王寻在乱军中被杀,王邑见形势不妙,就丢掉队伍逃跑了。失去主帅的王莽军队,到处乱窜,四散逃命。其他留守的莽军将领受到军令的限制,谁也不敢擅自行动。前面的败兵像潮水一样向后涌去,当败兵涌到其他部队的阵地时,其他部队的兵士也跟着向后溃退。看到莽军兵败如山倒的景象,昆阳城上的守军立即大开城门,奋勇冲杀出去,定陵、郾城的援军也发起了攻击,就这样,几乎在同一个时间里,汉军从几个方向,展开了全线大反击。正在这时,忽然风雷大作,下起了瓢泼大雨,本来已溃不成军的莽军更加混乱。他们互相践踏和碰撞,死伤不计其数。至此,昆阳之战以汉军全歼王莽军主力而告结束。

东汉王朝的开创者刘秀

刘秀(公元前6年至公元57年),南阳蔡阳(今湖北枣阳县西南)人。他早年加入绿林农民起义军,在推翻新莽政权的关键性战役——昆阳之战中,发挥了决定性作用。略定河北后,他统率东汉军队,运用正确的战略策略,逐步扫平各地割据势力,实现了中国历史上第三次大统一。刘秀完成了统一大业后,采取"以柔道行之"的治国方针,致力于发展社会经济,安抚周边少数民族,东汉一度兴盛,封建史家誉之为"光武中兴"。

黄巾军农民起义

公元184年黄巾大起义的爆发，是农民阶级反抗东汉腐朽统治的革命力量不断积聚的结果，也是东汉末年此起彼伏的农民起义发展到高潮的表现。虽然起义在东汉王朝和各地地主武装联合镇压下失败了，但这次起义给东汉王朝以沉重的打击，加速了它的崩溃，也不同程度地打击了地主、贵族等豪强势力。

▲"苍天已死"字砖（字砖反映出了当时黄巾军起义前民众渴望推翻统治者的普遍心情。）

发布起义动员令

东汉后期，大地主兼并土地的情况越来越严重，很多农民失去了土地和人身的自由。灵帝即位以后，为了满足其奢侈淫逸的生活，大修宫室，公开标价卖官。所有官职按其职位高低和利禄的多少，各有不同的定价。地方官吏为了本利兼收，到任后就加倍勒索，更进一步加重了百姓的苦难。东汉后期，灾情屡屡发生，到处可以看见饿死人的惨象。农民由于无法生活下去，就此起彼伏，连续不断地奋起斗争。

▼李膺（东汉青城太守，反对宦官专权，捕杀宦官张成，引发了党锢之祸。）

巨鹿人张角，是太平道的首领。他在传布太平道时，主要以治病为手段，先使贫苦百姓入道，然后利用宗教宣传，使人们相信太平道的说教。张角等人十几年的行医、传教活动，使太平道成为一个全国性的以宗教为掩护的农民革命组织。在长期的思想发动和组织准备之后，大起义的条件逐渐成熟。张角把中平元年（公元184年，是为甲子年）确定为起义时间，并发布了"苍天已死，黄天当立，岁在甲子，天下大吉"的口号，用"苍天"暗指东汉王朝，"黄天"暗指太平道的新政权，"甲子"为天干地支纪年循环一周之始，也有更新开始的意义，指出了甲子年一到，天下就可以过太平日子了。这一口号成为号召农民起来推翻东汉统治的总动员令。

都扎上了黄色巾

就在公元184年，也就是甲子那一年，张角派马元义到洛阳，秘密联络洛阳的信徒，准备里应外合，夺取京师。这时张角的一个弟子唐周叛变，起义计划全部暴露。马元义和洛阳城内的太平道教徒一千多人全部被害。这一突然变化使起义步骤被打乱，一时陷入被动。张角为了扭转这种不利形势，当机立断决定提前起义。他派人通告各方立即行动，并规定起义军要以黄巾包头为标志，因此被称为黄巾军。张角自称为天公将军,他的弟弟张宝称地公将军,张梁为人公将军。起义的火焰迅速燃遍全国。

　　面对突如其来的农民暴动,东汉地方政权和贵族、豪强惊慌失措,一时无法抵挡。南阳地区黄巾军领袖张曼成自称"神上使",率领义军直攻宛城,杀死了太守褚贡。陈国地区的黄巾领袖波才率部攻占了颍川。汝南起义军攻取了召陵,击败了太守赵谦的官军。河北张角兄弟率领黄巾军主力,活动于巨鹿、广宗等地区。各路起义军所到之处,烧官府,打豪强,占城邑,安平和甘陵两个封国的诸侯王刘续、刘忠也被活捉。黄巾军声势浩大,所到之处,百姓纷纷响应。

▲持铜戈骑兵

凶狠狡猾的官军

　　黄巾军从四面八方掀起的猛烈冲击,大大震撼了东汉王朝,汉廷针对黄巾军三面环攻洛阳的战略态势,急忙调集兵力,派大将皇甫嵩和朱儁等人,向颍川地区反扑。皇甫嵩诡计多端,他一面严令官军坚守不出,一面仔细观察城外黄巾军的动静。波才由于不懂战阵结营的方法,命令攻城义军紧靠着茂密的树木安营扎寨。皇甫嵩看到这一情况,就准备火攻义军。恰巧当天夜里刮起了大风,皇甫嵩一面命令军士各持火把登上城墙,一面派人趁夜潜出城外,借助风势放起大火,偷袭了黄巾军的营寨。皇甫嵩趁机率一队人马突入黄巾军营阵。混战之中,义军将士难以抵挡,惊乱奔走。数万人壮烈牺牲在此次激战中。

　　颍川、汝南黄巾军的失败,使东汉朝廷摆脱了京师之危,得以腾出力量来对付其他地区的起义军,至此,东汉朝廷已占据了主动和优势。起义军面临的是一伙凶狠狡猾的对手,他们具有老练的统治经验和军事素质,所以黄巾起义军逐渐被镇压了下去。公元184年,官军攻陷了曲阳,这标志着张角等人所领导的黄巾起义悲壮地失败了。然而农民起义的火焰并没有就此而熄灭,分散在各地的黄巾余部,仍在坚持斗争,他们前仆后继,百折不挠,给东汉王朝的统治以新的打击。

▼黄巾起义 (油画)

第六章
三国

　　三国时期是在中国历史上继秦、汉四百年大一统之后出现的转变时期,是分裂和统一斗争的时期,是竞争激烈、人才辈出的时期,也是中国魏晋南北朝更大分裂时代的开端。

　　三国时期的战争,最大的特点是在外交斗争密切配合下的魏、蜀、吴之间的三角斗争。三国处在相互争夺全中国统治权的同一个斗争中,彼此利害关系密切,相互间形成魏较强、蜀吴较弱的战略三角关系。在这种关系中,牵一发而动全身,每一方的重大行动,都对其他两方具有战略意义,一方对另一方的政策,既受制于又影响到第三方。每一方都企图利用三角关系造成有利的战略态势,为自身利益服务,各路英豪纵横捭阖,异常精彩。

　　三国时期的战争,特别是群雄混战,造成了时代的浩劫,使东汉末年以来的社会经济遭到比西汉末年还要惨重的破坏。但是,战争也以雷霆万钧之力,粉碎了桓、灵以来根深蒂固的黑暗统治,促成割据势力逐个灭亡和三国初期政治的清明,出现诸葛亮治蜀那样历史上受称道的业绩,创造出生动丰富的军事斗争经验。历史以付出暂时的黑暗、倒退作为代价,赢得了光明和进步。

官渡之战

官渡之战是三国鼎立形成之前的一场大战役，是曹操、袁绍两大集团之间的一次主力决战。战争中，曹操指挥坚决果断，集中兵力攻下并焚毁袁军储粮仓库，使袁军军心动摇，内部分裂，斗志全无，从而一举歼灭袁绍的7万精锐，奠定了统一北方的基础。这次战争，是在北方平原上进行的坚固阵地防御战，也是中国历史上经典的以弱胜强的成功战例。

▲魏武帝曹操像

把钱财物资都扔在了路上

公元199年，曹操在北方势力逐渐扩大，已与袁绍形成沿黄河下游南北对峙的局面。袁绍担心曹操会越来越强大，就打算用数量和装备上占绝对优势的兵力消灭曹操。他挑选了十万精兵，起兵南下。而曹操认为袁绍志大才疏，胆略不足，兵多但指挥不当，所以调集了所能集中的数万兵力抗击袁绍的进攻，并把官渡作为阻挡袁军的主要阵地，以主力在官渡一带筑垒固守。

公元200年，袁、曹两军激战白马，曹操为了争取主动，求得初战的胜利，亲自领兵出击，他采取了谋士荀攸提出的"声东击西"的建议，先装作袭击袁绍后方，等袁绍分兵两路时，再以轻装回袭白马。袁绍果然中计，曹军距离白马很近的时候，袁将颜良才发觉，但为时已晚，颜良被关羽斩杀，袁军顿时溃散。袁绍听说曹操解了白马之围，正向西撤退，急忙率大军追击。当时曹操只有骑兵600人，而袁军多达五六千人。曹操命令士兵卸下马鞍，放开战马，把钱财物资和辎重车辆都杂乱地丢在路上。袁军赶到后，看见钱财物资堆得满地都是，就争先恐后地去抢夺，顿时乱成一片。曹操立即指挥全军上马冲杀回来，袁绍手下大将文丑在混战中被杀，他的全部人马也被曹操俘虏。

▼官渡之战遗址

许攸投奔曹操

曹、袁经过数次激战，进入了一个暂时相持的阶段，在相持过程中，军粮的补给是关系战争胜败的一个重要因素。曹操的军粮虽然不足，但还能勉强坚持。袁绍粮草虽然比较充足，但是因为兵多，消耗也就很大，所以必须随时不间断地加以补充。而此时发生了一件意想不到的事情，这就是袁绍的谋士许攸叛降了曹操。许攸是袁绍手下的一个重要谋士，他认为袁绍骄傲轻敌，最后必定会失败，所以一直存有改投曹营的想法。这时恰巧他的家人因犯法被拘捕了，他一怒之下，投奔了曹操。曹操深知通过许攸获得袁绍内部军情的重要性，所以听到许攸来投奔他时，高兴得连鞋也没穿，光着脚就迎了出去，边拍着手，边大笑着对许攸说："你来了，我的大事就可以成功了！"果然，许攸报告了一个绝密军情。他对曹操说："现在袁绍有上万车粮草囤积在乌巢，而且守卫的兵力不多，戒备也很松懈，如果能去偷袭，将粮草烧掉，袁军不出三天，必将失败。"曹操的手下对此十分怀疑，认为可能有诈。但曹操却相信了许攸，决定偷袭乌巢，焚烧袁军的全部粮草。

▲军司马印　东汉　关外侯印（曹操最初所建立的军队名为"青州兵"，军纪严整、制度森严，此印为当时军队中高级将领的印绶。）

谎称是袁绍的援军

由于曹操当时只有一个月的军粮，非常希望速战速决，所以在当天夜里，曹操就亲自率领5000人马前去偷袭，他们改换了袁军的旗号，每人手里拿着一把干柴，从小路直奔乌巢。途中遇到袁军盘查，就谎称是袁绍派到后方加强防备的援军。到达目的地后，曹军立即围攻放火。袁绍听到这个消息后，认为此时应该去攻打曹操在官渡的大本营，这样必然会使曹操引军回救，那时乌巢之危自解。所以派遣主力攻打官渡，而只派少量骑兵去救援乌巢。由于曹操在官渡的营垒非常坚固，加之将士死战死守，袁军久攻不下。而此时曹军也正加紧进攻乌巢，在曹操坚决果断的指挥下，不但击溃了袁军的增援部队，而且将袁军的1万多车粮谷烧得一干二净。乌巢粮草被烧的消息传到袁军前线，致使军心动摇，内部分裂。曹操乘势领兵出击，大败袁军。袁绍和他的儿子袁谭只带着800名亲兵逃回黄河以北。曹军缴获了袁军丢下的全部物资，官渡之战就这样以曹胜袁败而告结束。

▶官渡之战

曹操文武并用的军事思想

曹操主张文武并用，调动多种制胜因素，争取战争胜利。他看重外交制胜的作用，主张以外交分化众多的敌人。他积极争取友军，孤立打击对象。凡是当前可以利用的力量，他都团结。正如他说的，"方今收英雄时也，杀一人而失天下之心，不可"。

在军事上，曹操不仅重视兵力、兵器的作用，也十分重视谋略的作用。官渡之战中，他接受荀彧的劝告，在最困难的时候坚营固守，决不后撤，因而也取得了最后的胜利。

赤壁之战

发生在公元208年的赤壁之战，是孙权、刘备联军与曹操进行的一次大会战。此战对历史发展具有深远影响，三国鼎立的局面由此形成。大战前，孙、刘集团不为曹军的强大所吓倒，能够正确分析形势，果断采取联合抗曹的方针。大战中，联军又能巧用计谋，找出曹军的弱点和不利因素，以长击短，以火破曹，最终孙、刘以5万兵力击败曹操20多万军队的进攻。

孙权受了刺激

公元208年7月，曹操兵不血刃夺取了重要战略要地荆州，当时孙权虽然不愿受制于曹操，但对曹操的声势也有所顾虑，所以一直在犹豫不决。诸葛亮根据孙权的好胜性格，使出了激将法。他向孙权建议，不管是降还是战，都需要尽快作出决定。如果认为可以同曹操对抗，就要赶快同他断绝关系，如果觉得抵挡不住，不如早点投降曹操。为了解除孙权的疑虑，坚定他的抗曹决心，诸葛亮进一步向他分析了双方力量的实

▲周瑜赤壁纵火图

际情况，指出如果孙、刘联合，是一定可以打败曹操的。诸葛亮说："刘豫州虽然刚在长坂战败，但是归队的士兵和关羽从汉水而上的水军，合起来还有精兵1万。刘琦集结在江夏的军队也不少于1万人。而曹操的兵马，从北方远道而来，已经非常疲劳。现在他们的力量就好比射到尽头的箭，就连最薄的绸纱也穿不透了。兵法上认为，这种冒险作战，一定会损失主将。况且北方将士，最怕水上作战；曹操收编的荆州部队，都是被迫参加的，并不是真心归服，因此他们是不会替曹操拼命作战的。"孙权同意了诸葛亮的观点，双方商定协力抗曹。

孙权初步定下抗曹的决心后，与自己的群臣进一步商量对策。这时曹操来信威胁孙权说："近来奉皇帝的命令讨伐有罪的人，现在我正率领80万大军，打算在江东与将军比个高低。"东吴群臣都大惊失色，以元老重臣张昭为代表的大多数文武官员主张投降，他们认为东吴抵抗曹操的优势在于长江天险，而现在曹军已经夺取了刘表手中的大批战船和水军，实际上长江天险已阻拦不了曹操了。而且在兵力数量上，东吴也处于绝对下风。孙权在内部这一巨大阻力面前，深感失望和孤立。鲁肃私下对孙权说："投降

曹操对于主公和其他大臣的利害关系是不同的，东吴像我这样的臣子投降后还可能保留个一官半职，但是您恐怕连性命都不会保住。所以千万不要听信张昭他们的建议。"周瑜是东吴的主要将领，他力排众议，坚决主战。他分析了曹操的四大弱点：一是后方没有完全平定，有后顾之忧；二是曹军多为北方人，他们不善水战；三是现在天气寒冷，战马缺乏草料；四是中原士兵来到江湖地带，不服水土，必然会生病。而这些都是兵家大忌。经过周瑜深入全面的分析，更加坚定了孙权联刘抗曹的决心。孙权当场拔出身上的佩刀，狠狠地把面前的桌子砍掉了一个角，并且严厉地说："从现在起，再有人敢说投降曹操，就同这张桌子一样下场！"于是孙刘两个军事集团为了避免彻底覆灭的命运，终于结成联合抗曹的军事同盟。

▼东汉斗舰复原图

把战船用铁链连起来

曹军在赤壁果然如周瑜预料的那样，营中疾病流行，战斗力受到很大影响。特别是北方人不习水性，长江的风浪把他们颠簸得口吐黄水，苦不堪言。为了克服北军不习惯船上生活的弱点，曹操命令工匠把几艘或十几艘战船编为一组，用铁链分别连锁在一起，以减少风浪的颠簸。这样不但人可以在船上来往行走，甚至可以在船上骑马。周瑜的部将黄盖是孙氏政权的三朝元老，很有军事经验，他看出了曹军舰船头尾互相连接，不利于疏散的弱点，就向周瑜建议说："曹军的连环船最怕火攻，一船着火，所有战船都难以逃脱，我们可用火攻击败曹操。"

▼诸葛亮像

黄盖为了骗取曹操的信任，使他放松戒备，特意写了一封投降书，派人送到曹操帐下。信中的大意是："我黄盖受孙氏政权的厚恩，官位升到将帅。按理说这种待遇已是很不错了。然而从天下大势来看，江东如果以现有的兵力，来阻挡您的百万大军，力量实在差得太远了，这是天下人都看得出来的。因此，江东的文臣武将同我的意见一样，都不愿意同您的大军交战。只有周瑜和鲁肃他们两个人，心胸狭窄，见识短浅，硬要作无谓的抵抗。我不忍心看到江东的大好河山被这两人断送，所以情愿归顺于您。周瑜统领的军队数量有限，是不难打败的。等双方交

▲赤壁之战油画

锋的时候,我愿意利用担任先锋的有利条件,寻找机会,帮助曹军共同击败孙刘联军。"曹操看了这封信,起初还有些怀疑。但是,他想到自己在军事上的绝对优势,足以使江东文武百官丧失斗志。因此,他认为孙权内部发生分化,也是很可能的。曹操对送信人说:"黄盖如果真心投降,我一定要重用他。"曹操的轻敌思想使他对黄盖的归降,已经是深信不疑了。

大火从船上一直烧到岸上

按照事先约定的时间,黄盖带领10只战船,驶向曹操水寨。船里装满了干草,浇上了鱼油,外边围着红布作掩护,船上插着旌旗。另外,还把一些小船系在大船后面,

▼赤壁之战旧址,在今湖北蒲圻

以便放火后换乘撤退。行驶到江心以后，黄盖命令各船都张起帆来，趁着东南大风，迅速向曹军水寨逼近。黄盖手举火把，命令士兵高声喊道："黄盖来投降了！"曹营中的官兵，听说黄盖来降，都走出营门观望，丝毫不加戒备。黄盖在离曹军1000多米时，见时机已到，下令各船同时点火，船上人员换乘在小船上。当时正刮着猛烈的东南风，10艘战船飞快地向曹操的水寨冲去。而曹军船只首尾相连，分散不开，移动不得，顿时便成了一片火海。曹操的水军在战船上互相挤撞，争相逃命，被烧死、淹死的不计其数。火借风势，很快从船上蔓延到岸边，一直烧到了岸上的曹军营寨。曹军将士在半夜里被这突如其来的大火烧得惊慌失措。

在长江南岸的孙、刘主力望见北岸火起，知道黄盖已经得手，乘机擂鼓前进，横渡长江，全力猛冲上去。这一仗，把曹军杀得人仰马翻。

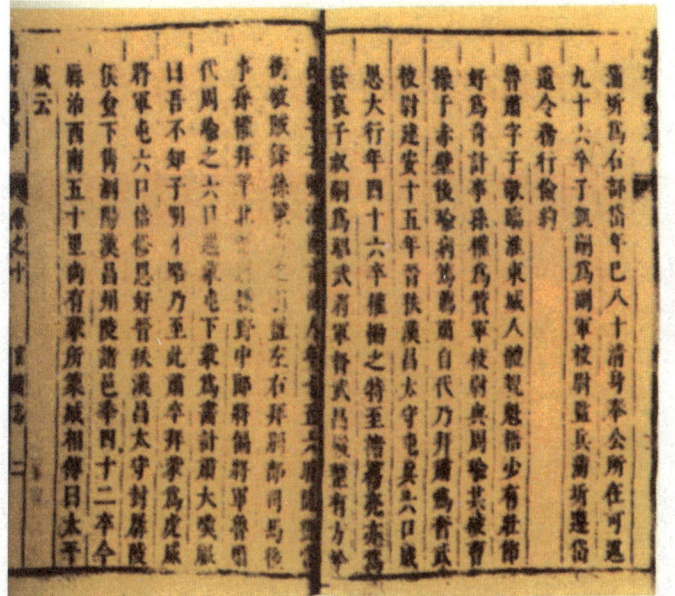

▲诸葛亮舌战群儒

曹操的大部分人马和所有战船，顷刻间都灰飞烟灭了。曹操带领着残兵败将，由华容道向江陵方向仓皇逃跑，逃到云梦泽沼泽地时，在大雾下迷失了道路。好不容易走出了沼泽地，又遇上狂风暴雨，道路泥泞。曹操命令所有老弱残兵，找来树枝杂草，铺在烂泥路上，骑兵才勉强得以通过。一路上，曹军人马自相践踏，死伤累累。孙、刘联军乘胜水陆并进，穷追猛打，一直把曹操赶到江陵境内。曹操到达江陵后，看到部队损失惨重，已无力再组织进攻，决定结束灭吴作战，率残部退回了北方。这场赤壁大战至此遂以孙权、刘备联军大获全胜而宣告结束。

◀《蒲圻县志》有关赤壁之战的记载

巴蜀之战

刘备于公元211年10月受邀进入益州，经过一年准备，发起夺取益州之战。此战历时两年零5个月，最后逼迫刘璋投降，和平占领成都。刘备占领益州，基本完成隆中战略规划，战后实力已略大于东吴，为下一步的北伐中原创造了条件。

双方亲切会晤

刘备将荆州据为己有后，就一心想要实现诸葛亮在《隆中对》中给他制订的第二步战略目标，即夺取益州，建立蜀汉政权。而此时益州的刘璋已经不再倒向曹操，而是希望同刘备建立联盟，

▲刘备塑像

并邀请刘备进入益州，企图依赖刘备而自保。而以张松、法正为代表的巴蜀集团部分成员因不满刘璋懦弱无能，也希望刘备做他们的领袖。因此益州形势开始向有利于刘备的方向发展。奉命出使的法正向刘备转达了刘璋的邀请，私下献策乘此机会夺取益州。这个建议得到刘备军师庞统的支持，庞统认为，应该把三分天下的分界重点从饱受战乱破坏的荆州，转移到条件优越的益州。而刘备担心采用法正这个欺诈的策略会损害自己的政治形象。但在权衡利弊后，在法正、庞统的力劝下，决定不惜蒙受欺诈之名，也要夺取益州。

公元211年10月，刘备开始实施夺取益州的计划。他将诸葛亮、关羽、张飞留守在荆州，自己亲自率领数万人与庞统西上益州。刘备进入益州后，所到之处无不盛情接待。当刘备到达涪县后，刘璋更是从360里以外的成都赶来会晤。张松、庞统、法正等人建议刘备趁这个机会劫持刘璋，逼其让出益州。刘备则认为初来乍到，还没有在百姓中树立起威信，不宜匆忙下手。于是在主客双方的会晤中，刘备将士轮流到刘璋的住处喝酒答谢，这样的日子持续了100多天。刘璋为了保障刘备北上攻击张鲁，赠送了大量

▼古蜀道

▲登弩放箭图 东汉

装备和物资。他还授权刘备指挥益州北部白水关的驻军。会晤结束后，刘备集结各路军队3万多人和大批的车辆、盔甲、兵器、装备物资北上，在白水关以南的葭萌驻军，看似要帮助刘璋作战，实际上一直在做夺取益州的准备。

三个计策选一个

公元212年12月，刘备见时机已经成熟，便准备采取行动。军师庞统献上三条计策供刘备抉择：上策是秘密选择精兵，昼夜兼程，直接袭取成都；中策是先杀掉刘璋手下名将杨怀、高沛，夺取其军队，然后向成都进兵；下策是先退回荆州，以后再做打算。刘备认为上策太急，下策太缓，接受了中策。于是派使者告知刘璋，曹操欲进攻东吴，形势非常危险。要求刘璋增拨1万兵力及财物粮草，自己前往救援。刘璋没有完全同意，只给了4000兵马。刘备以此为借口，指责刘璋不出力帮助自己，斩杀了其大将杨怀和高沛，然后向刘璋发起进攻。刘璋针对刘备孤军深入、无后方保障等弱点，企图以多击少，通过旷日持久消耗战，拖垮刘备。但刘备通过夺取当地资源，越战越强。在刘备攻势下，刘璋众将陆续战败。

公元213年6月，刘备围困住刘璋最后的一道防线雒城，但长期不能攻下，庞统也中流箭身亡。刘备只好从荆州将诸葛亮调来增援。诸葛亮率张飞、赵云进入益州。三人兵分三路在益州东部和中部地区配合刘备作战。刘备围困雒城10个月以后，形势对其越来越有利，公元214年4月，雒城守军顽强抵抗近一年，终于被攻陷。

刘备率军与诸葛亮、张飞、赵云、马超等会合，围攻成都。刘备围困成都数十天，一面许诺将士破城后允许抢劫府库以激励士气，一面派人进城劝降。当时，成都城中尚有精兵3万，粮草也能支持一年，但刘璋深感困守孤城无望，便开城投降，刘备和平占领成都。

诸葛亮的《隆中对》

隐居隆中的诸葛亮，在回答刘备提出的如何平定天下的询问时，总结了群雄混战以来的历史经验，科学地预测了未来形势的发展，阐明了刘备统一战争的阶段和方针，提供了一个转弱为强的战略。后世把这个回答称为《隆中对》。诸葛亮在《隆中对》中的主要观点有三个，一是制定了夺取荆州和益州，实现与曹操、孙权三分天下的方针；二是要巩固荆、益根据地；三是在时机成熟时对曹操可由战略防御转变为战略进攻。

夷陵之战

吴、蜀两国在力量弱小的情况下，曾共同联合抗击魏国，但随着势力的扩展，均不甘于三分天下的局面。于是刘备集团以替关羽报仇为名，发起几十万大军向吴国进攻，准备从吴国手中夺回荆州，进而消灭东吴。这就引发了夷陵地区的一场大战。这一战是三国形成阶段中具有决定意义的最后一次战役，更是中国古代战争史上一次著名的积极防御的成功战例。

一封信害死了关羽

刘备率领大部兵马攻打益州，只留下心腹大将关羽镇守荆州。关羽趁孙、曹激烈交战的时机，接连打了几个胜仗。于是他居功自大，不把吴军放在眼里。东吴认为此时可以进一步迷惑一下关羽，乘机将其除掉。于是把大将吕蒙撤回，换上名望不高的偏将陆逊。陆逊给关羽写了一封信，信上措辞十分恭敬，把关羽比作历史上有名的韩信，又谦虚地自称为书生，没有经验，请求关羽指教帮助。这一下关羽果然落进陆逊的圈套，以为荆州稳如泰山，便放松了警惕。吕蒙趁机夺取了荆州的首府江陵。关羽自知兵力薄弱，只好撤到麦城，不久，他又从麦城率兵出逃，最后只剩下十几个人。公元209年12月，关羽被吴军俘虏，遭到杀害，于是刘备的荆州各郡均被孙权所占。关羽的死对刘备打击很大。更重要的是荆州是重要军事基地，北上可以攻魏，东下可以攻吴，所以公元221年，刘备称帝以后，立刻决定以替关羽报仇为名，向吴发动收复荆州的战争。

▶ 陆逊

年轻人做了主帅

刘备大军顺江而下，锐不可当。39岁的东吴主帅陆逊决定诱敌深入，向东实施战略退却。蜀军主力深入夷陵山区，进入了兵力难以展开的崇山峻岭之中。刘备为能一举打垮吴军，天天派人到阵前辱骂挑战，但陆逊就是不出来应战。手下众将都认为他是害怕刘备而不敢出战，因此也对这位年轻的主帅很不尊重，常常摆老资格，不听他的调遣。陆逊为了维护自己的指挥权威，便召集部下开会，称刘备是天下英雄人物，连曹操都怕他。吴军官兵应当同心协力，互相配合，共同剿除这个强敌。必须听从他的指挥，否则将按军法处置。此后，

▼ 夷陵之战遗址之一

▲陆逊火烧连营造成蜀军大乱

吴军内部逐渐团结起来。

刘备见激将法没有效果,又改用诱敌出战的方法。他派吴班带领几千人在吴军阵前立营,向吴军挑战,自己亲自率领精兵埋伏在山谷里,等待把吴军引诱出来以后,来个两面夹击。但此计又被陆逊识破,吴军按兵不动。就这样双方相持了四五个月,蜀军一直找不到机会同吴军决战。天气却一天天热了起来,大江南北暑气蒸人,蜀军士兵个个叫苦,士卒的斗志已经涣散,刘备也没有办法,只得把驻扎在山谷里的军队拉到谷外,将军营连接起来驻扎在深山密林里。

用茅草取得了大胜

陆逊看到刘备的军营一座座地连接在一起,认为消灭蜀军的大好时机已经到来。为试探敌人虚实,他先派出小股部队作试探性进攻,这支小部队虽然被打败,但是摸清了蜀军的宿营部署:蜀军营寨都是用木栅搭建,而且周围草树丛生。这些都是实施火攻的有利条件,一旦起火,就会烧成一片。六月的一个夜晚,东风大起,陆逊命令所有士卒每人拿一束茅草,在蜀军军营的上风方向,顺风点起大火,蜀军连接在一起的40多个营盘,顷刻之间陷入火海之中。同时,吴军在大火后跟进攻击,这样人借火威,直打得蜀军人仰马翻,毫无招架之力。刘备率领残余部队乘夜逃窜,吴军紧紧追赶,幸亏蜀军把路上逃兵的战袍和铠甲点着,堵塞了吴军的追路,刘备才脱离险境。此战蜀军的损失十分惨重,伤亡和逃散的士兵共有几十万人。车、船、兵器和物资也全部丧失,刘备看到自己的惨败情景,不自我检讨,却忿忿不平地叹息道:"想不到我刘备竟然被年轻无名的陆逊逼到如此地步,这岂不是天意吗?"

▼白帝城

诸葛亮七擒孟获

蜀国南中地区的一些汉族豪强地主乘刘备病死的时机,勾结少数民族首领孟获举兵反蜀。这使得蜀国政权遇到了严重威胁。如果不平定反蜀势力、巩固南方,那么北伐中原就成为一句空话。公元225年,诸葛亮决定南征。南征过程中,诸葛亮始终坚持"攻心为上",对孟获捉了放,放了捉,连续七擒七纵,最后孟获心服口服,南中地区从此安定,再也未发生大的叛乱。

攻心为上,攻城为下

蜀汉夷陵之战刚刚失败,军力削弱,加之刘备病死,蜀国南中地区发生了兵变。这个地区主要居民是少数民族,历史上民族矛盾就比较突出,如不及时安抚平叛,蜀汉政权就会危在旦夕。诸葛亮决定亲率大军全力以赴去平息叛乱。临行前,他向参军马谡征求平叛对策,马谡说:"南中地区比较偏远,地势也非常险要,他们不服从朝廷已经很久了,这次如果用武力强行征讨,一定会大获成功。但我们一撤军,他们又会卷土重来,丞相还得率兵出征。所以最好能让其心服口服,用兵时应攻心为上,攻城为下;心战为上,兵战为下,这样南中地区才能永久太平。"诸葛亮对马谡的话大加赞同。而且诸葛亮事先早已查明孟获不但作战勇敢,意志坚强,而且为人忠厚,慷慨豪爽,深得当地人的拥护和爱戴。因此决定对他展开攻心战,彻底把他争取过来加以利用。

参观军营后仍然被俘

孟获虽然勇敢,但有勇少谋,不善于用兵。第一次对阵,见蜀兵败退下去,就以为

▼诸葛亮营　三国(此营位于云南省保山地区,传说是诸葛亮七擒孟获时的兵营所在地。)

▲孟获像

对方不堪一击，便贸然追杀上去，结果闯进埋伏圈，当场被擒。孟获认定自己要被诸葛亮处死，不料诸葛亮亲自给他松绑，好言劝他归顺。孟获不服这次失败，坚决地加以拒绝。诸葛亮也不勉强他，而是陪他观看已经布置过的军营，之后特意问他："你看这军营布置得怎么样？"孟获观看得很仔细，他发现军营里都是些老弱残兵，便直率地说："以前我不知道你们虚实，让你赢了一次，现在看了你们的军营，不过如此，假如能重新交战，一定可以打败你！"诸葛亮也不作解释，笑了笑就放孟获回去，让他重整旗鼓再来交战。诸葛亮料定孟获当晚会来偷营，当即布置好埋伏。孟获回去后，得意洋洋地对手下人说，蜀军都是些老弱残兵，军营的布置情况他也已经看清楚，没有什么了不起的，今夜三更去劫营，一定能活捉诸葛亮。当天夜里，孟获组织勇士悄悄地摸进蜀军大营，正要砍杀，发现眼前竟是一座空营，心里暗暗叫苦，赶紧下令撤兵，可是已经来不及了，蜀军伏兵四起，孟获又被擒住。诸葛亮知道他不会心服，将他再次放掉。

服用防毒药捉住孟获

蜀军中的一些将士对诸葛亮多次放掉孟获的这种做法很不理解，认为他对孟获太仁慈宽大了，诸葛亮向大家解释说："我军要彻底平定南方，必须重用像孟获这样的人。要是他能心悦诚服地报效朝廷，就能抵得上十万大军。你们现在辛苦些，以后就不必再到这里来打仗了。"

孟获接连被擒，再也不敢鲁莽行事了。他熟悉当地的地理环境，想利用南方丛林里的有毒瘴气击败蜀军。于是他率军深入丛林与蜀军周旋。不料蜀军个个生龙活虎，根本没有一点中毒的征象，在丛林中更是步步为营，最后孟获无路可走，只好束手就擒。原来诸葛亮早有准备，事先摸清了当地地形，并让士兵服下了特制防毒药物，这样就轻易地再擒了孟获。

如此放了捉，捉了放，孟获终于从心里佩服了诸葛亮。当他第七次被俘时，已被诸葛亮的大度和足智多谋完全折服，这次他不走了，并谢罪道："公，天威也，南人不复反矣。"于是，诸葛亮便封孟获为渠帅，与其他夷人共同治理南中。这个地区直至诸葛亮去世，再未发生过大的叛乱。

▶诸葛亮与孟获

诸葛亮北伐

诸葛亮取得南征胜利后，北伐魏国提上了日程。北伐魏国是刘备集团一贯的战略方针，是以兴复汉室、夺取天下为最终目的。刘备死后把这一重任交给了诸葛亮。诸葛亮历时六年半，前后出征五次，对强大的魏国进行了一系列作战。诸葛亮的北伐，是弱小的国家拼其全力主动进攻强大的国家的战争，是三国鼎立期间最重要的战争之一。

▶ 姜维

一个必须守住的咽喉要地

夷陵之战后，刘备认识到自己讨伐吴国的错误，因忧愤悔恨而病逝。临终前，他把北伐魏国的重任托付给诸葛亮。公元228年春，诸葛亮首次率军进攻魏国。他率主力进攻陇右祁山，然后以祁山为根据地夺取整个陇右。魏国突然听说诸葛亮出兵，朝野上下十分恐慌。魏明帝根据既定的防御方针，企图利用诸葛亮深入之机，在内线将其击败。于是下令派遣张郃率领步骑兵5万为前锋，前往陇右迎战诸葛亮。张郃率部迅速沿关陇通道西进，企图上陇山，从街亭要地进入陇右，挫败蜀军夺占陇右的企图。

诸葛亮大军迅速攻占了祁山、西县，形成以众击寡的有利态势。这时，只要切断魏军增援的通道，把目前的优势保持一个月，就可以全部占领陇右这个战略重地。因此，诸葛亮派遣爱将马谡扼守通道上的一个咽喉要地街亭。

马谡奉命占领街亭后，马上研究地形，部署兵力。他在实地勘察时发现此地高山环绕，易守难攻，于是准备将大营驻扎山上。他的部下王平则认为，如果在山上驻防，容易被敌切断水路而陷入困境。所以几次提出反对意见。其实早在临出发前，诸葛亮就已经针对街亭的地理环境情况，作出了战略部署。他要求马谡在山下布置兵力，依托险要地形驻守。但此时马谡不听劝阻，一意孤行，他组织人马驻扎在了街亭的南山上。

诸葛亮挥泪斩马谡

魏军大将张郃率兵赶到后，察看了地形及蜀军情况后，立即直逼山下，包围了蜀军，并切断了所有上山的汲水通道。蜀军在山上无水做饭，饥渴难忍，大多已丧失了战斗力。魏军乘势进攻，

▼ 秦岭要隘——大散关

蜀军早已乱了阵脚，四散奔逃。这时只有王平率领一千多人与魏军相持，蜀兵边战边敲响战鼓，张郃怀疑还有伏兵，不敢再向前逼近。王平慢慢集中了蜀军的散兵，率将士撤出街亭战场。街亭的失守，使战局发生了逆转，蜀军由优势转为劣势，十分被动。诸葛亮没有抓住在陇右以强胜弱的战机，丢掉了继续北伐的根据地，为了保存实力，只好退回汉中。蜀军另一支作为佯攻的部队，由于赵云、邓芝的疏忽，在箕谷与曹真部作战时也失利了。蜀军在撤退时，赵云亲自断后，他烧毁褒斜道赤崖以北的阁道，迫使魏军停止了追击。部队装备和人员都没有重大损失。蜀军在占领陇右三郡后，以街亭、箕谷失利而结束了第一次北伐。

此战之前，马谡与诸葛亮立下了军令状，若失败则按军法处置。为了严明军纪，赏罚分明，诸葛亮虽然痛心难过，但还是依法杀了马谡。马谡违反军令，造成街亭失守，诸葛亮认为这和自己用人不当有很大关系，他主动承担责任，把自己降职三级。同时还把自己的失误布告天下，在以后的征战中，每次作战，诸葛亮都要亲临前线。

再也不敢轻举妄动

公元231年，诸葛亮再

▲蜀国关羽像

▼三国木牛模型

次出师。鉴于蜀道山多路险，以前的出征常常因为军粮运送困难而受严重影响，诸葛亮为解决这个难题，发明了一种适合山道行走的"木牛"和"流马"运粮车，向前方运粮。魏明帝闻祁山被围，急忙派足智善算的司马懿迎击。面对魏军的到来，诸葛亮企图尽快与之决战。所以诸葛亮留下部分兵力继续包围祁山，自己亲率主力寻找司马懿决战。两军相遇在上邽一带。司马懿深知蜀军的粮食供应仍很困难，有意避免决战，扎营坚守，拖延时间。诸葛亮随即改变策略，佯装退兵，诱敌出战。司马懿谨慎尾随，但就是不主动出击。魏军中一些将领多次请战，均被司马懿拒绝。于是魏军中有人讥笑司马懿"畏蜀如虎"。司马懿无奈，只好派大将张郃出击，结果被早有准备的蜀军击败，损失了3000多人。此后魏军再也不敢轻举妄动，而诸葛亮也因此无法消灭司马懿的魏军主力。

▲武侯祠（为了纪念诸葛亮，历代相继在隆中修建了各种建筑。）

双方相持了一个多月，蜀军粮食供应日益困难，负责运粮的蜀国大臣李严，既疏于职守，又怕承担罪责，就假传后主旨意，要诸葛亮退兵。诸葛亮只好再次退兵。司马懿料定这次蜀军是真的因为缺粮而撤退，就派大将张郃追击。诸葛亮抓住时机，在木门登山设下伏兵，射死了张郃，迫使魏军退去。回师后，诸葛亮严查了李严的渎职事件，将他革去官职，降为平民。诸葛亮这次北伐，进军路线与第一次相同，蜀军始终处于主动地位，连获胜利。但只因为发生李严事件，后勤保障出了问题才导致又一次无功而返。此后，诸葛亮吸取了以往的教训，进行更加充分的准备，他暂时停止北伐行动，"休士劝农"，让士兵歇息练武，同时加强农业生产，积蓄粮食。

▼岐山五丈原（诸葛亮六出祁山，于公元234年病逝于陕西岐山五丈原。）

送给敌军主帅一套妇女服饰

建兴十二年（234年），诸葛亮经过三年准备后，调集在汉中的10万大军，开始了第五次，也是最后的一次北伐。司马懿依然坚决执行以逸待劳的方针，拒不出战。蜀、魏两军相持了100多天。诸葛亮多次派人送挑战书，百般引诱司马懿出战,又向司马懿送去了一套妇女穿用的服饰。并写信说:"你身为大将,统率大军却不敢出战,现在我送上一套妇女用的服饰,你穿上正合适。"魏军的众将得知这件事后,无不气愤,来到大帐说:"我们都是魏国的名将,怎么能够忍受蜀军这样的侮辱,我们请求立即出战,以决胜负。"司马懿说:"我并不是不敢出战,只是皇上早已有了明确的旨意,下令我们坚守不战。"众将还是愤怒难平。司马懿只好向明帝上表,请求与蜀军交战。明帝曹睿接到奏章后,对众大臣说:"司马懿既已坚守不出,为什么又上表求战?"卫尉辛毗道出了此中缘由:"司马懿本来不想出战,必定是因为诸葛亮这番侮辱,激怒了手下众将,才故意上了这道表章,希望陛下更明确地重申一下坚守不出的旨意,以压服众将求战的心情。"曹睿认为他说得很有道理,便向司马懿大营传旨,要求坚决不许出战,如果再有人胆敢提出迎战,便以违抗圣旨论处。众将只好作罢。由于司马懿坚守不出,诸葛亮一时也没有办法。

◀钟会

在两军相持中,诸葛亮早起晚睡,操劳军务。司马懿见到蜀国使者,不问军情,只问诸葛亮生活起居的情况,使者回答说:"诸葛亮起早睡晚,连处罚二十军棍的小事都要亲自审理,每天吃的食量更是不到数升(汉代一升约为现在的一两七钱)。"司马懿知道了这些情况,就对部下说:"诸葛亮饭吃得少,而军务繁重,身体已经累垮了,他已活不长了!"果然八月,诸葛亮在军中逝世,享年54岁。蜀军按照他死前的遗令秘不发丧,全军撤退回国。司马懿闻讯追击,蜀军调转军旗,假装反击,司马懿怀疑又是诸葛亮使用的计策,不敢进逼,蜀军全部安全撤回,结束了第五次北伐。

▼上尊号碑 三国(此系魏国的官体碑文。魏始受禅于汉时,相国华歆率领群臣为曹丕呈上尊号,立此碑以记。)

能够运粮的"木牛""流马"

为了适应山地运输需要,节省人力畜力,诸葛亮改革运输车,制成了木牛和流马。木牛、流马的形状构造,在《诸葛亮集》中有详细记载。说木牛"一脚四足","载多而行少,宜可大用,不可小使";说流马有"前脚孔","后脚孔","形制如象"等等。木牛、流马能够适应艰难的蜀道,缓解了蜀国人力物力的紧张状况,在一定程度上保障了诸葛亮北伐的粮食运输。

第七章
两晋南北朝　隋代

从西晋建立到隋统一的 324 年间，在中国大地上先后共建立过 30 个政权。这个阶段由于长期南北分裂，南方王朝不断更迭，北方民族关系复杂，在长时期内政权林立，因而充满着动乱和战争。当时军事活动异常频繁，根据粗略的统计，在 324 年中较大规模的战争有 400 余次。从战争的性质看有三种类型：主要的是各政权之间的兼并战争；其次是各政权内部统治阶级之间的内战；再次是农民反对封建统治的战争。分裂和战乱是这个阶段的主要时代特征，尤其是十六国和北朝大都是少数民族建立的政权，这些政权同汉族政权有一个显著的区别，即主要靠军事力量维持统治，因而其武装力量极为强盛，军队数目非常之多。同汉族政权相比较，这个特点表现得更为明显。

这个时期战争的特点，同军队的类型、南北地理条件和气候是紧密相关的。由于长期南北对峙，东晋南朝立国江南，利用南方河流湖泊纵横的特点，大力发展了水军，在战争中常使用舟师数万甚至十余万。而且由于南方军队作战总是离不开江河湖泊，因而步兵一般也具有水军乘船战斗的技术。十六国北朝由于是少数民族入主中原，他们都属于游牧民族，骑马善射为其所长，因而这个时期是我国古代骑兵大发展阶段。战争中经常动用骑兵十几万，最多时达到 40 万。一个北方政权骑兵如此之多，在中国历史上是少有的。

隋代是继我国南北朝之后所建立的一个统一而短暂的封建王朝。在其存在的 38 年中，各类战争或军事冲突频繁不断。在诸多战争中，给隋代社会乃至后世历史发展以重大影响的，则主要有文帝时期的南下灭陈之战、炀帝时期三攻高丽之战和隋末农民起义战争。

秦晋淝水之战

淝水之战是十六国时期最大的一次战争,是前秦为扩张自己的势力范围,以数倍于敌的兵力,向相对弱小的东晋发起的战争。东晋虽然弱小,但内部团结,后方稳定,人民积极支持,最后仅用4个月的时间就打败了强敌,取得了辉煌的胜利。

"身在秦营心在晋"的秦国使者

公元383年,前秦王苻坚轻率地决定发动进攻东晋的战争。苻坚和他的弟弟苻融共率数十万大军浩浩荡荡向东晋开进。他们先锋部队已向东晋在淝水西岸的重镇寿阳展开了进攻。前秦大举进攻的消息传到了东晋,在宰相谢安的提议下,东晋孝武帝决定坚决进行抵抗。孝武帝派谢安的弟弟谢石代理征讨大都督,指挥全部军队。同时选派优秀将领谢玄做前锋统率8万精兵迎击苻坚。另外,又派将军胡彬率5000水军去增援寿阳。

▲南方持盾武士俑　　▲北方持盾武士俑

苻坚依仗雄厚的兵力,向晋军发动全线进攻。十月,胡彬的水军还没有到达寿阳,苻融就把防御力量比较薄弱的寿阳城攻破了。胡彬在途中听到这个消息,便不敢前进,只得把水军结集在硖石,控制了这个险要的地方,专等谢石的大军到来。苻融占领了寿阳以后,一面派兵围攻硖石,一面封锁了淮水,阻止从东面来援救的谢石、谢玄的两支晋军。谢石只得在距离洛涧25里的地方,把8万军队驻扎下来。

▼前秦的数十万大军在淝水之战中溃不成军

谢石的大军不能前进,被围困在硖石的胡彬的水军就难以突围,眼看着军粮就要吃光,情况十分危急。胡彬为了迷惑敌人,便命令士兵们天天在河岸上用簸箕扬起沙土,伪装在扬米的样子,故意给秦兵看见,表示自己的军粮还很充足;同时他又给谢石写了一封告急信,说明现在军中已缺少军粮,必须马上前来救援。不料送信的人在途中被苻融的士兵捉住,告急的密信也被搜走。苻融得到胡彬缺粮的情报，连夜派人到项城去报告苻坚，说："现在晋军人少粮尽，很容易消灭他们，应该马上向他们发动进攻。"

苻坚得到报告后，非常高兴，决定把大军留在项城，只带领8000轻骑兵不分昼夜地赶往寿阳，想出其不意地捉住谢石，然后灭亡东晋。他临离开项城以前，还恐吓项城的兵士说："谁敢泄露了消息，我就要把他的舌头割掉！"

方寸不乱的统帅风度

淝水之战前，前秦大兵压境使京师上下非常恐慌。作为最高统帅的谢安却神色坦然，镇静自若。他安排完抗敌之计后，毫无惊慌地来到郊外游山玩水，宴会亲朋。当击败秦军的捷报传来时，谢安正与人下棋，他看过捷报后，随手放置在一旁，好像根本没有发生什么事一样。那个下棋的朋友忍不住询问军情，谢安这才缓缓地回答说："孩子们已把敌军打败了。"

苻坚赶到了寿阳，和苻融商量，他们认为有可能使东晋不战而降，于是派朱序去劝降谢石。朱序本在东晋为官，4年以前，前秦与东晋两国交战，东晋兵败，他因被俘而留在了前秦。但他一直"身在秦营心在晋"，仍心存报国之心。这时，他认为为东晋出力赎罪的机会到了，所以朱序到了晋营不但没有劝降，反而把他所知道的秦军所有军情都告诉了晋军主帅谢石，并提出破敌的建议。他认为，目前秦军大部分人马还在行军途中，他们前线的兵力并不多。现在只要派一支精兵打败秦军的前锋，挫伤它的锐气，秦军就会全线崩溃。晋军采纳了这个建议，趁黑夜成功袭击了秦营，斩杀了大将梁成，缴获了大批辎重和粮草。

▶ 谢安

山上的草木变成了士兵

苻坚听到梁成被杀的消息，又接到晋军大队人马来到淝水对岸的报告，开始觉得情况有些不妙。他急忙和苻融登上寿阳城楼，观察对岸晋军的动静。他向东望去，只见晋军阵容严整，旗号鲜明，一座座营帐整齐地排列在淝水对岸。八公山的山脚下，不时传来一阵阵士兵的操练声。苻坚顶着风向北远远望去，恍惚之间，只见八公山上，漫山遍野都是晋军。他感到十分意外，对苻融说："你看，晋军这么多人马，明明是强敌，怎么能说他们是弱军呢？"其实，八公山上根本没有晋军，是北风把山上的草木刮得起伏摇摆。苻坚因为心虚，加上错觉，误以为是晋军在山上奔跑操练。后来，人们常常把过分地紧张害怕，说成"草木皆兵"。苻坚不敢轻敌，他下城后，传下军令，要将士们严密防守淝水防线，谁也不许渡

▲淝水之战战场——八公山

河出击。

此令一下，秦兵沿河岸层层布阵，晋军要想渡河与之决战，困难很大。此时秦军人马还未全部到达，晋军必须争取主动与秦军速战速决。为实现这一想法，主将谢玄想出一计。他派出使者与秦军协商，使者向苻融巧言道："将军领兵深入我国国境，是想与我军决战，可现在却在淝水对岸列阵不动，这种长久相持不会使你们达到战争目的。不如你们向后撤退一段距离，腾出一片空地做战场，让我们晋军渡过淝水，咱们双方决一胜负。"苻融听了使者的要求，立刻报告给了苻坚。

苻坚心想，晋军虽然在洛涧打了个胜仗，但是力量毕竟有限。如果不答应晋军的要求，倒显得自己胆怯了。于是他召集部下来商议此事。将领们都认为，秦军人多，晋军人少，不如严密地守住淝水防线，不让他们上岸，才是最好的办法。自负的苻坚却不同意将领们的看法，他想将计就计，等晋军渡到淝水中间时，出动骑兵，采取突然袭击，一举歼灭晋军。所以他同意部队后移，还与晋军约定好时间，让谢玄领兵渡水决战。

几十万的秦军就像决了堤的洪水

晋军得到对方的回信，立刻紧急行动起来。谢玄按计划率领8万晋军，在淝水东岸

▼重装甲马画像砖（罩上重装铠甲的战马虽可得到全面的保护，但因为负荷太重，战马速度降低，也削弱了骑兵的冲杀力。）

▲天宁寺,东晋时建造,是东晋时期谢安的故居

排好阵势。到了约定好的时间,苻坚传下将令,秦军开始了撤退行动。秦兵大部分是被强迫征调来当兵的,本来就不愿意为苻坚卖命,现在一听说命令撤退,立刻散乱地向后奔逃。就在这时,谢玄马上率领八千骑兵,迅速渡过淝水,后面的大队晋军也紧紧跟了上来,奋勇渡河。苻坚一看形势不妙,赶紧叫苻融命令军队停止后退。可是此时的秦兵再也收不住脚。朱序也乘机在秦军阵后大喊:"秦军败了!秦军败了!"秦军听了都信以为真,纷纷狂奔起来。秦将想用杀人的办法制止士兵逃跑,可是哪里制止得住?就连他们自己也被人流拥着向后溃退,几十万秦军就像决了堤的洪水,根本没法挡住。就在这个时候,晋军已渡过了淝水,在谢玄等人的指挥下,紧紧向秦军追击。

▼湖北襄阳城

苻融连人带马被乱军冲倒在地上,晋军从后追赶上来,把他杀死了。秦军失去了主将,更加混乱,人马自相践踏而死的不计其数。苻坚在寿阳城外看到了前线大败的情形,慌忙跨上战马逃命。他狼狈地渡过了淮水,最后只带了一千多骑兵回到了淮北。这样,在淝水之战中,东晋以8万兵力,击败了4倍于己的秦军主力。战争的失败间接导致了前秦政权的瓦解。淝水之战以后,苻坚的统治不久就崩溃了。

北魏刘宋之战

刘宋元嘉末年，刘宋大军以黄河以南的各战略要地为目标，向北挺进。而北魏不甘心束手就擒，凭借其强盛的国势、强大的骑兵，针锋相对，大举南征。北魏军队的南征对江、淮、青、济广大地区进行了前所未有的野蛮破坏，所到之处，一片焦土。这场持续半年多的宋魏战争，以刘宋北伐开始，又以刘宋失败而告终。

"三岁的婴儿怎么同我们作战"

北伐之前，北魏、刘宋双方对峙于黄河以南由东向西的滑台、虎牢、洛阳、潼关一线。这一战线上的战略要点当时都在北魏的控制之下，魏军凭借这些据点，进可攻，退可守，十分主动。所以宋文帝决心大举北伐，而其主要进攻目标就是夺取北魏据守的各战略要地。当北魏太武帝听说刘宋大举北伐，自恃拥有强大的骑兵力量，根本没有把刘宋放在眼里。北魏太武帝派遣使者发出应战书。书信上用轻视和讥笑的语气写着："宋文帝你已经50多岁了，从来没有出过远门，这次虽然自不量力地到我们国家打仗，但你就像是一个3岁的婴儿，连自理的能力都没有，而我们鲜卑人常年在马背上生活，能征善战，我们之间是没法相提并论的。这次我派人给你送去几匹马，等到你的马跑不动时，可以换上。另外，你远道而来，恐怕会水土不服，还送去一些药物，吃了就可以治好。"这封信可以反映出北魏太武帝根本没有把刘宋的北伐军放在眼里。公元450年10月，太武帝亲率大军，号称百万，大举南征。

▼北魏重臣崔浩像（崔浩处理政务主张先修人事，次尽地利，后观天时。）

让出到手的肥肉

当宋魏战争刚刚开始的时候，宋处于战略进攻，北魏处于战略防御的地位，在战争初期，刘宋三路大军进展顺利，取得了程度不同的胜利。但一场战役却影响了整个战局，这就是滑台之战。当时，刘宋的东路军王玄谟以精锐之师，围攻滑台数十日之久，却未能攻克。而北魏军一面派兵渡过黄河，切断了宋军的退路，以防止王玄谟军逃跑；一面出动大军直逼宋军，实施反包围。王玄谟见北魏大军逼近，惊慌失措，丢下自己的部队独自逃跑了。宋军失去了主将，自然阵势大乱，魏军趁势进攻，斩杀宋军上万人，缴获无数军资器械。魏军将缴获宋军的战船用铁索相连，在黄河上组成了3道封锁线，企图阻断滑台以西的宋水军的退路。宋水军主将垣护之率军奋勇而下，用大斧砍断铁索，冲破封锁线，涉险突围。这时刘宋东路军的失败，已成定局。宋文帝看到东路军已经败退，担心魏军乘机从这个方向深入自己的腹地，于是下令西路军退防回撤。已成功突入北魏纵深的西路军，在宋文帝的严令下，只能放弃继续扩大战果的机会，将弘农、陕城、潼关等战略要地又拱手让出，前一阶段宋军取得的胜果也就付之东流。此后，北魏发起全面进攻，刘宋则转入全面防御。

长江天堑平息南征北战

魏军取得战略主动之后，分兵五路大举反攻，北魏大军势如破竹，一直杀到长江北岸。魏军到达长江北岸后，大拆民房，建造战船，声称要渡过长江，直取刘宋京师。刘宋上下一片恐慌，宋文帝命令水军沿江巡逻，严加防范。

太武帝虽然说要打过长江，其实是虚张声势。魏军从黄河北岸一直打到长江北岸，物资匮乏，人马饥困，前有长江天险，没有强大的水军难以渡江，后有数座刘宋占领的城池没有攻破，难免有后顾之忧。而且沿路征战，兵马已损失过半，因而魏军此时已是强弩之末，退兵已是大势所趋。公元451年正月，魏军抢掠民宅5万余户，收兵撤回北魏境内。这场持续半年多的宋魏战争，宣告结束。

▼骑兵和步兵战斗图　南北朝

隋朝统一之战

隋文帝杨坚发动的北击突厥和南下灭陈的胜利，结束了自东晋以来南北长期分裂、混战的纷乱局面，为推动社会生产力的进一步发展，促进封建国家政权的巩固和强盛，创造了极为有利的条件。自此，中国社会步入了封建统一帝国稳定发展的历史新时期。

突厥内部散伙了

杨坚建立隋朝以后，在对突厥的关系上，一反以往送礼、和亲的做法，而采取防御和抗击的方针，这一下激怒了贪婪好战的突厥。公元581年，突厥举兵犯边。为了阻止突厥的袭扰，文帝一面组织武力反击，一面指派曾经出使过突厥的车骑将军长孙晟，携带厚礼

▲杨坚

出使突厥处罗侯，实施反间计。长孙晟利用突厥内部的矛盾，说服亲近隋朝的突厥处罗侯之子染干，让他向突厥首领摄图可汗报告虚假情况，诈称突厥铁勒等部正要谋反，准备袭击他的老巢突厥牙帐。摄图调玷厥回师救援，但玷厥不听从调遣，擅自率本部人马不辞而别。大可汗被迫中止南下，匆忙退兵到塞外，回师牙帐，长安的危机得到了缓解。与此同时，隋军对突厥的武力反击也给南下侵扰的突厥诸军以沉重打击，使得突厥内部因战败而互相指责，矛盾更趋尖锐。

几个月后，突厥再次南侵，隋文帝仍令长孙晟智取突厥。部族首领大逻便首次与隋军交战便失利。长孙晟趁机离间，他向大逻便传递了这样的信息："摄图每次出征，总是战无不胜，而你初战即遭惨败，有何面目再见摄图？况且你与摄图本来兵力相当，摄图对你一直存有戒心，如果摄图借机发难，你怎么办？"大逻便权衡利弊后归附了隋朝。当时摄图听到这个消息，怒不可遏，率大军袭击了大逻便部的领地，并杀害了大逻便的

隋代的舰船工业

隋代舰船工业是在隋初进行统一战争的物质准备过程中，迅速发展起来的，规模之大，是前所罕见的。

隋文帝杨坚建国以后，为了实现其灭陈以统一南北的战略目标，大力制造舰船。他组织众多工匠制造了大批战船，其中一种名为"五牙"的最大型号舰船，可以装载800名士卒，舰体上起楼5层，高达100余尺。此外，还制造了"黄龙""平乘""舴艋"等大批不同型号的舰船，为此后的灭陈战争提供了雄厚的装备保障。

▼文帝改进府兵制的诏令

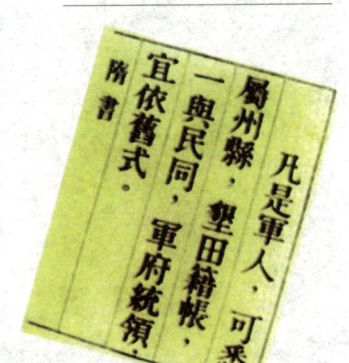

母亲。大逻便悲愤至极,为了复仇,他向突厥玷厥部借了10万兵马,结果打败了摄图。就这样,突厥内部被瓦解,摄图已完全陷入了众叛亲离、孤立无援的境地。他只好派人向隋朝示好。自此,突厥再未南下袭扰。

假借换防渡过长江

隋文帝在取得了北击突厥的胜利后,按既定的战略目标,开始了南下灭亡陈朝的部署。隋朝与南朝被长江相分隔,所以南下灭陈首先要突破陈军的沿江防线,顺利渡过长江。隋军在名将贺若弼的组织下,进行了各方面的准备。贺若弼用已不能作战的老马换了许多陈国的民船并将它们隐藏起来,又买了几十条破船停泊在江边,以此掩盖隋军的备战企图。贺若弼还利用部队换防来迷惑敌军。每次换防时,隋军都要集中所有兵马,展开军中大旗,帐篷布满了整个江边,场面非常壮观。一开始陈军在江对面以为隋军要渡江,便调集各路人马前来抵御。后来隋军解散,才知道是在换防。而后年年如此,陈军就放松了警惕,习以为常了。公元589年,隋军大举伐陈,当各路大军云集江边时,陈朝戍军仍以为是例行换防,不料这次集结并非换防而是进攻,于是隋军顺利渡过了长江。贺若弼指挥大军直捣陈朝的国都建康,陈军摆开了一字长蛇阵做最后的挣扎。隋将韩擒虎率军从陈都戒备空虚的西南方向直接杀入建康城。隋军在皇宫中搜寻陈后主陈叔宝,最后在一个枯井中将其俘获。其他陈朝宗室王侯见陈叔宝被俘,也都相继出降。

▼隋"五牙"战船模型

▲胭脂井(又名"辱井"。公元589年,隋大将韩擒虎率军攻入建康,陈后主与宠妃张丽华、孔贵嫔躲入枯井,被隋兵活捉。)

一个弃暗投明,一个死罪难逃

隋灭陈后,陈朝旧官在岭南地区纷纷起兵叛乱,企图自立为王。隋文帝乘灭陈的余威,适时派出内史令杨素前往讨伐。杨素一路追剿,叛乱分子不是被生擒就是被斩杀。只剩下正在逃亡的叛乱头目王国庆和高智慧。杨素一面追捕,一面秘密派人规劝王国庆弃暗投明,并放话说:"你叛逆谋反,死有余辜,但如果能抓住或斩杀高智慧,则可以立功赎罪。"王国庆见尚有一条生路,便在高智慧的隐蔽住所将他生擒,并交给了杨素,杨素立即将高智慧斩杀于泉州。这样,隋朝仅用了两个月的时间,就将叛乱彻底平定。从而取得了稳定的统一局势。

北邙之战

　　以隋炀帝杨广为首的隋朝封建统治阶级层层的压迫和剥削，终于激起了全国人民的强烈反抗。瓦岗农民军是隋末农民大起义三大主力之一。这支农民军起义时间最早，发展规模最大。但瓦岗军首领李密缺乏战略远见，加之他为独揽大权，以阴谋手段杀害了起义军的创建者翟让，破坏了义军内部的团结，导致义军最终的失败。北邙之战就是一场由于李密错误指挥和内部将领的叛降，使起义军遭受极其惨重损失的战例。从此，瓦岗军的斗争逐渐走向了失败。

这次真理是掌握在少数人手中

　　公元618年，隋将王世充准备率全部人马与李密率领的瓦岗军展开决战。王世充为了消灭瓦岗军，出战前进行了充分作战准备。一方面，他针对洛阳城因缺乏粮食，军心不稳的情况，利用义军缺少衣服的困难，采取用衣服换粮食的手段，稳定住了军心士气；一方面，他采取"厚赐将士，缮治器械"等备战措施。经过较为充分的准备之后，王世充决心利用义军童山之战后尚未完全恢复的机会，选择装备精良的主力主动出战。

　　此时义军首领李密针对来犯之敌，也正与部下共同商讨破敌对策。大将裴仁基认为，王世充倾巢出动，洛阳城必然空虚，如果义军攻打洛阳，王世充必然会撤军援救洛阳，义军则可以按兵不动。当隋军再来进攻时，义军可以再去攻打洛阳，如此反复几次，隋军必然疲惫不堪，那时就可以将其拖垮消灭。李密非常赞同裴仁基的意见。而且他还提出现在敌人求战心切，应该避其锋芒。要加固防御工事，以守为攻，当隋军求战不能，欲撤无路时，义军就可以一举将其消灭。两人实际上是确立了一个以攻为守，攻守结合的作战方针。可是这个正确的方针却遭到了单雄信、陈智略、樊文超等义军将领的极力

▼瓦岗军攻破兴洛仓后，向饥民们开仓放粮

▲隋代虎符

反对。他们认为,义军的兵力要多于王世充,现在正是针锋相对的时候,因此,他们坚决主张立即与敌人进行决战。由于起义军过低地估计了敌人的兵器优势和准备充分的优势,过高地估计了己方的战斗力,这种不切实际的冒险主张,竟得到了与会绝大多数将领的赞同。这就严重干扰和动摇了李密作出正确的决定,最终,他作出了立即出兵与敌决战的错误决定。

诈俘了假李密,乱了义军军心

王世充先派出部分兵力,进攻单雄信营地,这样,单雄信就被隋军所牵制。这时王世充亲率大军逼向他的主要目标——义军的主力。开战前夜,他派遣200骑兵在北邙山山谷中设下埋伏。第二天早晨,他还向所属部队进行了战斗动员,说:"今天的交战,是一场生死之战,如果此战打不胜,我们没有一个人会幸免于死。"义军因为有轻敌的思想,预先准备不足,当敌军出现时,他们只能仓促出兵应战,还没有等到排好战斗队形,王世充就已经指挥大军冲杀过来。狡猾的王世充还准备了一个秘密武器,在出战前他偷偷地在士兵中找到一个长相酷似李密的人,将他捆绑起来。两军交战不久,战场上杀声震天,尘土飞扬。王世充趁机把那个被捆绑起来的假李密拉了出来,并让隋军大声呼喊"李密被活捉了!"义军听到信以为真,于是阵容大乱。就在这时,隋军的伏兵突然杀出,纵火将李密的军营烧毁。就这样,瓦岗军溃败下来。李密只得率领余部退往洛口仓方向。王世充乘胜将偃师城攻下。接着,王世充向东进攻洛口仓。该地义军守将邴元真,原本是隋朝县吏,有人曾建议李密及早把他除掉,李密虽未准许,但邴元真已经怀恨在心,一直在伺机反叛。当李密被迫向洛口仓撤退时,邴元真已暗中派人为隋军带路。李密对邴元真的背叛行径,表面上装作不知道,暗地却与众将商量,决定将计就计,等一半隋军渡过洛水时,再分而击之。不料,王世充率军到达洛水时,担负侦察任务的义军没有发觉,当发现时,隋军已全部顺利渡过洛水,并直奔洛口仓。此时,单雄信等义军将领拒不出兵给予支援,所以李密只能继续东逃。之后,邴元真、单雄信相继叛降了王世充。北邙之战使义军遭到极其惨重的损失,先后被俘及投降的将士达十余万人,从此瓦岗军一蹶不振。

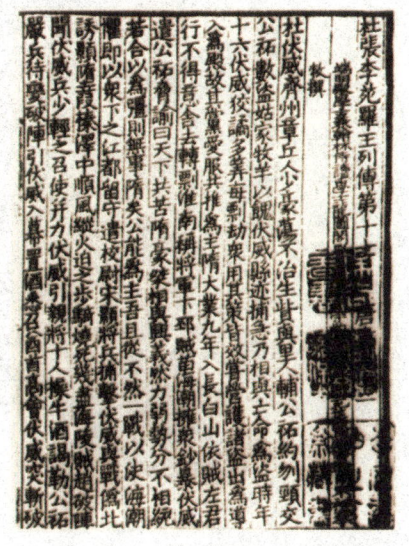

▼《隋书》中关于瓦岗军袭占洛口仓的记载

第八章
唐代

在中国军事史上，唐代是一个军事体制变革深刻、各类战争发生频繁、军事理论日趋完善的重要时期。在唐王朝立国将近3个世纪的时间里，各类战争频繁发生。其中有平定天下的统一战争，安边拓境的民族战争，为维护国家统一而进行的平叛和削藩战争，统治集团内部争权夺利的战争，为反对唐王朝统治而进行的农民起义战争等。这一时期各类战争多达数百次，有的战争规模巨大，延续时间长达数年、数十年甚至百年之久。

从唐朝建立到安史之乱爆发以前的100多年时间内，唐王朝首先进行的是起兵反隋和削平军阀割据的统一战争。这些战争结束了自隋末以来天下大乱的局面，实现了秦汉以来的又一次大统一，为社会经济的繁荣和政治的稳定创造了有利的社会环境。唐王朝经过一段休养生息和积极备战以后，又开始了一系列旨在安边拓土的民族战争，这类战争先后延续了近百年之久。唐王朝的疆域向北扩展到了今天的贝加尔湖以北地区，向西扩至今天的咸海东岸一带，成为当时世界上版图最大的国家。

但由于朝廷对军事力量的失控和战略决策的失误等原因，唐王朝在削藩战争、民族战争中也遭受过重大失败，致使国力日衰，乃至一蹶不振。特别是从唐宣宗大中年间开始的农民战争，此起彼伏，如火如荼，最后终于发展为以黄巢为首的大规模的农民起义，给了唐王朝以沉重打击，使其名存实亡，在中国农民战争史上谱写了新的篇章。

围郑灭夏虎牢之战

虎牢之战是唐初统一战争中具有重要意义的会战,这一战使当时两个最有实力的政治集团——王世充和窦建德一举被唐王李世民消灭。他们的相继覆灭,不仅使唐朝占有了富庶的关东地区,增强了经济实力,而且歼灭了两个最为棘手的竞争对手,这为唐朝统一战争的最后胜利奠定了坚实的基础。

10匹布仅能换到一升食盐

隋将王世充击败了以李密为首的瓦岗军后,在洛阳称帝,国号郑,成为中原地区最为强大的一个政治集团。公元620年,唐高祖李渊派其子李世民率主力10万多人,同王世充展开中原决战。经过半年多的激烈战斗,唐军歼灭了王世充的大量部队,将其包围在洛阳孤城之中。李世民指挥唐军兵士在洛阳城的周围挖壕沟,修筑堡垒,将内外交通断绝。不久,洛阳城内粮食殆尽,一匹绢只能买到三升粟米,10匹布仅能换到一升食盐。后来,树皮草根都被吃光了。王世充无计可施,只能向窦建德求救。

▲李世民

窦建德曾经是河北农民起义军的领袖,隋炀帝的统治覆灭后,他自立为夏王,与唐、郑形成三足鼎立之势。当李世民率军对洛阳发起进攻时,李渊就向窦建德提出双方结成联盟,窦建德既未答应,也没有拒绝,只是将俘获的李渊的妹妹送还了回去。窦建德实际对唐、郑交兵持观望态度。当唐军节节胜利,王世充只剩下洛阳一座孤城时,窦建德这才意识到,如果王世充兵败洛阳,唐朝就会转向对自己发难,到那时,自己的命运也会和王世充一样。于是他回复王世充,答应出手相助。

窦建德发兵后,李世民决定采取围城打援的战术,即以唐军主力继续围攻洛阳,同时派遣精锐部队进入虎牢要塞,阻击窦军。这样的作战方针最大的好处是,如果窦建

唐初统一战争的历史意义

李唐王朝取得统一战争的最后胜利,为统一中国立下了丰功伟绩,具有重大的历史意义。这次统一战争使中国的版图比隋朝极盛时期更为广大,从而建立了当时世界上幅员最辽阔的封建帝国,进一步巩固和发展了多民族的统一的国家。这就为创造历时3个世纪的唐帝国奠定了基础,为中华民族高度文明的深入而又广泛的发展创造了条件。唐文化至今仍具有世界魅力与此不无关系。

德冒险进攻，唐军会取得速胜；如果窦军见唐军据守咽喉不敢出战，洛阳会被攻破，那时唐军会借破城之势一举克窦。于是李世民率军抵达虎牢。李世民为了试探敌军虚实，只带领4名部下，来到窦军军营，他故意暴露了自己，引出敌军追击，当追兵被诱入埋伏圈后，唐军突然杀出，歼敌300余人。窦建德在虎牢被唐军成功阻击，将士疲惫不堪。窦建德看到自己的士兵士气低落，而洛阳危在旦夕，认为不能久战。当他听说唐军的喂马饲料已快用完时，决定趁机冒险出击。

窦军的背后出现了唐军大旗

窦军准备出击的消息被唐军获得，李世民正愁窦军拒不出战，于是决定将计就计，借机诱敌。他把1000余匹战马留在河岸上放牧，做出已无饲料的假象，大军却在虎牢按兵不动。第二天，窦建德果然全军出动，声势浩大地在20多里的宽阔地带部署了进攻阵形。有些唐军看到其声势浩大，十分恐慌。李世民登到高处瞭望之后，对众将说："窦建德在山东起兵后，从来没有参与过大战，现在冒险出击，可见治军无方，他们的队伍混乱，可见治军不严。我们在这里按兵不动，用不了多久，敌军必然疲惫饥渴，到那时，我们再突然出击，必将大破窦军。我可以告诉诸位，我必定可以在午后破敌！"因此，他一面严阵以待，尽管窦军多次派兵挑战，他都拒不出战。另一方面又派人召回留在河边的战马，准备参加总攻。

▶ 秦叔宝

果然如李世民所料，窦军从早晨就开始列阵迎敌，到了中午，士卒早已饥渴难挨。有的席地而坐，有的争抢饮水，有的聚在一起准备撤退。李世民见战机已到，便命令宇文士及率300骑兵从敌军西面进行试探性攻击，并告诫说："如果敌人阵形不动，要立即撤回，如果阵势发生骚动，则要向东突击。"宇文士及率部出击，窦军果然大乱。李世民见状，立即下令唐军全线出击。窦建德慌忙组织抵抗，未等列阵整齐，唐军已杀到眼前。李世民亲率史大奈、程知节、秦叔宝、宇文歆等将直冲敌军身后，在窦军阵后打起唐军大旗。窦军将士望见阵后唐旗，以为被唐军包围，于是全线崩溃，向西撤退。窦建德也在混战中被生擒。窦军见主帅被俘，相继投降的有5万多人。

虎牢决战结束后，李世民率得胜之师回到洛阳城下，继续围攻王世充。李世民故意将俘获的窦建德带到洛阳城外示众，这让王世充及其守军的心理彻底崩溃。王世充在突围无望、守城不得的形势下，在公元621年五月出城投降。

反击东突厥之战

唐太宗即位后,面对错综复杂的边境形势,相继采取了纳贿求和、整顿武备、分化瓦解、自卫反击等军政战略。随着唐朝国力的迅速强盛,唐太宗不失时机地果断派兵出击,首先突击了对唐朝边境威胁最大的东突厥汗国,并一举获胜。

为躲避突厥侵扰竟动议迁都

地处漠北的东突厥汗国是由突厥汗国分裂而成,其首领号为可汗。唐朝建立之初,东突厥由于获得了从内地逃奔漠北的大量人口,迅速强盛起来。趁唐朝国力虚弱和忙于国内统一战争、无暇北顾之机,大肆入侵唐朝北方边境。从公元619年到公元626年期间,东突厥汗国几乎每年都要在夏秋季节草肥马壮时期,率兵南下,进入唐朝国境大肆掠夺,有时竟深入到唐朝腹地关中渭水北岸,不仅给北境居民带来了很大苦难,而且也给唐朝国内的安定带来了很大威胁。

▼太原晋祠铭碑(唐太宗李世民撰文并书)

◀《资治通鉴》中有关唐军灭突厥的记载

公元624年8月,唐太子李建成唆使庆州刺史杨文干发动叛乱,企图杀害李世民,兄弟之间争夺太子地位的斗争日趋激烈,颉利可汗趁机大举入侵。他派突厥吐利设与苑君璋合兵南下进犯朔、并、忻三州,自己则与侄子突利可汗率军从西北方向进犯原、陇、绥三州,大有进犯关中和京师之势。致使唐高祖李渊和部分大臣一度打算迁徙都城以躲避东突厥的侵略。李渊之子,秦王李世民则坚决表示反对,他说:"北方部族侵扰中原由来已久,大唐精兵百万,怎么能因为突厥扰边就迁都避敌,这样做岂不让后人耻笑?如果给我几年时间,一定能俘虏颉利可汗,假如做不到,再迁都也不晚。"李渊在李世民的强烈反对下,才放弃了这一念头。于是,李渊派秦王李世民和齐王李元吉率兵出豳州(今陕西彬县)道抵御突厥。

突厥颉利、突利两可汗率全部兵力南下攻唐,在豳州与唐军遭遇。突厥的1万余骑兵突然冲到城西,由于双方兵力悬殊,李元吉吓得不敢出城作战。而李世民却率100多名骑兵直奔颉利可汗的营寨,一面对突利可汗陈说利害关系,并许诺和亲;一面又指责颉利可汗背信弃义,违背和亲之约。突利可汗被李世民的真诚折服,与李世民拜为兄弟,结盟而回。而颉利可汗以为突利可汗与李世民合谋，不敢贸然交战，只好撤兵。这样李世民成功地离间了颉利可汗与突利可汗的关系。

突厥大汗的缓兵之计

唐太宗即位后，在各方面为反击突厥做了周密的战争准备。他一方面积极进行军事训练，大力加强军备力量，准备伺机对东突厥汗国的侵扰进行大规模的自卫反击。另一方面又精心在东突厥汗国内部进行离间活动，极力拉拢与颉利可汗矛盾重重的突利可汗。同时还在漠北地区扶植反抗突厥压迫的起义势力，并在西方与西突厥搞好关系，借以牵制东突厥的兵力。

◀李靖像

公元630年，唐太宗派将军李靖率兵北进，攻击颉利可汗。李靖率精骑3000突然由马邑进至恶阳岭，向颉利可汗盘踞的定襄城发起袭击。颉利可汗对唐军的突然兵临城下，惊恐不已，以为唐军派出了重兵前来围剿，所以向碛口逃跑。李靖率部乘胜追击，又派出间谍离间他的心腹。颉利的亲信康苏密押着隋炀帝萧皇后前来归降，李靖当即将萧后送往长安。与此同时，另一路唐军将领李勣与突厥在白道交战，大败突厥兵。颉利可汗的残部又在阴山脚下遭到李靖的重创，只得逃往铁山，所剩兵马仅有数万。这时，颉利可汗自知难以抵抗，便派出使者表示愿意归附朝廷。

但颉利可汗虽然表面归降，其实使的是缓兵之计，他企图先休养兵马，然后进入漠北东山再起。李靖与李勣看穿了颉利可汗的狡诈本质，决定乘胜进攻，不给他喘息的时间。于是，发兵夜袭了颉利可汗的营地。颉利可汗虽乘马逃脱，但唐军大败突厥兵，俘虏1万余人，缴获牲畜数十万头。颉利可汗兵败后逃到小可汗苏尼失的居住地灵州，苏尼失恐怕唐朝兴师问罪，就率众投降，并把颉利可汗押送给了唐军。至此，东突厥灭亡。

▼骑兵铜像 唐

讨伐西突厥之战

西突厥汗国是突厥汗国分裂后形成的少数民族政权。他们占据了西域地区,给唐朝的西北边疆带来了严重威胁。自唐太宗即位后,唐朝在实施纳贿求和的基础上,不失时机地果断出兵讨伐西突厥,最终有力地巩固了边防安全,也使唐朝的领土大为拓展。同时,由于西突厥汗国的灭亡及其叛乱势力被平定,唐朝国境西部与阿拉伯、波斯可以直接相通,这也促进了唐朝与国外的交流。

"我和你们的皇帝是不是差不多啊"

咄陆可汗欲谷设是一个极富野心而又狂妄自大的西突厥大汗,他在统一了西突厥全境以后,自恃实力强大,扣押了唐朝使者,并对唐朝边境进行侵扰。唐太宗得知咄陆可汗侵袭西域后,集结了大量军队,准备对咄陆可汗的侵扰进行反击。不久,咄陆可汗派兵进犯伊州。唐朝将领郭孝恪闻讯,立即率领轻骑2000人,在伊州(今新疆哈密)西北方向的乌骨地区设伏,结果咄陆中伏兵败。败逃途中,他又围攻西州天山县,郭孝恪派出西州守将将其击败,并一直追击到遏索山。

▲胡人将军俑

遏索山的失败并没有使咄陆可汗吸取教训,不久,他又率军西征康居地区,并掠得了大量资财和人口。他曾对扣押的唐朝使者元孝友炫耀地说:"我听说唐朝的皇帝十分威武,现在我夺取了康居,你看我和你们的皇帝是不是差不多啊?"咄陆不但妄自尊大,而且贪得无厌。他把掠夺来的财物全部占为己有,连自己的部下都不分赏。这就导致了手下的将领强烈不满。他们发动了突厥内部的叛乱,并请求唐太宗另行册立新可汗。这个事件开启了西突厥归服唐朝的开端。

▼新疆吉木萨尔 唐庭州故城

▼突厥武士石人

进贡礼物还提出了和亲

新可汗射匮继位以后，为了利用大唐强国的声威，巩固自己并不牢固的地位，将原来扣押的唐朝使者全部放回，并进贡礼物，还提出了和亲。但射匮可汗这些行动的真正目的，是要用唐朝压制他的政敌。一旦局势稳定以后，他便凶相毕露，极力想把唐朝的势力逐出西域。唐太宗对射匮可汗表里不一的本质早有察觉，公元648年，太宗决定利用西突厥内乱之际，再次出兵，唐军一举攻占了龟兹，使射匮可汗遭受重创。

公元649年，唐太宗去世，唐高宗即位。西突厥的另外一个首领阿史那贺鲁羽翼逐渐丰满，开始谋划对抗唐朝。他先清除了异己，自立为泥伏沙钵罗大可汗，后向唐朝进犯。唐高宗决定对其征讨。公元656年正月，唐军西行征讨，高宗任命程知节为统帅，在榆慕谷与贺鲁所属的部队遭遇，唐军奋力厮杀，大获全胜，俘获牲畜数以万计。榆慕谷大捷后，程知节继续率军西进，但在此后的作战中，因指挥不当和内部互相争功猜忌，被贺鲁乘机发兵反击，唐军战败后，程知节被降职查办。

▲蕃将（唐朝将帅用袍，军士用袄，将帅袍上绣狮虎纹，衬托将帅的勇猛威武。）

突袭了正在狩猎的西突厥大汗

公元657年，唐高宗决心对西突厥发动更大规模的征讨。高宗对这次西征作了周密准备和精心安排。为了选拔西征唐军的军事骨干，他在全国范围内招募文武人才，还破格任用了与突厥作战有丰富经验的苏定方等人。这时，西突厥内部发生了叛乱，阿悉结部反叛贺鲁，被贺鲁击败，该部酋长泥孰俟斤出逃，其妻儿被贺鲁掳走。唐高宗马上利用这件事进一步分化贺鲁。他下令，如果唐朝军队从贺鲁处截获了泥孰俟斤及其家人，必须以礼相待并将他们送回自己的领地。这个做法使唐军西征获得了泥孰部的全力支持。一切准备就绪以后，唐军分兵南北两路向西挺进。两路人马协作配合，连续击败了贺鲁的突厥军队。贺鲁逃到千泉牙休整。当地天气十分恶劣，他以为唐军不能到达此地，所以放松了警惕。唐朝大军突然出现时，突厥军毫无准备，而贺鲁竟然正在出巡狩猎。结果突厥军数万人在千泉牙被俘，而贺鲁只带着几个随从逃到了石国。石国国王鼠匿在唐军的威慑下不敢收留贺鲁，将他押送给了唐军。西突厥汗国至此灭亡，唐对西突厥长达十多年的讨伐战争亦至此结束。

唐朝的烽燧制度

烽燧亦称烽火，是古代边境地区报警的信号设施。如果发现敌人入侵，夜晚可以放火报警，白天可以施烟报警。由于烽燧一般是建造在高台之上，所以又称烽火台。唐朝的烽燧制度在继承前代制度的基础上，更趋完善。大约每30里设置一个烽燧，如果有高山阻挡，也可以在附近的有利地形上设置。临近边境的烽燧要在附近修筑护城，以便对烽燧加以保护。由于唐朝建立了一套严密而又完备的烽燧制度，所以对边防安全和国内稳定起到了重要作用。

平定安史叛乱之战

安禄山和史思明原为唐朝镇守边境的将领，他们为了夺取唐王朝的统治权，发动了史称"安史之乱"的反唐兵变。唐王朝用了八年的时间，才平定了这场叛乱。最后虽然取得了全面的胜利，但也付出了惨重的代价。唐朝的社会经济因此遭到了严重破坏，唐王朝也从此急剧地走向了衰落。

▲安禄山像

守城将士穿着盔甲吃饭和睡觉

"安史之乱"期间，安禄山攻陷洛阳后，派兵向东发展。公元756年3月，叛将令狐潮率兵4万多人杀到雍丘城下。城中军民十分恐慌。当时驻守雍丘的张巡非常镇定，他对部将们说："叛军知道我们守城的兵力较少，因而有轻视心理。如果我军出其不意突袭敌军，必定能将他们击溃。"于是，他将1000人分成几组，亲自带领将士出城进行突袭。叛军措手不及，果然被张巡军击退。

第二天，叛军用100多辆楼车攻城。张巡则在城上架起栅栏，在上面绑上灌有膏油的柴草。叛军楼车向上攻时，守城军士便点燃柴草，叛军只能退下。为防止叛军偷袭，张巡命令所有将士都穿着盔甲吃饭和睡觉。就这样坚守了60多天，叛军竟然束手无策。

同年五月中旬，令狐潮闻知玄宗已逃往西蜀，便写信给张巡，希望他投降。当时张巡部下有六员大将也劝他降敌，张巡表面上答应，第二天在大堂之上摆上天子像，张巡率众人朝拜后，当众将六人斩首。当雍丘城中的箭用完了，张巡便命令士兵捆扎了1000多个草人，给他们穿上黑色的衣服，在天黑以后用绳索悬放在城下。叛军以为守军趁夜出击，纷纷放箭射杀，直到天亮，才发现都是草人。张巡守军一夜得到几万支叛军的箭。

几天后，张巡组织了500名勇士，趁天黑从城上放了下去，叛军以为又是草人，不再防备。这500名精兵突然袭击了叛军军营。叛军以为唐军主力来袭，被追杀出10多里地，死伤无数。就这样，张巡以少胜多，在雍丘坚守了近一年。

◀明皇幸蜀图 唐 李昭道（此图描绘唐玄宗为避安史之乱而行于蜀中的情景，画中山石峻立，着唐装的人物艰难行于途中。）

堑壕被坠入的人马填满

唐玄宗李隆基过高地估计了唐军的实力,在兵力尚未集中,准备很不充分的情况下,催促坚守在潼关的哥舒翰发起攻击。哥舒翰虽然认为应该凭借潼关险要之地,坚守相持,但不敢抗令不遵,只好带兵出关。公元756年6月,当唐军开进到灵宝时,与叛军崔乾佑部相遇。崔乾佑为了诱歼唐军,故意将1万多人散乱地部署在狭长的隘口中,唐军见叛军阵势不整,便长驱直入,结果被诱入绝境。叛军伏兵从山上投下滚木和石头,唐军士兵拥挤在隘路中,难以展开,死伤无数。在叛军伏兵的冲击下,唐军首尾不能相顾,自相践踏,有的弃甲逃入山谷,有的被挤下河里淹死。唐军后续部队见前锋大败,也溃散撤逃。潼关外面为了防御敌军,挖了三道堑壕,这时也成了障碍,败回的唐军,人马纷纷坠入壕沟,不一会儿堑壕就被填满,其他人从上面踩踏着才进入关内。将近20万的唐军,最后仅有8000人退回到潼关。第二天,崔乾佑攻占了潼关,哥舒翰被部将挟持到洛阳投降了安禄山。

◀ 杨贵妃像

军营竟然突然塌陷

潼关失陷后,唐军大将郭子仪率军5万赶赴灵武,而另一位名将李光弼则留在太原坚守。公元757年正月,叛军调集10万兵力从四个方向对太原形成合围,企图一举攻下太原城。当时李光弼的主力部队都抽调到了灵武,只剩下不足1万的地方团练兵。李光弼知道叛军很快就要杀到,加固城墙已经来不及了,就率领士卒及民众,在城外挖掘壕沟以阻敌攻城。并将挖出的土运入城内,做成几十万块土坯,准备以后随时修补可能被毁坏的城垒。叛军围攻了一个多月,仍攻打不下太原城。只好从外地运来攻城的器具,不料半路上被李光弼派人截击,杀死了护送器具的叛军3000多人,并将攻城器械全部烧毁。李光弼还让人制作了一种巨型的抛石车,这种抛石车需要200人操作,可以将巨石从城上发射出去,一块石头就可以砸死几十个攻城士兵。死于石下的

▼ 唐铠甲马武士图

节度使的设立

随着唐朝疆土的扩大,边防线也越来越长,尤其是自关陇到西域一线,一旦发生战事,需要长途调兵运粮,困难很大。为了弥补这种不足,划分若干军事区域,增加边防驻军,延长屯驻时间已势在必行。军队长期屯驻,带兵的将领也必须长期任职,总领一地军政大权的节度使就是在这种历史背景下产生的。安禄山和史思明都是唐朝任命的节度使,因为他们拥有大量军队,手握军事、行政、财政等大权,所以他们的叛乱才会严重威胁到唐王朝的统治。

叛军兵士不计其数。叛军也因此再不敢接近城墙。为了打破围困,李光弼一面派人诈降,一面暗地将地道挖掘到叛军军营周围,为防止地道塌陷,还用木头在下面支撑。到了"投降"的日子,几千名守军出城吸引叛军的注意力,而早已埋伏在地道中的兵士突然抽掉撑木,叛军纷纷陷入坑中,李光弼乘机发动猛烈攻击,俘虏和歼灭1万多人。

太原之战正当紧张之时,安禄山被他的儿子安庆绪杀死,安庆绪自立为帝。命令史思明等部回守范阳。李光弼得知叛军人心不稳,就率领敢死队主动出击,大败上党方向的叛军。叛军败退途中,各县百姓因为痛恨其残暴,所以四处进行截杀,使叛军损失惨重,狼狈逃走。太原保卫战唐军共歼敌7万余人,取得了具有战略意义的胜利。

城中的树皮都被吃光了

睢阳保卫战几乎是与太原之战同时展开的,安庆绪为了向江淮发展,进而夺取唐朝国库供应地,命令尹子奇率兵13万攻打睢阳,唐军守将许远向守卫在雍丘、宁陵的张巡求援,张巡从宁陵率兵3000人进入睢阳城,与许远共同坚守。二人齐心协力,张巡指挥战斗,许远调集军粮,修造战具。唐军虽然只有1万余人,但在全城百姓的支持下,却士气百倍,昼夜苦战。双方激战16天,有时一天击退叛军20多次攻城,共俘获叛军将领60多人,杀敌2万余人。由于屡次攻城不下,尹子

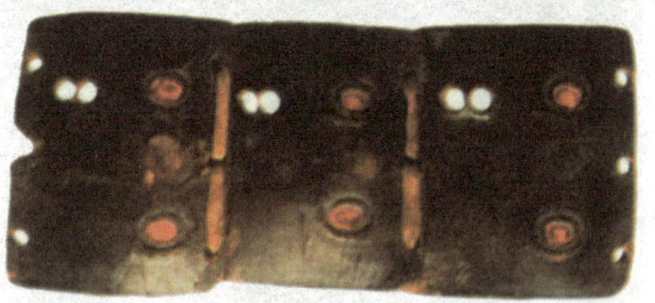

◀军用皮革 唐

奇只好率军回撤。三月中旬，尹子奇再度围攻睢阳。张巡激励将士，以全军出战。叛军看见唐军兵少，就麻痹轻敌不以为意。张巡亲率将士冲进敌阵，由于叛军准备不足，被追杀出数十里地，被歼一千多人。此后双方相持于睢阳，张巡为了疲惫敌人，经常命令士兵夜间在城上列队击鼓，做出要交战的样子，使叛军通宵不敢休息。天明后，唐军则息鼓休整。如此数日后，尹子奇也就不再防备，到了白天，叛军都脱下盔甲睡觉休息。张巡与勇将南霁云、雷万春 10 余人，各带 50 名骑兵，突然杀出城去，直接突进了敌营，冲到尹子奇大帐前，南霁云一箭射中尹子奇左眼，险些把他活捉。在唐军顽强的抵抗下，尹子奇只能再次撤兵。七月，尹子奇第三次围攻睢阳，唐军因伤亡无法补充，又无援兵，城中粮食也用完，张巡只好固守拒敌。到了十月，城中的树皮、马匹、鼠雀也被吃光，在这种情况下，有人开始议论弃城突围，但张巡、许远认为睢阳是江淮的保障，不能弃而不守。而且城中军民都已经疲惫不堪，也难以突出重围。所以决心坚守待援。十月九日，叛军攻破睢阳城，张巡等 36 名将领被杀，许远被俘。睢阳之战，长达 10 个月，加上此前的雍丘之战，共计 21

▲骆驼纹军用水注 唐

个月之久，使唐朝后勤供应基地江淮地区得以保全，并为唐军组织反攻赢得了时间。

公元 759 年，史思明杀死了安庆绪，自称大燕皇帝，过了两年，史思明的儿子史朝义为夺太子之位，与部下密谋杀死了史思明，自立为帝，史思明原来的部下大多数不服从史朝义的调遣，叛军内部四分五裂。公元 762 年，唐代宗即位，命雍王李适为元帅，协同李光弼讨伐叛军。唐军在洛阳北郊的横水大败史军。史朝义只能退回到河北。公元 763 年，史朝义在走投无路、众叛亲离的形势下，被迫自杀。至此，历时 8 年的"安史之乱"终告结束。

反击吐蕃、回纥联合侵袭之战

▶ 郭子仪

唐代宗时期，吐蕃和回纥为了扩张更大的领地和掠夺更多的财富，乘唐朝内部发生安史叛乱之机，借唐朝叛将仆固怀恩引领之便，联合对唐朝边境进行侵袭掠夺。唐朝大将郭子仪利用双方矛盾，将其分化瓦解，最后大量歼灭了吐蕃的有生力量，获得了较大胜利。虽然唐朝为了争取回纥付出了巨大经济代价，但从军事角度看，这种联合一方、孤立一方的策略是值得借鉴的。

一支地位特殊的部队——朔方军

安史之乱时，唐廷为了平定叛乱，抽调了用于守护边疆的精锐部队，这就给了吐蕃等边疆少数民族侵扰唐朝边境的机会，吐蕃乘机侵占了陇右、河西数十个州，并一度攻陷了长安。后来在唐军重兵围剿下，撤军退去。公元764年，吐蕃联合了回纥在唐朝叛将仆固怀恩的统一率领下，又一次卷土重来。仆固怀恩在平定"安史之乱"时，为唐朝立下赫赫战功，但他并没有得到唐代宗的信任。原因是仆固怀恩是朔方军的将领。朔方军是一支地位特殊的部队，它的地位之所以特殊，是因为唐朝在平定"安史之乱"时，主要倚重的是朔方军，许多重要的将帅如郭子仪、李光弼、仆固怀恩等都是出自这支部队。在长期的战争中，朔方军系统的将领大多握有重兵，这也使唐朝皇帝不得不对其处处防范，害怕他们谋反夺权。大将郭子仪看到吐蕃连年侵扰，曾提议用朔方军的兵力进行抵挡，但唐代宗却不应允，因为使用朔方军就要扩充朔方军。从这点可以看出唐廷对这支部队是存有戒心的。而仆固怀恩正是因为受到唐代宗的怀疑而反叛朝廷的。

"敢言战者斩"

仆固怀恩引领吐蕃、回纥十多万人马入侵后，唐代宗连忙命郭子仪出兵抵御。吐蕃、回纥攻到奉天，郭子仪命部队原地待命。许多将领都向郭子仪请战出击，但郭子仪均未允许，

▼这件长卷用回纥文字详细记载了回纥受封于唐政府的历史

忠贞不二的郭子仪

郭子仪东征西讨60余年,无论是在平定安史之乱及其他叛乱的战争中,还是在抗御少数民族政权侵扰的战争中,他都以维护唐王朝的统一为己任,出生入死,不避危难。他长期领兵在外,诚如代宗李豫所言,他最有条件颠覆李唐王朝,但他始终忠贞不二,即使受到怀疑、打击,甚至在有人挖了他的祖坟,激他起兵反对朝廷的情况下,他仍能以大局为重。这在当时是极其难能可贵的。

他向大家解释道:"敌人现在是孤军深入,他们希望速战速决。我们不能立刻出击,要耐心地坚守等待。要让他们误以为我军没有做好交战的准备,这样他们就会放松戒备,到那时就可以将其击败。"接着他严明了"敢言战者斩"的军纪。在仆固怀恩率吐蕃、回纥联军南下时,唐河西节度使杨志烈发兵5000人,交给监军柏文达统率,并交代他说:"河西的精兵全都交给你,你要带领他们去攻打仆固怀恩的老巢灵州,这样仆固怀恩就会返回救急,京城的危机就可以化解了。"柏文达率兵直扑灵州,仆固怀恩听到灵州危急的消息后,急忙带兵撤回。撤到灵州后,在夜里袭击了柏文达部,虽然唐军大败,但已解京城之危。

主帅在行军路上病死了

仆固怀恩不甘心上一次远征的失败,公元765年9月,他又一次引领吐蕃族和回纥族的数十万人马入侵。这一次吐番、回纥一前一后,分兵开进。仆固怀恩本来是与回纥军在一起,作为后续支援部队,但行军路上得了急病,只好独自返回,不料病情加重,在返回的路上病死了。十月,吐、回联军抵达了泾阳。这时驻守泾阳的郭子仪只有1万兵力,双方实力十分悬殊。这时,吐蕃和回纥已经知道了仆固怀恩的死讯,所以他们为了争夺掌兵大权,相互猜忌,驻扎部队时也都分兵两地。郭子仪得知这个情况后,派部将李光瓒前往回纥大营,企图说服回纥共同消灭吐蕃。回纥曾经与郭子仪共同为唐朝平叛,非常敬佩郭子仪的威名。他们不相信郭子仪还活在世上,便要求会见郭子仪本人。郭子仪不顾个人安危,只领着几名随从,来到回纥大营。到了回纥首领的军帐前,他翻身下马,摘掉头盔,脱去铠甲,放下刀枪,毫无惧色地走了进去。回纥首领和各将领看到真是郭子仪本人,都十分吃惊。他们对郭子仪说:"仆固怀恩欺骗我们,说唐朝皇帝和您已去世,中原已无君主,所以我们才来到这里,今日看到了您,我们知道上了仆固怀恩的当了。"郭子仪趁机劝说回纥首领与唐军结成联盟,共同消灭吐蕃。于是双方立下誓言,结下盟约。此时,吐蕃已经听到了一些风声,连夜撤离。郭子仪率兵与回纥共同对其追击,在灵台大败吐蕃,斩杀1万余人。之后,回纥首领石野那等人到长安朝见了唐代宗,臣服了唐朝。至此,持续3年的仆固怀恩之乱始告平息。

▶松赞干布迎接文成公主处

平定淮西吴元济之战

唐宪宗统治时期，各地藩镇的割据环境和内部矛盾都发生了新的变化，唐宪宗为改变藩镇割据局面，在政治、经济、军事等条件基本具备的情况下，开始了扫平藩镇割据的战争。著名的李愬破蔡就是在此期间发生的，在这次作战中，唐朝大将李愬利用雪夜做掩护，领兵一举攻破淮西重镇蔡州城，活捉了叛将吴元济。此战也是我国古代战争史上一个出奇制胜的经典战例。

刺客杀死了朝廷的宰相

"安史之乱"以后，唐朝各地兴起了许多藩镇。他们名义上虽然是唐朝的节度使，受朝廷管辖，实际却根本不服从唐王朝的命令，在经济、政治、军事上各行其是，后来连节度使的职位也代代相传，成为了世袭。分裂割据使社会生产遭到了破坏，百姓生活不得安宁。唐宪宗时期，淮西节度使吴元济，就以蔡州为根据地，盘踞在淮西镇。淮西地处中原腹地，战略位置非常重要，面对吴元济的横暴肆虐，唐廷必须要扫除吴元济这股割据势力。

唐宪宗的出兵讨伐使吴元济惊恐万分，他派出使者向淄青节度使李师道和成德节度使王承宗求援。李师道与王承宗上表朝廷，请示赦免吴元济，宪宗没有同意。两人得知唐宪宗没有答应他们请求赦免吴元济的奏请后，便与家中豢养的几十名刺客商议对策，他们认为皇帝讨伐吴元济的主意全是宰相出的，只要将宰相武元衡刺杀，以后就没有人敢向皇帝建议出兵伐吴了。

一天早上，武元衡照例带两个家人骑马上朝。当他们三人刚出家门，突然从水沟边的树后阴影处蹿出几个刺客，用箭射走了随从，用大棒猛击武元衡的大腿，把武元衡掀下马来，割下他的头。众人听到武元衡的家人呼救声，纷纷赶来，四下寻找，在墙根发现了倒在血泊中的武元衡。同一天，另一个极力主张讨伐吴元济的御使中丞裴度上朝时，也遭到刺客袭击，幸亏他的仆人冒死相救，才幸免于难。消息传开后，朝廷上下一片震惊，唐宪宗下诏搜捕刺客。而刺客竟然写信威胁说："谁要来抓我，我先杀了他。"唐宪宗重金悬赏追查刺客和背后指使者，并下诏称，如果有人胆敢藏匿则诛杀全族。结果，在王承宗的住处，抓获了何宴等刺客。李师道、王承宗对唐廷讨伐吴元济的破坏，虽然造成了许多混乱和损失，但却促成宪宗扫平吴元济的决心。裴度伤势刚刚好转，宪宗就任他为宰相，主持削藩大计。后来，又任命名将李晟的儿子李愬为平叛的主帅。

▶ 李愬像

叛军降将可以带刀随便出入大帐

　　李愬为了扫平淮西镇的吴元济，日夜操劳，精心谋划。为了分化瓦解敌军，他采取了优待和重用俘虏的政策。淮西降将吴秀琳向他建议说，要想夺取蔡州，必须得到李祐的协助。当时李祐是吴元济手下的一员勇将，曾经多次击败过唐军。李愬就设计活捉了李祐，众将一致要杀掉李祐以平众愤，李愬不仅未加杀戮，反而亲自为他松绑，以礼相待。为了防备其他将领把此事上奏给皇帝，导致皇帝下诏将李祐处死，自己不好解救，李愬就主动将李祐押送到京师，密奏唐宪宗说，如果杀了李祐，平叛蔡州就不能成功。于是唐宪宗就下诏释放了李祐，并送回到前线归李愬调遣。李祐返回后，李愬对他更加信任，允许他随身佩戴武器巡视军营，并可以自由出入自己的军帐，两个人还经常通宵达旦商议军情。李愬有一支3000人的卫队，都是选调来的精兵，号称"六院兵马"，李愬特意任命李祐为六院兵马使，统率这支部队。李祐感激李愬对他的信任，为攻取蔡州不断地出谋划策。

　　李愬对待俘虏和降将的家属，在生活上都能给予关心和照顾。他听说有些降卒家里父母年老多病，就发给他们米和布，允许他们与家人团聚。对从蔡州逃来的穷苦百姓和士兵，李愬也都给予妥善的安置。因此，从淮西过来投降的人接连不断。叛军的削弱，使唐军的影响也逐渐扩大起来。李愬还特别重视了解淮西各方面的情况，凡是有从淮西来投降的人，他都要亲自询问敌方的情况。有关淮西的工事防御、兵力部署、道路气候、险要地形等各方面的情况，他都了如指掌，这就为他后来制订奇袭蔡州的作战计划提供了充分的依据。

▼从这组唐骑兵蜡像中可以想见当时夜袭蔡州城时风雪交加，人马息声的行军场面

连马匹都冻死在行军路上

公元817年9月,李祐见奇袭的条件已经成熟,便向李愬建议说,淮西的精兵都在洄曲和边境,守卫蔡州的全是不堪一击的老弱军士,唐军可以直接攻打蔡州城,出其不意,一举擒获吴元济。李愬非常认可这个建议。就派人将这个奇袭的计划密报给了在前线督战的丞相裴度,得到了裴度的赞赏和批准。

十月十五日夜里,风雪交加,李愬认为可以利用天黑雪大,敌军放松警戒的时机,奇袭蔡州。他命令李祐、李忠义率领训练有素的敢死队3000人为前锋,自己亲率3000人为中军,命其他将领率3000人为后军,冒着大风雪趁夜出发。军队的行动十分隐秘,除个别将领外,全军上下都不知道行军的目的地和这次行动的具体任务。李愬只下令说向东开进。走了30千米后,唐军在夜间抵达张柴村,乘守军不备,全歼了守军,并杀死了负责观察敌情、燃放烽火的军卒。全军稍作休息,吃了些干粮,又整装出发。李愬为防止洄曲叛军前来救援,留下了500人切断通往洄曲和其他方向的桥梁。众将请示询问,向哪个方向前进,李愬才宣布说,直接攻入蔡州捉拿吴元济。将领们都大惊失色。军中的监军更是痛哭流涕地说,这个行动是中了李祐的奸计。但李愬不为所动,严令继续前进。军令如山,众将只得带领队伍前进。此时风雪更加猛烈,部队的旌旗都被冻裂。起先,只是一部分年老体弱的士兵被冻死了,后来,不少年轻力壮的士兵也被冻死,连马匹都冻死不少。由于风雪严寒,道路生疏,再加上夜间行军,将士们都认为必死无疑。但由于李愬军纪严厉,没有人敢违抗命令,只好抱定一死的态度继续前进。就这样,唐军将士经过异常艰苦的急行军,半夜时分到达了蔡州城。在靠近蔡州城边的地方,有一片养鹅鸭的池塘,李愬命令士兵们击打鸭鹅,用它们的叫声来掩盖人马前进时发出的声响。

▲唐代武士复原图

只留下了打更的更夫

自从吴氏父子割据淮西以来,唐军已经30年没有来到过蔡州城了,谁也想不到唐军在暴风雪夜里前来袭击。因此守城的叛军丝毫没有防备,唐军兵临城下,竟无一人觉察。先锋李祐和李忠义带领少数兵士在城墙上挖出攀登用的土坎,爬进城中。把正在熟睡的守城士卒全部杀死,为避免惊动敌人,只留下了打更的更夫,让他正常打更报时。先入城的唐军打开城门,让大队人马开进了蔡州城,这时城中的人仍然没有察觉。

当李愬率军占据了吴元济的外宅时,吴元济还在睡觉。有人向他报告唐军已经进入蔡州,他笑着说:"那是囚犯们在偷东西,天亮后一定把他们全部杀掉。"过了一会,又有人向吴元济报告城池已经失陷,他仍不以为然地说:"这一定是洄曲的部队来向我索取棉衣呢!"当吴元济穿好衣服,走出卧室,听到唐军严整雄壮的号令时,他才感到大事不妙,赶紧率人登上牙城进行抵抗,企图等待援军前来解救。当时,吴元济的大将董重质率精兵正在镇守洄曲,李愬命人查访到董重质家人在蔡州的住址,安抚他的家人不要害怕,并叫董重质的儿子拿着李愬写好的劝降信去劝说他的父亲归顺投降。董重质见大势已去,又感谢李愬厚待了他的家人,就单人匹马来到蔡州投降了李愬。李愬命部将率军进攻牙城,摧毁了外门,找到了兵器库,唐军用缴获的兵器,重新攻城,放火烧了牙城南门。当时,附近百姓见唐军作战勇敢,加上平日深受吴元济的欺压,所以争先恐后地抱柴草协助唐军进攻。吴元济见牙城南门已毁,董重质的"援军"已经投降,只得走下牙城,束手就擒。不久,淮西所辖的申、光两州及其他地方的人马相继投降,平定淮西的战争至此胜利结束。

◀ 汉人将军

黄巢农民起义

唐朝后期，由于统治阶级日益腐朽糜烂，战争频繁，费用日增，官府便不断向人民加税，逼得广大人民衣食无着，破产逃亡，"朱门酒肉臭，路有冻死骨"的社会现实终于导致各地农民揭竿起义。黄巢是唐末农民起义的主要领导者，起义军纵横南北，坚持斗争了10年，建立了农民政权。虽然起义最后失败了，但却彻底地摧垮了唐王朝的统治基础，其政权从此分崩离析。

▲黄巢像

只要自己愿意就可以官复原职

公元874年，黄巢在山东举旗起义，领导农民对唐朝腐败的统治展开了武装斗争。起义军发展壮大后，黄巢决定北上入关，推翻唐朝统治，建立自己的政权。起义军攻克潼关后，直驱长安。在起义军的强大攻势下，朝廷任命黄巢为天平节度使，企图阻止农民军进入长安，但黄巢不为所动。他率领大军攻入长安城，自立帝王，建国号大齐。黄巢以为唐朝旧官和军队都会诚心归顺自己，就没有继续攻取长安周围的各州县，只是向各地唐朝官员下了一道赦免书，说只要愿意顺服，可以恢复原来的官职。而且他也没有乘胜对唐僖宗进行追剿，致使唐僖宗从容逃到了成都。唐僖宗入川后，补充武器，训练士兵，准备卷土重来。这时，王重荣等已经投降农民军的许多唐朝旧将又重新叛变。而且，起义军的内部也发生了分裂，特别是镇守着战略要地同州的大将朱温，在部下的挑唆下叛变投敌。朱温的反叛，极大地削弱了起义军的实力。

穿黑衣服的乌鸦军

尽管唐王朝调动各地官兵对黄巢展开围剿，但因为力量有限，还不具备彻底镇压起义军的实力。所以朝廷请出西突厥的沙陀人出兵相助。沙陀兵作战时身穿黑

◀潼关禁坑

衣，所以也叫乌鸦军，他们的战斗力很强，在沙陀军出兵之前，唐朝军队都比较畏惧起义军，打仗时不敢冲在前面。而沙陀军来到之后，起义军对他们反而有所顾忌，常常是不与乌鸦军正面交锋。双方的士气和兵力对比发生了很大转变。公元883年，黄巢为阻止沙陀军向长安推进，在梁田陂与沙陀军展开了一场大规模的殊死决战，结果起义军大败，损失数万兵力。此战使农民军元气大伤，只好撤离关中退入河南。

> **农民军的游动战略**
>
> 进行大规模游动作战，是唐末农民起义最主要的军事特点之一。在起义前期，无论是王仙芝还是黄巢，均采用了游动作战方式，避实击虚，消灭敌人，不断发展壮大自己。其军事表现形式是：在北方不断打击各地官军后，向南方发展；再向北方冲击，然后再向更远的南方游动；发展壮大了自己的队伍后，最后进击北方。无论是在北方或者南方，农民军均不长期固守一地，不在乎州县城池的得失，而是以歼灭或消耗敌方的有生军事力量为主要作战目标。

起义军叛将朱温被唐朝重用，他率兵在汴州镇压起义军。他担心单凭自己的实力难以与黄巢匹敌，所以又向沙陀军求援。黄巢本来要袭击汴州，但看到沙陀军赶来，急忙引兵退走。可乌鸦军却紧紧追赶，终于在王满渡追上黄巢的部队，经过激战，起义军大败。除了被斩杀了1万多人，尚让等将领也都投降了朱温。王满渡之战使起义军损失惨重，主力军不是被歼灭，就是由叛将率领投降了官军。黄巢仅率1000多人逃走，从此再也不能对唐朝构成威胁。尚让的投降，对黄巢起义军的影响最大。尚让是农民起义军中地位仅次于黄巢的重要人物，进入河南后，起义军的精锐也多由他统领，他的投降不仅增强了官军的力量，而且也使农民起义军丧失了作战能力。王满渡之战后，官军继续对黄巢追击，公元884年6月黄巢在退到山东莱芜狼虎谷时，见大势已去，自杀身亡。历时10年之久的轰轰烈烈的唐末农民起义随着黄巢的牺牲，最终以悲剧结局而告终。黄巢虽然失败了，但他仍是中国农民战争史上最杰出的领袖人物之一。在他的领导下，农民起义军队伍发展到60万人，转战南北各地，规模之大在我国农民战争史上都是空前的。

▼朱温

后唐奇袭大梁之战

后唐庄宗李存勖看到后梁朝廷腐败无能,民不聊生,就发动了消灭后梁的战争。战争最后阶段,李存勖避实击虚,出敌不意,大胆地深入到后梁的境内。利用平原旷野的有利地形,他亲自指挥骑兵快速出击,充分发挥了骑兵快速机动的长处。后唐军队仅用9天就完成了全程数百千米的长途奔袭,一举攻下后梁国都大梁,取得了灭亡梁国的决定性胜利。这一战也成为我国古代战争中速战速决的著名战例。

▼五代十国武士像

叛将的情报起到了关键作用

梁末帝统治期间,朝廷腐败,贪污受贿特别严重。特别是在对官员的任命上,不是以个人的才能来选拔人才,而是以行贿的金银数量来选择和取舍。这使得官员上任之后,便横征暴敛,大肆敲诈百姓。加上水灾、蝗灾等自然灾害频繁发生,广大百姓陷入极其困苦的深渊,后梁人民因此纷纷起义反抗。就在后梁国内一片混乱之时,后唐的君臣们正策划着一场灭亡后梁的军事行动。

后唐皇帝李存勖一直有灭梁争霸的想法,当他看到后梁朝廷腐败,百姓造反,便想乘机出兵灭梁。他召集群臣,研究当前的形势和对策。此时,原后梁的叛将卢顺向李存勖提出建议:郓州是后梁的战略要地,如果能攻而取之,就能在进攻后梁都城大梁时形成有利态势,此时郓州守军不足千人,而且兵将不和,

▲李存勖像

此时正是袭取郓州的大好时机。枢密使郭崇韬等人对这个建议提出了异议,他们认为,后唐孤军远袭,后方补给十分困难,如果远征后梁,一旦失利,部队将会遭受重大损失。李存勖分析了这些不同意见,权衡利弊后下定了奇袭大梁的决心。即先乘虚攻占郓州,随后夺取后梁国都大梁,从而一举灭掉后梁。下定决心后,他立即派大将李嗣源领精兵5000人出征。李嗣源在夜晚冒着大雨渡过黄河,在梁军毫无觉察的情况下,杀到郓州城下。李嗣源的养子李从珂带人爬上城墙,杀死把守城门的兵士,打开城门接应大军入城,唐军成功夺取了郓州,完成了第一个战略目标。

在前线召开军事会议

郓州之战后,后梁更是人心不稳,士气低落,梁末帝朱友贞气急败坏地命令梁军挖开黄河大堤,企图用黄河之

水阻止后唐军向前进。他一面派
部队攻打郓州的后唐军，一面
又从全国包括大梁地区调集
兵力，从临津渡过黄河，攻
取后唐国都魏州，企图调动
后唐撤军救援。在这一危急
时刻，李存勖亲临前线，又一次
召集了军事会议，研究下一步作
战行动。会上出现了两种对立的
意见。不少将领认为，后梁京师
大梁缺乏防备的传说不一定可
靠，不能贸然出击，而大梁东
面的青、齐、徐等城镇的梁军
已全部外调，应该先攻占这
些空城，而后再根据形势的发
展情况，稳妥地动用兵力。另一
种意见是直取大梁，速战速决。李嗣
源、康延孝等人提出，应该把后梁国都

▼唐代铠甲

大梁作为当前的攻击目标。他们的主要理由是，唐军已深入后梁腹地，后勤补给难以长
期保障，如果时间拖久了，必然会导致部队缺衣少粮，到那时，战斗力将会锐减，而且
现在通往大梁的道路也没有险要的障碍，骑兵部队可以迅速向大梁开进。等到攻破大梁
后，后梁其他的军队自然会投降。李存勖同意了李嗣源等人的意见，决定派李嗣源率领
1000骑兵为前锋，自己亲自统领大军跟进，向大梁进发。

　　梁末帝得知唐军即将进攻大梁，急忙派人催促在黄河以北的段凝军返回救援，因为
河水泛滥，派出去的使者都被挡在了路
上。由于大梁四周无险可守，城内又缺
少军队，后梁上下已乱作一团，有人提
出逃往洛阳，有人更是暗中与后唐联系，
准备接应攻城。梁末帝无奈之下自杀身
亡。公元923年10月，李嗣源进至大梁
城下，开封尹王瓒开门出降。同一天，
李存勖也率军赶到，入城后，后梁百官
列队迎接，李存勖对他们进行了安抚，
并让他们各复其位。段凝得知大梁危急
后，率领5万主力回师救援，在路上收
到了大梁失陷的消息，不得已也投降了
唐军。至此，后唐灭掉了统治中原17年
的后梁。

▼唐庄宗击鼓图

第九章
宋代

　　宋朝是中国历史上承五代十国、下启元朝的时代,根据首都及疆域的变迁,可再分为北宋与南宋,合称两宋。

　　北宋先后与辽、西夏长时间并存和对峙,并分别同它们发生过多次大规模的战争。到北宋末年,在反辽斗争中崛起的金开始南下逐鹿中原。金先灭辽,接着亡了北宋。

　　北宋建立后,致力于结束分裂局面。基于此目标,北宋在太祖、太宗两朝,用长达16年的时间先后灭了南平、南唐等政权,使黄河和长江流域重归统一。宋太宗还先后进行了同辽与西夏的战争,后来的实践证明,此举对维护北宋国家统一、巩固北宋边防都具有一定的积极意义。宋代是多足鼎立时期,辽、西夏、金与北宋之间的战争,其实就是割据政权间的兼并战争,诸如抗辽战争、反击西夏战争以及北宋末年的抗金战争等。

　　北宋灭亡的同一年(1127年),宋钦宗的弟弟赵构在应天府称帝,历史上称为南宋。公元1279年为元所灭。南宋连绵不断、长达一百多年的战争史大致可划分为三个时期。

　　前期(公元1114年至公元1129年)为金朝攻辽、灭宋及宋室南渡时期。中期(公元1130年至1208年)从金、南宋黄天荡之战,到南宋开禧北伐失败后金宋重订和约,为南宋、金和战时期。后期(公元1209年至公元1279年)以蒙古军兵围西夏中兴府为开端,进入蒙古灭夏、金、宋时期。

宋灭南唐之战

宋灭南唐之战是北宋统一南方的最后一战，攻灭南唐后，南方最后两个割据政权钱俶和陈洪进先后"纳土"归附，在南方结束了唐末五代以后的分裂局面，实现了北宋对南方的彻底统一。此战的胜利为宋军集中力量对付强敌辽国，消灭北汉，创造了有利条件。因此，从战略全局上看，攻灭南唐对北宋铲除割据、统一中国，具有非常重要的意义。

▲李煜

"卧榻之侧，岂容他人鼾睡"

五代十国时期，中国陷入分裂割据的局面。公元960年正月，后周将领赵匡胤策动兵变，建立起宋朝，改元建隆，史称北宋。

公元971年2月，宋朝在灭了南汉之后，从北、西、南三面对南唐形成战略包围。南唐后主李煜感到形势危急，一面派他的弟弟李从善去开封，主动向宋提出取消南唐国号，以此来表示臣服于宋朝；一面又暗中募兵备战，将兵力部署在长江中下游南岸各要地，以防宋军进攻。李煜还遣特使写信给吴越王钱俶，说明唇亡齿寒之义，希望能够一起联合抗宋。宋太祖一心要统一江南，认为"卧榻之侧，岂容他人鼾睡"，绝不允许南唐存在下去。为做好平定南唐的战争准备，赵匡胤先施离间计，使南唐后主李煜错杀了大将林仁肇，又以重新修编天下图经为由，派使者索取了南唐19州的形势图。为了避免进攻南唐时腹背受敌，宋还与辽国签订了和平条约，这就解除了攻南唐时的后顾之忧。公元974年9月，赵匡胤派遣使者让李煜入朝参观，李煜以生病为由拒绝了这一要求。于是，赵匡胤就以李煜拒命来朝为由，发军数十万，战船数千只，联合吴越，向南唐发起进攻。

▼赵匡胤像

误以为是例行巡江

十月十八日，赵匡胤任命曹彬为大将、潘美为都监，率水步军主力10万人，由江陵沿江向东进攻。南岸唐军的部队，误以为宋军是例行巡江，因此没有加以防范，这样，宋军得以顺利通过南唐屯兵10万的要地湖口。十月二十四日，宋军突然渡过长江，水陆并进，直取池州，后又连克芜湖、当涂、采石等沿江重镇。宋军在采石江面上用了3天时间架设

▲江西省庐山李煜读书台 五代

李煜的艺术才华

李煜在军事政治上昏庸无能，但其艺术才华却非凡。李煜工书法，善绘画，精音律，诗和文均有一定造诣，尤以词的成就最高。其杰作包括《虞美人》《浪淘沙》《乌夜啼》，流传后世。他的词作大都哀婉凄绝，主要抒写了自己凭栏远望、梦里重归的情景，表达了对"故国""往事"的无限留恋，在中国词史上占有重要的地位。

好浮桥，以保障后续部队渡江。李煜得知此事后，认为江寒水急，架浮桥是行不通的，因此只派了水步军各1万迎战宋军。由于兵少力单，又互相没有协同，所以两军先后被宋军击败。潘美率步骑从江北由浮桥过江，与曹彬会合，合力进逼金陵。

整天只知道诵经讲易

刚开始，李煜自以为金陵地势险要，企图坚壁固垒，这样就可以迫使宋军疲惫而放弃攻打金陵。所以李煜将兵权交给了大将皇甫继勋，自己则整天诵经讲易，不问兵事。5月的一天，李煜偶然到城上巡视，才知道宋军已经进逼到城下，仔细一想，原来上上下下都在欺骗他，惊怒之下，就杀了皇甫继勋。他急忙调遣神卫军都虞侯朱令赟率湖口10万大军东下救援。朱令赟救援路上遭到宋军的阻击。朱令赟下令用火攻，宋军被迫向后撤退，不料风向突然改变，火焰反而烧向了南唐军，宋军乘机追杀回来，歼灭了南唐援军。宋军按照宋太祖提出的不用急攻，以控制为主的方针，死死包围金陵。直到十一月二十七日，宋军见时机已到，才向金陵发起总攻，一举占领了金陵。李煜被迫投降。宋太祖下令大赦江南、解除南唐繁重赋敛，封李煜为右千牛卫上将军、违命侯。由此，南唐灭亡，北宋完成了统一南方的最后一战。

◂宋太祖杯酒释兵权

宋辽之战

宋辽战争历时25年，最后以讲和而告终。在这场战争中，宋太宗低估了辽的军事实力，在辽全盛时贸然与之决战。作战中宋军主帅的决策屡屡失误，进攻时又仓促出战，轻敌冒进；防御时消极专守，被动应付。最终与辽签订了屈辱的"澶渊之盟"。

赵光义乘着驴车逃跑了

公元979年6月，消灭北汉后，宋太宗赵光义企图乘胜利之威，进攻辽国。宋太宗没有等北伐大军全部抵达集结地点，便迫不及待地率军北上。战斗初期，宋军一路势如破竹，连克数郡，包围了幽州，准备与辽国决战。

▲宋真宗

辽景宗耶律贤得知宋军来攻，急忙派遣宰相耶律沙统率部队前出迎敌。七月初六，当辽军行至幽州时，赵光义亲自率领各路军马进行攻击，两军在高梁河（今北京西直门外之河）展开大战，耶律沙战败而逃。当时的宋军已对幽州城连续猛攻了20天，士卒早已疲惫不堪，所以此战虽然战胜，但从中午到傍晚只追了十余里。更让赵光义始料未及的是，辽军统率五院军的精锐之师耶律休哥突然率军出其不意杀了过来。辽军冲杀时，每个人都拿了一个火把，火光连成一片，宋军搞不清楚辽军的兵力数量，所以还没等到交战心里已经发怵，只好退回高梁河。

耶律休哥先收容耶律沙的败军，然后与耶律斜轸各自统率精锐骑兵，乘夜夹攻宋军。战斗进行得非常激烈，

▼杨业率军于雁门关大败辽军

耶律休哥身先士卒，多处受伤，仍然奋力拼杀。城中耶律学古得知援军已到，也大开城门，四面鸣鼓，响声震天动地。这时宋军才发觉已被包围，又无法抵抗辽军的猛攻，只能纷纷后退。慌乱之中，赵光义找了一辆驴车向南逃走了。

遗弃的武器盔甲堆积如山

高梁河之战后，辽军曾多次越界南下。公元982年，由于辽景宗去世，辽军停止了南侵行动。双方处于休战状态。休战期间，宋太宗一直在准备二度北伐，报仇雪耻。

公元986年，宋太宗兵分三路，开始第二次攻打辽国。宋太宗此次发兵的战略方针是，东路军一面扬言进攻幽州，一面持重缓行，吸引辽军主力，使其无暇西顾。等到另外两路大军东进后，再合力攻取幽州。刚开始，宋中、西二路军进展顺利，势如破竹。而东路军则在占领涿州后，由于粮草不济，退往雄州。与东路军正面抗衡的耶律休哥，得知宋军缺少粮草，就迅速派兵追击。到了五月初三，辽军在岐沟关大败宋军，并乘胜追至拒马河，宋军溺死无数。败军到了高阳，又受到辽军骑兵的冲击，宋军遗弃的武器盔甲堆积如山。

辽军挫败宋军的进攻后，转而采取攻势，大举南下攻打瀛州。辽军围攻多日，昼夜猛攻，死了3万多人，仍然没有攻下瀛州，只好又去攻打澶州。辽军一面屯兵澶州城下，与宋真宗所统宋军主力对峙，一面与宋方谈和。此时，辽军虽然已经击败宋军第一线的主力，长驱直入，但辽军前有坚城大河及宋军主力，后有伺机而动的河北军民，全军已陷入腹背受敌的困境。因而辽国统治者非常希望通过和谈解决争端。宋国也因征战多年，已无快速击败辽军的能力，所以也想与辽议和。同年十二月，宋辽讲和，双方约定边境界线，宋每年给辽银10万两，绢20万匹。这就是历史上所说的"澶渊之盟"。从此，宋辽二国维持了100余年的和平通好关系。

◀辽著名女统帅萧绰像

方腊农民起义

方腊农民起义是北宋时期规模最大的一次农民起义。农民起义军劫富济贫，抗击官军，打下了六州五十二县。虽然起义最后失败，但是沉重地打击了北宋统治者，从根本上动摇了北宋王朝的腐朽统治。由于北宋统治者的倒行逆施，面临彻底灭亡的命运。

官逼民反

北宋末年，两浙地区灾难深重，人民饱受官府搜刮之苦，当地有个叫方腊的人，特别同情民众之苦，决心把大家组织起来，共同反抗暴政。

公元1120年的一天，方腊把几百个农民聚集在自己的漆园里，激动地跟大家说："国家好比一个家庭，如果一户人家，小辈整年劳动，好容易挣了一点粮食布帛，却被他们的父兄胡乱花费了。小辈稍微不称他们的心，就挨他们鞭打。你们说这应该不应该？"大家齐说："不应该！"方腊又说："那些做父兄的浪费还不算，又拿家里财物去向敌人

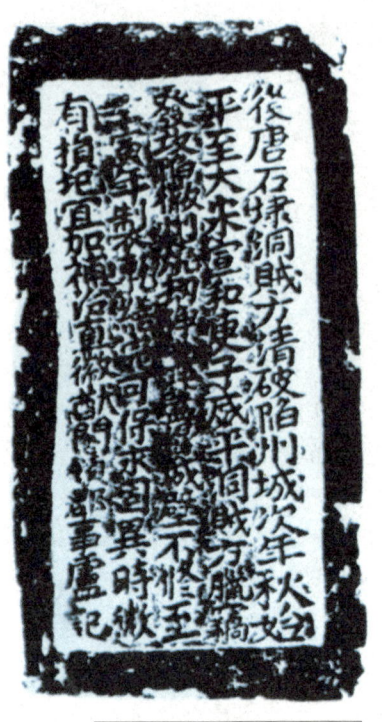
▲"方腊攻克徽州"款城砖

讨好求情，你们说该不该？现在官府赋税劳役那么重，那些大官们还要敲诈勒索。老百姓好不容易生产了一些漆、纸，也被他们搜刮得精光。我们一年到头劳苦，结果一家老小受冻挨饿，连一餐饱饭都吃不上，你们看怎么办？"

大伙儿听到这里，都高声嚷起来："你带领大家造反吧！"方腊受到农民的拥护，发动了起义。方腊担任起义军的统帅，自称"圣公"。起义军们则戴着各种颜色的头巾，作为标志，他们杀死了当地的官吏，焚烧他们的住宅。周围地区的百姓听说了此事，都纷纷响应方腊起义军。不到十天，起义军就聚集了几万人马，初步建立起了一个农民政权。

▼石刻镇墓俑（这是在宋代石墓遗址出土的镇墓俑，其造型很符合宋代官府差役形象。）

起义军里出了奸细

当地官军将领派兵镇压，被起义军打得落花流水，两名宋将被杀死。起义军乘胜攻进青溪县，赶跑了那儿的县官。接着，又接连打下了几十座县城，很快打到了杭州。消息传到了

东京，宋徽宗急忙派童贯带领十五万官军到东南去镇压起义军。

童贯到了苏州，为平息民愤，惩处了一些腐败官吏。东南的百姓看到朝廷惩处了这些腐败官吏后，就放松了警惕。而此时童贯正在加紧部署镇压起义的兵力。

公元1121年，宋朝派出大批禁军陆续向两浙地区扑来，两浙地区的地主分子也纷纷组织起地方武装，配合官军向方腊的部队发动进攻，起义军的形势急转直下。童贯率领的宋军主力过河以后立即分兵两路夹攻起义军，方腊不得不退回青溪，据守在山谷深处的帮源坚持战斗。宋军多次强攻都没能得手，转而向青溪南面的门岭发动进攻，四月二十四日早晨，童贯的西路军与东路军约定放火为号，包围了方腊起义军，20多万起义军在腹背受敌的不利形势下，从早晨一直战斗到深夜，流血遍地，1万多将士壮烈牺牲，帮源失陷，方腊率部分起义军转移到帮源东北方向的岩洞中，继续指挥起义军抗击官军。

这时，起义军中出了奸细，奸细带路将官军引了进来，方腊因为没有防备而被俘虏了。不久他被押解到东京惨遭杀害。方腊起义就此失败。

▼宋代流民图

花石纲

花石纲是中国历史上专运送奇花异石以满足皇帝喜好的特殊交通运输名称。在北宋徽宗时，"纲"意指一个运输团队，往往是10艘船称一"纲"；当时指挥花石纲的有杭州"造作局"、苏州"应奉局"等，奉皇上之命对东南地区的珍奇之物进行搜刮。由于花石船队所过之处，当地的百姓要供应钱谷和民役；有的地方甚至为了让船队通过，拆毁桥梁，凿坏城郭，因此让江南百姓苦不堪言。花石纲成为激起方腊起义的重要原因之一。

东京保卫战

东京保卫战是北宋和南宋时期以李纲、宗泽等主战派将领率军抗击金军侵略、保卫首都东京开封的一系列重要战争，虽然开封军民多次打退金军的进攻，但由于朝廷内部以宋钦宗、宋高宗为首的妥协投降派不积极抗战、打击抗战派将领，使开封饱受蹂躏，留下了中国历史上难以抚平的"靖康之难"。

准备了足够的守城器械

公元1125年，金军分东西两路正式发起攻宋战争。宋徽宗为了尽快逃命，假装得病，将皇位传给了儿子赵桓，是为宋钦宗。金军兵临城下，本来宋钦宗也准备逃跑，但兵部侍郎李纲却坚决反对。他认为，天下的城池，没有比京城更坚固的。而且，京城是国家的中心，文武百官都集中在这里，只要皇帝督率抗战，一定能守住东京。宋钦宗看李纲态度坚决，就任命他为尚书右丞，留守在东京负责防守。李纲受命之后，立即组织军民积极备战，加强城防守备，完善城防设施，修楼橹，安炮座，设弩床，运砖石，架檑木，备火油，准备了足够的守城器械。同时在京城的各个方向，各个防御要点部署了军民共同守卫。

公元1126年正月初八，金军抵达东京汴梁城下。当天晚上，金军分乘几十艘船顺汴河而下，进攻西水门。

▼宋徽宗

李纲派出敢死队兵士2000人，在城下列队防守。敌船一到，兵士们就用挠钩钩住敌船，再把它钩到岸边砸烂。同时在水中设置杈木，阻挡船只前进。李纲还指挥宋军用石头堵住西水门的水道，以防敌船突入城内。经过一夜战斗，杀死金兵100多人。金军见宋军防守严密，只得退走。第二天，金军又猛攻通天门、景阳门。当时李纲正在朝中汇报战况，闻讯后立即率领1000名神射

北宋的守城战术

北宋的守城战术原则和方法主要有三个：一是守城必须要有充分的准备，所谓准备一是修城防设施，准备守城器械和足够的粮食等等；二是守城要采取多种战术，诸如"或彼不来攻而我守，或彼不挑战而我击，或多方以谋彼师，或屡出以疲彼师，或彼求斗而我不出"，等等；三是针对敌情的发展变化，采取适当的战法，如"敌来逼城"，开始要"静默而待，无辄出拒，候其矢石可及，则以术破之"，等等，总之，要"见利而行，不可羁以常检也"。

手，赶去助战。等他们到达时，金兵已渡过护城壕沟，正在架设云梯攻打城墙，情况十分危急。李纲当即命令射手齐射，金兵纷纷被射死在城下。李纲又派几百名勇士沿着绳索吊到城下，烧毁了几十座金军攻城的云梯，杀死几十名金军将领。金兵坠落摔死的、被箭射死的、落水淹死的不计其数。金军见这个方向难以突入，就向陈桥、封丘、卫州等方向发起猛烈进攻。这时宋钦宗派人前来慰问，宋军士气大增，从早晨一直与金军激战到下午，杀死金军数千人。金军见强攻不下，死伤又多，只好再次后撤。

在李纲组织开封军民奋勇抗击金军的同时，懦弱无能的宋钦宗却在积极进行投降活动。金东路军统帅宗望提出了割让太原、中山、河间3镇，赔偿500万两黄金、5000万两白银、牛马万匹、锦缎100万匹的退军条件，宋钦宗立即接受了这些屈辱条款。宗望见自己的各项要求基本得到满足，就率大军撤回了燕京。金军撤走后，宋钦宗以

◀ 宗泽

为天下就此太平，因此下令各地救援京城的兵马停止救援，各回本部。主张抗金的大臣也陆续被赶出了朝廷。李纲也因解围太原失败而被解职贬官。

金军不敢从城墙上下来

金军第一次南下虽然没有达到灭宋的预期目的，但是他们亡宋的野心并没有收敛。在靖康元年（公元1126年）八月，金太宗再次下诏，分东、西两路攻宋，准备在东京开封会师灭宋。在金军南下途中，宋廷不断派去使臣前往金营求和，而金朝一面采用议和手段以麻痹宋朝，一面迅速进兵，不断提高议和价码，诱使宋廷步步屈服。宋钦宗对金朝提出的所有条件无不一一答应，从割让3镇，到以黄河为界，并尊称金太宗为伯父，甘愿对金朝俯首称臣。尽管这样，依然没能阻止金军向开封挺进的步伐，十一月二十四日，金东路军抵达开封城下。

此时宋各地的援军已被遣散，守卫京城的只有7万余人。因为开封军民十分痛恨主持割地求和的宰相唐恪，宋钦宗为平民愤，只好将他罢免，另外任命主张抗金的何㮚为相，并组织调整了京城的防御部署。十一月二十七日，金军开始攻城，宋军经过几次激烈战斗，兵力损耗极大，城中可用的兵力只有3万人，加上天降大雪，气候寒冷，士兵连兵器也难以握住。开封外无援兵，内无战力，终于被金军攻破。

▲李纲

金军攻占开封城墙后，开封军民激愤万分，抗敌情绪高涨，自愿请领武器和盔甲的民众多达30万人。当金军下令纵火屠城时，何㮚率领无数的百姓与金兵展开巷战，以至于金军不敢从城墙上走下来。金军只能在城上修筑防御工事，防止被开封军民赶下城去。面对如此形势，金国又重谈"和议"的老调，声言宋朝只要能议和就退兵回师。宋钦宗信以为真，便亲自前往金营议降。金随即将钦宗扣留在了金营，并向宋朝提出了赔偿5000万两黄金、1000万两白银、绢缎各1000万匹的条件，尽管朝廷向百姓拼命搜刮，仍没有集齐金所提条件的十分之一。金军利用腐朽的宋朝君臣，经过1个多月的讹诈和掠夺，在自己的贪欲得到满足后，感到北宋朝廷已失去了利用价值，于是下令废掉宋徽宗、宋钦宗。并押解着宋徽宗、宋钦宗以及后妃、亲王、太子、宗室、朝臣等3000多人撤军北去。这就是历史上所说的"靖康之难"。北宋王朝自公元960年建立，历经167年，至此被金灭亡了。

专门对付骑兵进攻的"决胜战车"

金军退走之后，当时不在东京的康王赵构在南京即位，仍沿用大宋国号，改靖康二年为建炎元年，是为宋高宗，史称此后的宋朝为南宋。南宋建立以后，宋廷对北宋旧都东京开封的战略地位十分重视。宗泽在李纲的推荐下，被任命为东京留守，收拾残局，进行抗金部署。为了防止金兵再次进犯，宗泽对开封城进行重新修复和规划。并且根据城外的地理特点，在郊区建立了24座坚固壁垒。宗泽特别重视黄河沿岸的防御，他在黄河沿线的16个县设置了寨堡，这些寨堡可以相互支援策应，称为"联珠寨"。宗泽又针对金军善于运用骑兵战术的特点，专门制造了1200辆对付骑兵进攻的"决胜战车"，这种战车每辆配置55个人，其中1人驾车，8人推车，2人扶轮，6人执牌，20人持长枪，18人执弓弩。在宗泽的重建下，开封逐渐成为了一个重要的战略基地。

公元1127年，金朝派兵渡过黄河，再次大举进攻南宋。宗泽坐镇开封，从容调兵遣将，多次打退金军的进攻。而宋高宗却对黄河防线失去了信心。他决定放弃淮河以北的大片地区，逃往淮河以南，进而弃淮守江。尽管宗泽多次上书，请高宗返回整治一新的开封，但宋高宗仍固执己见，置之不理。终于，宗泽忧愤成疾，于公元1128年7月去世。在弥留之际，宗泽没有一句话提及家事，只是大声疾呼："过河！过河！过河！"宗泽死后，宋高宗派杜充继任东京开封留守，杜充指挥无能，使宗泽招抚的抗金义军纷纷离去。开封这一抗金基地很快被断送了。

▼临安西北重要隘口独松关

黄天荡之战

在南宋建立后,金发动了几次大规模攻宋战争,但最终都因为不具备灭宋的条件而被迫撤军。南宋虽然没有抓住有利时机进行战略反攻,但有一战却使金军险遭灭顶之灾。这就是著名的黄天荡之战。作战中宋军水师抓住了金军"长于骑技、短于水战"的弱点,在韩世忠的指挥下,沉重地打击了入侵者。虽然最后金军侥幸逃脱,但此战使金军统帅金兀术受到了极大的震慑,也给金军留下了一个永久的伤疤。

◀ 韩世忠

夫妻双双上阵杀敌

公元 1130 年 2 月,金兀术决定金军全部撤回江北,他下令焚烧和抢掠临安三天,然后带着辎重和抢来的财物沿钱塘江北岸撤退。一路之上,势如破竹的金军,正准备渡过长江,却遭到宋军韩世忠部的阻截。韩世忠早在金军南下时,就预料到金军在江南的日子不会长久。所以他将部队部署在吴淞口等地,专等金军北撤时,对其进行阻击。当金军准备撤回江北的消息传来,韩世忠立刻征集了 100 多艘战船,率领 8000 人返回镇江,在焦山寺驻扎下来,准备截断金军的归路。

三月十五日,宋、金两军在镇江附近的金山、焦山间相遇。双方在江边摆开阵势,展开了一场血战。韩世忠身先士卒,他的夫人梁氏则身穿戎装,在江心的一艘战船上擂鼓助战。将士们见主帅与夫人共同上阵杀敌,士气高涨。宋军战船帆篷巨大,船借风势,航速飞快,来往自如,而金水军战船的作战性能远远不如宋军。几次交锋后,金军大败。金军将领完颜宗弼只好退兵。他见强攻不成,就采用软化的策略,派出使者与韩世忠交涉,用在江南抢来的财物作为交换,希望借道过江。韩世忠对金兵的侵略暴行,早已深恶痛绝。完颜宗弼的贿赂遭到了韩世忠的严词拒绝。

配备了带钩的新型装备

金东路军将领完颜昌得知中路军完颜宗弼受阻的消息,急忙派兵攻打楚州、扬州,企图前来接应金军过江。由于宋军的顽强抵抗,虽然经过数日苦战攻下了楚、扬两州,但是已错过了战机,未能达到策应中路军渡江的预期目的。完颜宗弼见无援军协助,只好率军沿长江逆流西进,希望避开宋军的堵截。韩世忠见金军想绕行渡江,就命令水军沿长江北岸跟随金军。宋军的战船比金军长出很多,所以前后排开,完全堵住了金军的渡江路线。两军边走边战,划桨声在长江两岸昼夜不停。宋军还不时出动快船攻击金军,使金军的船队不能脱身,最后金军船队被逼进了一条死港——黄天荡。韩世忠立即指挥战船封锁住航道的出口。这样金军成了瓮中之鳖。金军被困住 40 多天,正当一筹莫展之际，有人建议将老鹳河挖开，就可以直接通入秦淮河。完颜宗弼大喜，急令金军连夜挖出一条十余千米长的通道，逃出了黄天荡。宋军发现金军逃脱，又沿江追赶，在建康一带的水面上再次截住了金军。完颜宗弼见大船被堵住，就想利用小船载人渡江，韩世忠早有准备，他赶制了一批前端带钩的铁索发给各船，当金兵的船只渡江的时候，宋兵就用长钩把小船钩住，再用铁索拉翻小船，金兵连人带船就一起沉在江里。

留下了一个永久的伤疤

宋军战船的机动性非常好，水战经验又很丰富，常常采用两侧包抄的战术攻击、堵截金军船只，使金军一直无法渡过长江。完颜宗弼感到形势越来越严峻，就采取张榜悬赏的办法，想寻求破解宋军战船的方法。在建康有一个开米铺的小商人，他贪图钱财，就给金兵出了个主意，他说："宋军的大舰船，是靠风帆才能快速航行的，只要挑个没风的日子出江，大船就驶不快了。"而且他教金军准备大量的火箭，可以在海战时射烧宋军的帆篷。四月二十五日，金军乘风平浪静突然发动攻击。金兵用火箭射向宋军船帆，宋船燃起大火，只能顺江败退。完颜宗弼终于率军撤回了江北。完颜宗弼退回江北以后，对黄天荡之战仍然心有余悸。从此金军再也不敢贸然过江南下。

▲梁红玉击鼓

▼金山今景（位于今江苏镇江市西北长江南岸。宋将韩世忠与金军战于长江，其妻梁红玉在金山妙高台擂鼓助威。）

保卫顺昌之战

顺昌保卫战是历史上一次著名的以少胜多的城邑防御战争。这一战由南宋著名抗金将领刘锜指挥,沉重地打击了入侵的金军主力,震撼了金国统治者。顺昌大捷对宋军抗金的战局产生了重大影响,它策应了宋军在东、西两翼及西京地区的作战,从而全线抑制了金军的攻势,为南宋军民大举反攻金军创造了良好的条件。

▲宋代武士

准备放火焚烧自己的家人

公元1127年,金朝统治者灭亡北宋后,不断发兵向江南侵扰,南宋统治者一味逃跑,不敢抵抗。由于河南、陕西的地方官纷纷降金,所以金军进攻初期气势汹汹。公元1140年5月中旬,新任东京副留守兼节制军马的刘锜,率领军队前往东京驻防。刘锜刚由水路抵达顺昌时,就传来了金军攻陷东京开封的消息。3天之后,攻陷东京的金军继续向南侵扰,距东京不远的陈州也被攻占。离陈州仅150千米的顺昌成了宋金对峙的前沿阵地。

在大敌压境之际,刘锜沉着果断,亲自视察城内外的防御工事和地形,凿沉船只,加高加厚城墙,构筑防御工事。同时,他号召大家同心协力,共同保卫顺昌城。他将自己全家老少搬到一座庙里,在门口堆满干柴,嘱咐守卫的士兵,万一城被金军攻破,立即放火焚烧他的全家,以此激励士兵和百姓,誓死保卫顺昌城。根据地形和兵力,他周密部署了顺昌城各个方向的兵力,并派出侦探,不断侦察金军行动方向。

▼《中兴四将图》描绘刘光世、韩世忠、张浚、岳飞四人,均为这一时期著名的抗金将领。

▲文官坐像 金

利用闪电杀敌

不久后,3万多金军从四面包围了顺昌城,发起了强攻。刘锜亲自率兵迎战,宋军以劲弓强弩还击,箭如雨下,金军损兵折将,被迫后撤。顺昌被围的第四天,金军从陈州等地增调了兵力,顺昌处于金军的铁壁合围之中。金军把主要注意力放在攻占顺昌城上,却忽略了对营寨的防守。刘锜利用雷雨天气,派猛将阎充选拔了500名壮士,乘黑夜突入敌营。等电光一闪,宋军便一跃而起,奋勇进杀;电光过后,宋军全都潜伏不动。金军不知宋军底细,满营大乱,宋军则按战前约定的暗号,时分时聚。金军惶恐之中,自相残杀,等到天明,金军已无力还击,只得退去。

在水草中施放毒药

金兀术在开封得知金军进攻顺昌失败的消息后,率兵十余万,昼夜兼程,用不到7天的时间从开封赶到顺昌。兀术看到顺昌城垣简陋,竟狂妄地称顺昌城可以用靴尖踢倒。他当即下令,攻破顺昌城之后,女子玉帛都归金军兵将所有,而男子一律杀死。刘锜一方面加紧备战,另一方面为了麻痹金兀术,派曹成等两人为间谍,随探骑行动,故意让金军俘虏,然后向金军散布刘锜喜好声色、贪图安乐、无所作为等假情报。金兀术听后信以为真,下令留下攻城车和炮具,准备轻装攻城。

金兀术指挥金军向顺昌城发起总攻。金军以铁骑拐子马从左右两翼企图包围宋军,由于宋军奋勇作战,金军未能得逞。此时正是盛夏酷暑,金军的给养不足,人马饥渴,就饮食了被宋军施放了毒药的水草,大批军士中毒病倒。刘锜乘烈日当空的中午,时而从西门扰敌,时而又从南门袭击,大败了金军。金军久攻不下,士气低落,金兀术只得引兵后退。刘锜乘此时机,全军出动尾随追击,金军再次大败。最后金兀术被迫率全部金军撤回开封,顺昌保卫战取得了彻底胜利。

▶宋代三弓床弩

宋金郾城之战

宋金郾城之战是南宋爱国名将岳飞，在河南郾城与金军统帅兀术之间的一次决战。宋军以少胜多，给金军以沉重打击。郾城的胜利虽然鼓舞了北方人民抗金的勇气，但宋高宗赵构和秦桧却断送了这次战争的胜利成果。他们担心岳飞的胜利会阻碍与金的和议，所以下令全军撤退，使收复疆土的希望彻底破灭。

准备跟岳家军拼一下

公元1140年10月，金朝又撕毁和约，发动全国精锐部队，以兀术为统帅，分四路大举进攻。不到一个月，根据和议还给南宋的土地全被金军夺去。南宋王朝面临覆灭的危险。宋高宗连忙传令岳飞由荆襄北进，抵抗金军。

岳飞得到这个命令，一面派部将王贵、牛皋、杨再兴等分路出兵，一面派人到河北跟义军首领梁兴联络，要他率领义军在河东、河北包抄敌人后方。岳飞坐镇在郾城指挥，在很短的时间内，几路人马纷纷告捷，先后收复了颍昌、陈州和郑州。

中原是宋、金必争之地，谁控制了中原，就可以从中央突破对方的战线，形成有利战略态势。金军统帅兀术在东京听到岳飞进兵，大为恐慌，连忙召集部下将领一起商量对策。大家纷纷议论，说宋朝别的将帅还容易对付，就是岳家军不容易对付。但是既然来了，只好集中全力，跟岳家军拼一下。最后兀术决定引诱岳飞的军队，孤军突进至开封的外围，然后集中主力给宋军致命的打击。岳飞识

▲岳飞画像

◀岳飞统领的岳家军，军纪严明，威名远播

破了兀术的阴谋，便将计就计，每天都派人向敌人挑衅。兀术以为岳飞中计，便亲自率领龙虎大王、盖天大王及伪昭武大将军韩常等军直奔郾城，准备和岳飞军决战。

岳家军

岳飞治军严谨，纪律严明。"冻死不拆屋，饿死不掳掠"是岳家军的口号。岳家军平时训练十分严格，作战勇猛，人称"撼山易，撼岳家军难"。作战时岳飞经常身先士卒，与士兵同甘共苦，从不居功自傲，赢得了历代人民的崇敬和同情。在其戎马生涯中，他亲自参与指挥了一百多场战斗，未尝一败，是名副其实的常胜将军。

上砍敌兵，下砍马腿

岳飞首先命令他的儿子岳云率领"背嵬军"（背嵬意为亲随），突击敌阵，给敌军一个沉重的回击。岳云和敌人作战勇敢异常，杀得金军尸横遍野，缴获军马数万匹。

这次金军南犯，兀术亲自率领精锐的"铁浮图"和"拐子马"15000余骑，准备以此抄袭岳家军的大本营，进而消灭岳家军的主力。"铁浮图"是兀术的特种骑兵，人马都披上厚重的铠甲，以三骑为一队，作为正面冲锋队。这些特种骑兵，每前进一段距离，就用障碍物堵塞住后路，所以作战时只能进，不能退。"拐子马"指的是左、右翼骑兵，作战时，配合"铁浮图"从两面包抄。这种骑兵队伍都是由女真人组成，打起仗来，像围墙铁壁一般，很难对付。岳飞认为"铁浮图"和"拐子马"虽然厉害，但还是可以利用它的弱点，找出对付的办法来。他发现"铁浮图"的马腿安不上铁甲，只要马腿被砍断，骑在马身上的士兵就要跌下。因此，他机智地指挥将士手持马扎刀、长斧和敌人对阵。宋军上砍敌兵，下砍马腿，金军马倒人也跟着倒，人马大乱。岳飞提枪跃马，亲临战阵。他在敌阵中左右开弓，往来冲杀，将士们见了，勇气倍增。岳飞的部将杨再兴单骑突入敌阵，左冲右突，锐不可当，差一点把金兀术活捉。这次大战，从下午四时左右打到黄昏，金军有的被宋军杀死，有的被马踩死，死尸布满原野。兀术看到自己的精锐铁甲骑兵被宋军歼灭，十分悲痛。过了两日，又增兵于郾城北的五里店，准备再战。岳飞手下一个叫王纲的部将，带领50名骑兵去侦察敌情，勇敢地突入敌阵，斩杀了金军部将数人。岳飞乘机率轻骑出击，从左右两面攻击敌军，再一次打败兀术军。经过三天的激战，金军遭到沉重打击，岳家军取得了郾城之战的胜利。

◀ 郾城大捷

采石之战

采石之战是宋、金两国在长期对峙局面下进行的一场大规模战争。金国的海陵王完颜亮驱使60万大军分兵四路，企图进占江南广大地区，一举灭亡南宋。南宋军民在起草诏令的文官虞允文的指挥下，奋起杀敌，在采石江面痛歼金军，取得了辉煌的胜利。采石大捷不仅使江南百姓免遭金军蹂躏，同时也使南宋政权暂时摆脱了亡国的危机。

▲采石渡口遗址

宰杀耕牛进行战备

完颜亮18岁就参加了侵宋的战争，曾在金兀术手下做过将军。公元1149年，他组织策划了政变，刺死了金熙宗，自立为帝。从此，金熙宗与南宋议和的局面完全破裂。

完颜亮即位后，把灭亡南宋作为自己的基本国策，处心积虑地筹划南侵。他先后两次作出了迁都的重大决策，第一次是从上京迁到燕京并改称为中都，第二次由中都迁到了汴京。8年时间，两次主动迁都，历史上并不多见。完颜亮迁都的真正目的就是要向南发展。为了进攻南宋，完颜亮经常派出金兵偷入边境，搜集南宋的情报，甚至金国的使者出使南宋时，竟然公开以外交官员的身份，测量淮河的水深和河宽。

在修建中都和汴京时，完颜亮征调了大批工匠和民夫，调运各地林木花石。在汴京，他拆毁了原来所有的宫室，

▲宋代战船复原模型

▼南宋军营盘（宋中兴瑞应图第十二幅，天津艺术馆藏。）

片瓦不留,全部更新。运一根大木料的费用,是两千万钱,牵引一辆装运木材的大车,要用500个人工。宫殿装饰得华丽异常。据说在涂刷五色金粉时,空中金粉飞扬,如同下雪一般。在修建都城、宫殿的同时,完颜亮大规模地征兵、征用人力和物力进行战争准备。他又下令建造战船,建立水军。并在全国范围内征调军马56万匹。完颜亮的备战,完全不管财力是否能够承受,当所征集的军马缺少饲料时,他就将马匹放到田地里吃庄稼。这种备战方式给百姓带来了巨大的灾难。当时,一支一尺长的箭翎卖到一千钱,老百姓甚至被迫杀掉耕牛,将牛皮牛筋供应军队的需要。至于人力的征调,数目更是大得惊人。凡是在20岁以上、50岁以下的男子,都在征调范围内,被迫编入军队的达60万人之多。

用笔来暗示敌情

金国企图南侵的消息,不断从各方传来。公元1159年末,金国使臣施宜生来到临安,负责接待他的是吏部尚书张焘。张焘很想从施宜生口中探听到一些金国的内部情况。施宜生原来是宋朝的官员,于是张焘就利用故国乡情来感化他。施宜生果然被打动,他趁着金国侍从不在身边,就对张焘说:"今天北风刮得太厉害了。"以此来暗示北边的金国即将大举进攻南宋。同时,他又拿起桌上的笔说道:"笔来,笔来!"用"必来,必来"的谐音来暗示金兵将会全部出动,倾巢来犯。事后,张焘把这些情况及时报告给了宋高宗。

公元1161年,完颜亮终于发动了大规模的侵宋战争。他把各路军队统编为神策、神威、神捷等32军,分为东路、中路、西路、水路大举攻宋。出发前,完颜亮还大宴群臣,他对众将说:"过去太师梁王连年南伐,耗费了很多时间也没有取得成功,现在我们决不会像过去那样,多则一百天,少则一个月,就会灭掉南宋。"可是事情并没有完颜亮想象的那样简单。金军南下之前,宋朝就已有所察觉,特别是施宜生向宋朝透露了金兵即将南侵的消息,使宋高宗感到形势严峻。随后南宋开始作应战的军事部署。在金军大举进犯之前,南宋的防御体系基本已经建立起来。

▲宋代武士复原图

▲宋朝弩兵的射击队形（为了更有效地使用箭弩，把弩兵编排为"上弩""进弩""发弩"三组，按一定队形布阵。）

◀《守城录》书影

十月下旬，宋水军统帅李宝率战船120艘，水军3000人，进至密州胶西的石臼岛。这时金军水军的一部分舰船停泊在海口外的唐岛，两军相隔十余千米。李宝趁金军没有察觉，突袭了唐岛金军，金水军慌忙起锚升帆，宋军火箭齐发，金水军几百艘战船被火烧毁，金兵跳入海中淹死的不计其数。侥幸逃到岸上的金兵，也都被宋军俘虏。在陈家岛的金水军统帅苏保衡见势不妙，率余部退入胶州湾。这一战，宋军俘获金兵3000多人。使金水军几乎全军覆灭。宋、金开战后，双方各有得失。金军的西路军虽然在陕西受阻，但是牵制了作战能力较强的川陕宋军；金中路军尽管受挫于襄阳，但损失并不很大，而且完成了掩护东路主力的任务。水军虽然是金军最弱的部队，直到十月下旬还未离开胶州湾，它的失败并不影响整个战局。而在两淮这个双方的主战场上，金军则一直掌握着主动权。所以从整个战局看，金军还是占有一定的优势。

文官让武将无地自容

由于在主战场上取得了优势，完颜亮率军全线推进到长江边，完颜亮督责将士昼夜赶造战船，准备从杨林口渡江。金军进至长江边，宋廷惊慌失措，宋高宗和文武百官准备逃离临安。在部分大臣的坚决反对下，宋高宗才勉强同意作出下一步抗金的部署。并派遣中书舍人（文官官职）虞允文到前线慰问宋军将士，虞允文来到采石后，发现宋军残兵败将三五成群地坐在路边,主帅刘锜病重,身在镇江,新帅李显忠还没有到任。见此情景,虞允文立即组织部队,鼓舞士气,部署迎敌。虞允文刚完成作战部署,金军便开始发动了渡江之战。完颜亮派战船渡江攻打采石,并亲临岸边指挥作战,岸上设置了红黄两种旗帜,举红旗表示前进,举黄旗表示后退。金军各船首尾连接,从杨林口向南岸攻来。宋水军驾驶车船将金舰队拦腰截断,随后向金舰队发动攻击,两军展开水战。金军使用的都是底部宽大的平底船,行动迟缓,加上不熟悉江道,所以一开始就陷入被动,首批渡船很快被宋军消灭。第二天,宋水军战船主动出击,在杨林口用火船烧毁金180多艘战船,再次击败了金军。完颜亮采石渡江失败,被迫退回和州。采石之战也成了金军由胜转败的转折点。

十一月下旬,完颜亮率军转移到扬州,企图从瓜洲渡江,虞允文等各路宋军也进至镇江。虞允文来到镇江,首先拜会了老将刘锜,然后与其他将领研究军情,巡视防务。宋军将大小战船排布在江中,还故意驾驶24艘高大的车船进行演练,在江中来回快速地绕行。北岸的金军看见这种回转如飞的战船,惊愕不已,因此士气低沉,军心厌战。完颜亮不顾将士的反对,孤注一掷,命令金军三日内全部渡江南下,后渡者处死。这个命令使一些金兵暗中组织逃跑,结果被完颜亮发现,带头的人都处死。事后完颜亮又规定,凡是士兵逃跑的,要杀死他们的领队,如果有将领逃亡,则要杀死主帅。这种诛杀上下的命令,使军中人人自危。终于,金兵部尚书完颜元宜等人经过秘密策划,发动了兵变。他们攻入了完颜亮的寝帐,杀死了这个暴君。十二月初,完颜元宜带领金军向北撤退。完颜亮攻宋最后以兵败身亡告终。

▲《历代兵制》书影

◀宋朝武将(唐宋以来,军服有等级之分:"将帅用袍,军士用袄",这是身穿袍式铠甲、手持大斧的武将形象。这种铠甲方便轻巧,但不能用于实战,属于长服或仪仗装束。)

第十章
元代

纵观整个元朝历史几乎就是一部战争史，而13～14世纪的世界可称为蒙古时代，蒙古帝国囊括了多半个欧亚大陆的版图，首次形成了近代以前长达百年的世界体系，完全颠覆了东西方旧有秩序。

在元朝进行的一系列平叛、镇压人民起义和争夺帝国爆发的战争中，元军逐渐暴露出军队腐败、军官兼职等弊端，浩大的军费开支也使得元王朝统治出现了危机。

元朝末年，阶级矛盾和民族矛盾的激化，造成了社会的激烈动荡。农民起义先是零星地兴起，随之汇成了席卷全国的反抗元政府的大起义。为了对付农民起义军，元政府先后采用了卫军出征、诸省联兵等方式，乃至征调全国兵力与义军会战，元军损耗甚巨，尤其是军力更加削弱。此后，元政府依靠各处兴起的地方武装与军阀等，勉强维持北方的局势。但地方军阀势力强大之后，互相攻击，并动辄兵入京城"清君侧"。而统治者又卷入军阀间的争斗。在一片混乱之中，南方朱元璋不断扩充自己的势力，统一了江南的半壁江山。公元1367年，朱元璋开始北伐，在徐达、常遇春等协助下，至公元1368年8月攻陷元大都（今北京），元顺帝北逃，蒙元在中原的统治结束。

蒙古灭金之战

◀成吉思汗

金朝从章宗时期开始走向了衰落，这时漠北草原上蒙古族完成了统一和建国，并迅速发展成为一支强大的力量。经过五年的准备，蒙古出兵攻金。这场战争从公元1211年蒙古成吉思汗侵金开始，到公元1234年蒙宋联军攻占蔡州结束，前后用了23年时间。

向地上轻蔑地吐唾沫

成吉思汗即位以后，通过不断战争，使蒙古成为了一个强大的汗国。但是金朝还把蒙古当作它的附属，要成吉思汗向他们进贡。金章宗死后，太子完颜永济即位，派出使者到蒙古下诏书，要成吉思汗下拜接受。成吉思汗问使者新皇帝是谁，使者告诉他是永济。成吉思汗轻蔑地吐了一口唾沫，说："我原来以为中原主人是天上人做的，像这种庸碌无能的人也配做皇帝？"说罢，就把金朝的使者丢在一边，自己上马走了。从那以后，成吉思汗就跟金朝决裂。

冲锋在前的马群纷纷倒地

公元1211年7月，成吉思汗派木华黎率领军队进攻金国北方的门户——乌沙堡。乌沙堡不但地势险要，而且还装备了一种先进的守城武器：可用机关触发的连发床弩，当时有"地上乌沙堡，地下鬼门道"的说法。从俘虏的金国工匠和士兵口中掌握了这一情况，蒙古先锋哲别想出了应对之策。当蒙古军抵达城下时，哲别下令用数百匹马冲锋在前，守城的连弩被触发，冲锋在前的马群纷纷倒地，金国守军

▼蒙古狩猎图

▲蒙古战袍

不辨真伪，认为重创了蒙古兵，正当他们洋洋得意之际，紧跟在马后的蒙古铁骑已经冲入了边门，金兵的连弩还来不及装填，蒙古人的利箭和马刀已经落到了他们头上，一举攻下乌沙堡。之后蒙军一鼓作气又攻下了金国另一边防要地乌月营。乌沙堡和乌月营的失陷，使金军仓皇后撤，金国的西北防线彻底瓦解。之后，成吉思汗将金军打得一败涂地。新即位的金宣宗不得不向成吉思汗求和，献出了大批金帛和马匹。蒙古军带着大量的战利品撤军了。金国暂时度过了危机。

只能闻到烤肉的香味

公元1227年7月，成吉思汗在行军中病死，成吉思汗第三个儿子窝阔台继承了汗位。窝阔台继位后，按照成吉思汗的遗愿，继续大举侵金。他将蒙古军队分成三路，向汴京攻击。金朝的大将军完颜合达等人听到消息后，急忙从邓州发兵来解救汴京。成吉思汗幼子拖雷率领蒙古军在金军援兵的后面紧紧追击，还专门在金军吃饭和宿营时进行挑战，弄得金军不得休息，疲倦不堪。当金军到达钧州的三峰山之时，后面拖雷的三万蒙古兵全部追上，前面也来了窝阔台的大军。两路的蒙古兵，把金军四面包围，却并不交锋，只是烧火烤肉，让金军嗅到香味。蒙古兵吃饱了便休息，休息好了又接着吃。就这样金军的心理防线被彻底击垮，已全无斗志。蒙古军又故意让出一条出路，使金军"突围"了出去，然后拖雷率蒙古兵将金军拦腰一击，切为若干段，经过一阵厮杀，金军几乎全军覆灭。从此之后，大金国日渐衰落，到了1233年，蒙古与南宋联合攻破蔡州，金哀宗见败局已定，自缢身亡，金朝就此灭亡。

▶成吉思汗陵

忽必烈灭宋之战

忽必烈灭宋之战历时12年，由于忽必烈攻宋方略正确，善择伯颜等良将，注重发展水军和大力实行招降安抚政策，形成了军事、政治优势，致使宋军处处被动挨打，最终灭亡了南宋。

▲忽必烈

身中四枪六箭

拖雷的儿子忽必烈夺得了蒙古大汗之位之后，开始了灭宋战争第一步——攻取襄阳。公元1268年9月，忽必烈命刘整与阿术等率军围困襄阳和樊城。蒙古军在襄、樊四周修城筑围，封锁汉水，扼守住了通往襄、樊的水陆要道。同时大造战船、训练水军，屡次打败南宋的援军。襄、樊被困三年，南宋重臣贾似道一直对皇帝封锁消息，甚至有敢说蒙军攻宋的，就被贬斥，也有被借故杀掉的。

公元1272年3月，樊城外城被元军攻破，宋军只好退守内城。这时，城中虽然还有一些粮食，但缺乏盐和布帛。宋将李庭芝利用襄阳西北的青泥河，以轻舟百艘，装满衣甲物资，准备冒死突破元军防线，增援襄阳。宋军都使张顺和张贵率领3000名敢死队员，携带火枪、火炮、巨斧、劲弩和炭火，乘夜色掩护，冲破元军封锁线，转战60千米，到达襄阳城下。张顺身中四枪六箭牺牲。张贵入城后，准备从内城突围。他派人泅水出城，与宋军前线副总指挥范文虎取得联系，约定他同时发兵，对元军内外夹击。

▼伯颜

到了约定的日子，张贵发起了攻击，但范文虎却按兵未动。张贵军虽然率军冲出了重围，却在约定的地点龙尾洲被元军战舰包围，全军阵亡。从此，襄、樊便与外界中断了联系。公元1273年正月，元军攻破樊城，二月，襄阳宋将吕文焕向元军投降。元军终于夺取了屏蔽江、汉的战略要地襄、樊。

把炮放在高台上向城内猛轰

公元1275年7月，忽必烈命伯颜率领元军直逼临安。伯颜受命后，确定了分兵三路直取临安的作战部署。

西路军主帅阿剌罕率军南下，直逼溧阳，宋军损失将校70余人，士卒近2万人，伤亡惨重。

文天祥的《过零丁洋》

文天祥被俘后，元朝派人到关押文天祥的船上，要他写信劝降坚守崖山的宋军统帅张世杰，文天祥愤然拒绝，船过零丁洋时，他在招降书上留下了千古传诵的《过零丁洋》诗。

"辛苦遭逢起一经，干戈寥落四周星。山河破碎风飘絮，身世浮沉雨打萍。惶恐滩头说惶恐，零丁洋里叹零丁。人生自古谁无死？留取丹心照汗青。"

西路军于十一月下旬逼进建康通往临安的要隘独松关，南宋守将张濡率兵北上阻击元军。宋军虽是精兵强将，但只有数千人，难以阻挡强大的蒙古骑兵，终于被击溃，主将张濡被杀，士兵死伤2000余人，元军控制了临安的北大门。

中路军伯颜率兵进攻常州。元军在城南筑高台，把炮放在台上向城内猛轰，又用火箭射入城中，常州城内一片火海。常州守将姚岩率将士浴血奋战，终因寡不敌众，没有外援而被攻破。元军架云梯、绳桥攻城，元军攻入城内。

东路水军以前宋将范文虎为先锋，顺江东进，由于长江两岸已无宋军把守，元军进军顺利。公元1275年12月，元朝三路大军进逼临安。宋廷既没有兵力抵抗，求和又被元军拒绝，于是只得向伯颜请降。

生为宋民，死为宋鬼

宋廷投降后，以太后、皇帝名义下诏书命各地继续抵抗的宋军投降。扬州守将李庭芝杀死了来使，拒绝投降，直至最后兵败牺牲。陈宜中、张世杰、陆秀夫等拥立益王赵昰为帝，号端宗。文天祥被新朝任命为右丞相、枢密使，统率各路军马。文天祥号召各地起兵杀敌，组建了一支由原江西旧部为核心的抗元队伍。

▶ 文天祥

1277年正月，文天祥率部移驻漳州龙岩，他派往江西的两军失利后，就亲自率军挺进了江西。从元军进入江西开始，江西人民就不断起来反抗。吉州泰和县针工刘士绍联络当地人民，企图夺取县城，失败被俘后，咬破手指写了一份血书："生为宋民，死为宋鬼，赤心报国，一死而已！"然后自尽身亡。文天祥的军队一到，江西各地纷纷响应，抗元队伍屡次击败元军。但是，文天祥等人取得的胜利是在元军主力撤离的情况下暂时取得的，当元朝调整兵力，主力南进时，这一支临时编成的、训练不精、缺乏实战经验的军队就抵挡不住了。1278年12月20日中午，文天祥率军行至海丰北面的五坡岭时，突然遭到了元军的袭击，文天祥被俘，全军覆没。在此之后，宋军亦被元军打败，南宋彻底灭亡。

刘福通红巾军起义

▲元代社会风情（图中展现的是元代社会的生活画卷，有钱人骑着高头大马，而劳苦大众不得不为生活而辛勤奔波。）

  元朝后期，以蒙古贵族为主的统治阶级，对其他各民族特别是汉族人民的掠夺和奴役十分残酷，反抗的烈火在人民心中燃起。最终于1351年爆发了以韩山童、刘福通为领袖的红巾军起义。红巾军捣官府，除恶霸，很快控制了中原和华北广大地区。1355年，刘福通率军攻下亳州，立韩林儿为"小明王"，国号"大宋"，年号"龙凤"，建立了农民革命政权。

弥勒佛下凡了

  元朝后期，以蒙古贵族为主的统治阶级，对各族特别是汉族人民的掠夺和奴役十分残酷。大地主"广占土地，驱役佃户"，官府横征暴敛。元朝统治者的挥霍无度，使得人民灾难深重，反抗的烈火在人民心中燃起。社会上流传着"一日三遍打，不反待如何"的歌谣。百姓忍受不下去，很多地方爆发了农民起义。

  河北有个农民叫韩山童，他祖父是个教书先生，曾经利用传教的形式，暗地组织农民反抗元朝。韩山童长大以后，继续组织白莲会，聚集了不少受苦受难的农民，烧香拜佛。韩山童对他们说："现在天下大乱，佛祖将要派弥勒佛下凡，拯救百姓。"这个传说很快就传到河南和江淮一带，百姓们都盼望着有那么一天，弥勒佛真会下凡来。

  正巧在这个时候，黄河在白茅堤决口，又碰上接连下了20多天大雨，洪水泛滥，两岸百姓遭受严重水灾。公元1351年，元王朝征发了汴梁、大名等十三路民工15万和兵士两万人，到黄陵冈开河。民工们在烈日暴雨下，被迫日日夜夜没命地干活，可是朝廷拨下来的开河经费，却让治河的官吏克扣去了。修河的民工连饭也吃不饱，怨声载道。

  韩山童决定抓住这个机会，发动群众。他先派几百个会徒去做挑

▼流民图

▲红巾军与元军激战

河民工,在工地上传播一支民谣:"石人一只眼,挑动黄河天下反。"民工们开始不懂这歌谣是什么意思,只是听到里面有"天下反"三个字,就觉得好日子快要到来了。开河开到了黄陵冈,有几个民工忽然挖出一座石人来。大家好奇地聚拢来一瞧,只见石人脸上正是一只眼,不禁呆住了。这件新鲜事又很快在十几万民工中传开来,大家心里都想,民谣说的真的应验了,既然石人出来,造反的日子自然来到了。

百姓把他们叫作红巾军

韩山童、刘福通挑选个日子,聚集了一批人,杀了一匹白马,一头黑牛,祭告天地。大家推韩山童做领袖,号称"明王",并约定日子,在颍州颍上起义,正当起义群众聚集宣誓起义时,地方官突然派兵前来镇压,韩山童被捕牺牲。刘福通等人冲出重围,重新聚合队伍正式起义。因为起义兵头上裹着红巾,当时的百姓把他们叫作红巾军。不到十天,红巾军已经发展到十多万人。

元王朝听到红巾军声势浩大,调动了六千名色目人组成的阿速军和几支汉军,镇压红巾军。结果被红巾军大败而归。公元1354年,元顺帝派丞相脱脱集中了诸王和各省人马,动用了西域、西番的兵力,号称百万,围攻高邮的张士诚起义军。高邮城被围得水泄不通。起义军正在危急的时候,元王朝突然发生内乱。元顺帝下令撤掉脱脱的官爵。百万元军失去了统帅,不战自乱,全军崩溃。

元军溃散以后,刘福通的北方起义军趁机出击,大破元军。第二年二月,刘福通把韩山童的儿子韩林儿接到亳州正式称帝,国号叫宋。韩林儿被称为小明王。韩林儿、刘福通在亳州建立政权以后,分兵三路,出师北伐。三路北伐军都取得很大的进展。毛贵的东路军一直打到元大都城下。刘福通亲自率领大军攻占了汴梁,把小明王韩林儿接到汴梁,定为都城。红巾军声势浩大,元王朝大为恐慌,纠集地主武装加紧镇压,三路北伐军先后失利,汴梁又落在元军手里。元王朝又用高官厚禄招降了张士诚,刘福通保护小明王逃到安丰后,受到张士诚的袭击,公元1363年,刘福通在战斗中牺牲。北方起义军被镇压了下去。

▼元末农民起义军用的石弹

鄱阳湖之战

鄱阳湖之战是元朝末年，朱元璋和陈友谅两方在鄱阳湖水域进行的一次战略决战，此战以朱元璋的全面胜利而告终。这一战时间之长、规模之大、投入兵力、舰船之多、战斗之激烈都是空前的。此战的胜利，奠定了朱元璋平定江南的基础，并为以后的北伐和统一创造了极为有利的条件。

▶ 刘基

吆喝"老康"为信号

当时，陈友谅占据着现在的江西、湖南、湖北三省的全部地区，他仗着兵多将广、实力雄厚，决定沿长江东下，并且约会占据着江苏东南面的张士诚合攻应天，企图一举消灭朱元璋。

朱元璋的部将康茂才和陈友谅是老相识。朱元璋对康茂才说："你可以写一封信派人送给陈友谅，假意向他投降，表示愿意和他里应外合，让他快来进攻。为了不致引起他的怀疑，你可以告诉他一些假的军事机密，劝他分兵三路直取应天。"康茂才建议说："我家有一个老门房，过去跟陈友谅当过差。让他带着我的亲笔信去，陈友谅一定不会怀疑。"

▶ 朱元璋

这个老门房搭上一只小船，偷偷地划到陈友谅军中，呈上康茂才的书信。陈友谅大喜，问康现在驻军何处，老门房回答驻守江东桥。陈友谅问是木桥还是石桥，回答说是木桥。陈友谅赏给老门房吃了酒饭，临走前同他约好进兵江东桥，就以吆喝"老康"为信号，请康出来接应。老门房回到军中，把情况报告给了朱元璋。朱元璋根据这些情况进行了战斗部署，在陈友谅进攻路线的各个重要据点，都派出大将，埋下伏兵。朱元璋亲自在卢龙山督战，同时令人把江东桥连夜改成石桥。一切准备停当，专等陈友谅上钩。

大船被搁浅了

陈友谅果然亲自率领水军顺流东下，先到大胜港，打算从这里登陆。他发现朱军早有准备，就急忙掉转船头，直接驶往江东桥。到了近前，一看是大石桥，不是木桥，陈友谅不禁大吃一惊，接着按照约定信号，连喊"老康！"又没人答应。陈友谅这才恍然大悟，自己受了康茂才的骗，赶紧指挥部队撤退。

　　这时突然战鼓雷鸣，朱元璋的伏兵一齐杀出，从水面和陆地夹击陈友谅军。陈军大乱，争相登舟溃逃，这时正是退潮的时候，陈军的大船被搁浅，所以想战不得，想跑不能，被杀死、淹死的不计其数，被俘虏的有2万多人。陈友谅在部将保护下，换乘一条小船溜走了。朱元璋挥军追击，夺回了太平、安庆等地。

草人也拿着武器

　　1363年，朱元璋率水军20万，在鄱阳湖与陈友谅60万水军对阵。面对强敌，朱元璋把水军分为11队，每队都配备火铳、长弓、大弩，作战的时候，先发火铳，再射箭，最后是白刃厮杀。朱元璋命令水军准备火炮、火铳、火箭、火蒺藜等各种火器，只等发动进攻的时候，将这些火器同时发射，焚烧敌军的大舰。又命令部下准备一批火攻用的小船，载上芦苇，中间装进火药，周围排列身披甲胄、手拿武器的草人，加以伪装。一切都准备妥当了，黄昏时候起了大东北风。朱元璋命令敢死队驾上七条火攻小船，冲向陈友谅的船队，乘风点火，发起火攻。七条小船像七条火龙，蹿进敌军船队，同时，朱元璋的水军也一齐发射各种火器，把敌军的大小战船都烧着了。火借风威，风助火势，浓烟弥漫，烈焰腾空，把鄱阳湖湖水照得通红。陈友谅军被烧死、淹死的无数，被俘的、投降的人数就更多。经过一个月的鄱阳湖决战，陈友谅的主力全部被歼。

▶华表（古代宫殿、陵墓前的标志性和装饰性的石柱，一般用汉白玉雕刻而成。）

▼宋太祖陵墓（朱元璋在位31年，死后葬在他生前就营造好的陵墓。）

徐达北伐之战

▼常遇春

元末农民战争后期，朱元璋势力日益强盛，到公元1367年，相继攻灭陈友谅和张士诚政权，占据长江中下游广大地区。朱元璋审时度势，决定北伐、南征并举，命徐达为征虏大将军，常遇春为副将军，北取中原，进克大都。作战中，徐达采取了先除羽翼、后捣腹心的方略，遣军北上，水陆并进，逐次击败元军，最终推翻元朝统治，建立大明王朝。

元顺帝带着后妃、太子逃走了

元末农民战争后期，朱元璋势力日益强盛，相继攻灭了陈友谅和张士诚政权。占据长江中下游广大地区后，朱元璋审时度势，决定北伐。在攻打元大都之前，朱元璋在汴梁把徐达、常遇春等一些将领叫到一起，研究作战部署。众人对如何攻打元军形成了两种意见。常遇春是主张直接攻击元朝都城的主要将领，他说："现在陈友谅与张士诚已经被我们消灭了，江南已经基本归我们所有，南方剩下的几股势力也不需要动用我们过多的兵力，如果现在我们就集中精锐部队去攻打元军，必定能够大胜而归。"而以徐达为首的一方则说："现在的北京，防卫很坚固，所以不能直接攻打。先要打下山东、河南、陕西、山西等地，那时元都可不攻自破。"朱元璋听了之后，沉思良久，最后同意了徐达的作战意见，并且任徐达为征虏大将军，常遇春为副将军，进行灭元作战。

▶徐达

徐达是一名严以律己、体恤士卒的将领，他与部下能同甘共苦。将士们对徐达既尊敬又感激，都愿意听从他的指挥，作战时都能奋勇杀敌、不畏牺牲。因而按照事先的计划，徐达率领大军所向披靡，一路打到元大都附近的通州。元顺帝在得知明军已进逼大都时，就带着自己的后妃、太子，从居庸关逃到了元上都开平。1368年8月，徐达率明军从东面齐化门进入大都。

让人目瞪口呆的战术

逃往上都的元顺帝，为了夺回北平，便起用了王保保。王保保上任之后与徐达的第一战就赢得了胜利，他集合了十万大军，从关外向大都发起了猛攻，并一举击

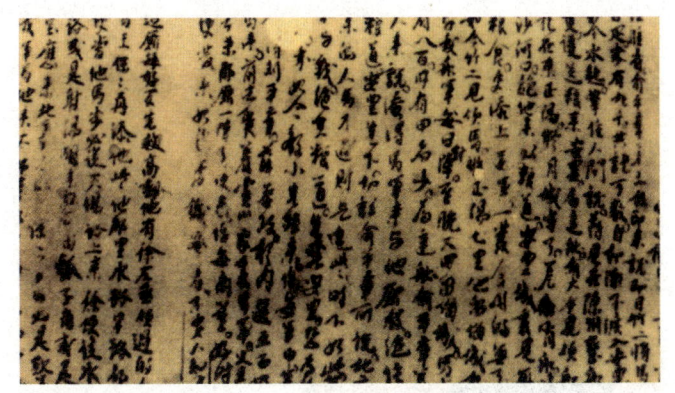

▲朱元璋所书两道军令

溃了徐达军的前锋部队。在这之前,徐达还从未打过败仗。他在失利之后,迅速冷静下来,制订出了让王保保目瞪口呆的战术——他决定放弃大都,直扑王保保的老巢太原。王保保因为后方空虚,立即撤离了对大都的包围而昼夜奔向太原,徐达和常遇春联手在深夜发动奇袭,大败了王保保。

徐达继续对王保保穷追猛打,一直打到甘肃兰州。王保保准备佯攻兰州,把主力部队隐藏在了定西,等徐达救援时,将其一举歼灭。徐达洞察了王保保的意图之后,果断地将计就计,他派了一支部队在兰州迷惑王保保,自己则率领主力扑向了定西的王保保,一举将对方军队彻底击溃。元朝的残余势力再也无力反扑了。

▶皇帝的金冠

魏国公徐达

据《明史》记载,徐达是朱元璋老乡,22岁参加郭子兴部起义,跟随朱元璋南略定远,下和州,渡长江,拔采石,与陈友谅大战鄱阳湖。后活捉张士诚,北征元兵,为朱元璋统一中国立下赫赫战功。

徐达是明代开国第一武将,生前封公,死后封王;对朱元璋极为恭谨,在外交战,每策必报朱元璋。朱元璋以其功高谋深,命其便宜行事。但在晚年徐达亦不能躲过朱元璋的猜忌,对他的死,传说为徐达背部脓肿,朱元璋送去烧鹅,徐达终于知道朱元璋赐其死之心,长叹一声,自杀而亡。

第十一章
明代

明朝建立后,朱元璋为巩固政权,命徐达、常遇春等大将北伐蒙元,攻占大都(北京),元顺帝北逃,元朝在中原近百年的统治宣告结束。成祖即位之后,武功昌盛,先是出击安南,后又亲自五入漠北攻打蒙古以绝后患。公元1449年明英宗轻率发兵,发生"土木堡之变",永乐朝以来的军事优势遭到破坏,并使国力大损,但景泰皇帝任用于谦击败瓦剌,取得了北京保卫战的胜利。正德、嘉靖朝开始,大明王朝逐渐衰退,阶级矛盾和统治集团内部矛盾加深至崇祯年间,人民纷纷揭竿而起,后金汗国的军队也突破长城防线,五入关内。公元1644年,陕西榆林人李自成率军攻占北京,崇祯帝自缢,明朝在全国统治宣告结束。

明代战争类型之多是以往历朝历代少见的,大体可分如下几种类型。

一是农民起义和农民战争。明朝是在农民战争中建立起来的封建帝国,最后又是被农民战争所推翻而结束其封建统治的。

二是统一战争。以朱元璋称吴王为标志,其政权已由农民政权转化为封建政权。自此之后,他所进行的战争再也不是农民战争而是封建统一战争。

三是统治阶级内部的战争。这可分为两类:一类是统治阶级内部的政治集团反对朝廷的战争;一类是少数民族上层分子的叛乱。

四是民族战争。明王朝是一个以汉族为主体,由多个民族组成的国家。在这一多民族国家中,一些边疆民族上层集团为着自身的经济利益常常对内地人民进行武装劫掠,挑起战争。满族贵族开始时的袭扰战争也属于此类,但不包括明同后金的战争。

五是反对外敌入侵的战争。主要是反对倭寇入侵的战争。

朱棣亲征漠北之战

▲明成祖朱棣像

明成祖远征漠北之战，指的是永乐年间，明成祖朱棣分别于公元1410年、1414年、1422年、1423年、1424年五次亲征盘踞在漠北的北元残余势力鞑靼、瓦剌和兀良哈三个部落。明成祖朱棣采取攻抚兼施、各个击破的方略，有效地打击了蒙古贵族势力的侵扰破坏，保证了边境的安宁，促进社会经济的恢复和发展，进一步巩固中央政权的统治地位。

蒙古骑兵并非不堪一击

元顺帝逃往漠北后，在蒙古贵族支持下，又建立了北元。但由于内部互相残杀，很快就分裂成了鞑靼、瓦剌和兀良哈三个部落政权。三个部落之间经常互相残杀，并且还不时地侵扰大明王朝的边境，朱棣忍无可忍，决心起兵征讨。

公元1414年，明朝大军开赴边疆，于六月到达三峡口。朱棣经过严密的勘察，得知敌人就在附近，于是下令全军严阵以待。明军走到忽兰忽失温时，朱棣忽然望见前方尘土飞扬，原来答里巴和玛哈木共乘一辆战车，指挥人马杀了过来。朱棣立即让明军兵分三路冲入敌阵，然后以火炮助攻。蒙古骑兵并非不堪一击，他们骁勇善战，没让明军占到一点儿便宜。朱棣见到这个情况，就亲自带头杀进敌阵。明军将士一看皇帝亲自出马，士气大振，都奋力拼杀。玛哈木一败涂地，落荒而逃，朱棣带兵穷追猛打。最后在皇孙朱瞻基的劝阻下，朱棣才停止了追赶，下令回京。玛哈木遭受了重创后，只得向明朝俯首称臣。

▼紫禁城

一举捣毁了老巢

公元1422年,朱棣再次亲征蒙古。当朱棣亲率明军到达鸡鸣山时,阿鲁台已经往北逃窜,于是众将士建议大军深入敌后,给予敌人以致命一击。朱棣深知阿鲁台诡计多端,下令军队从开平出发,经过应昌,出其不意,直捣敌人的总部。六月,明军抵达应昌,阿鲁台看见大军前来,又继续逃跑。朱棣老谋深算地说:"他逃走不假,但是为了避免他使诈,我们应该烧毁他留下的军粮,然后转攻兀良哈三卫。"兀良哈三卫是明朝在东北设立的三个自治区,分为朵颜卫、泰宁卫和福余卫。

▲豹房勇士铜牌

阿鲁台到达兀良哈三卫后,三卫的首领都表示愿意助他一臂之力。这时,朱棣分析战况说:"阿鲁台此时逃之夭夭,恰好孤立了兀良哈,我们可以趁机将他一举击破。"随即明军兵分五路合围兀良哈。兀良哈带领数万人马来到屈裂儿河,结果不慎陷入了沼泽地,朱棣见势指挥骑兵杀了过去。兀良哈的部队乱了阵脚,顿时溃不成军。明军一鼓作气,一举捣毁了兀良哈的老巢,朱棣再次凯旋。

"阿鲁台实在太小看我了"

公元1423年7月,朱棣听说阿鲁台又带兵前来,于是大笑道:"阿鲁台以为我去年已经亲自出马,今年就不会亲征,他实在太小看我了。"说罢朱棣又兴师动众,开始了第四次亲征。明军走到半路,忽然遇到阿鲁台的部下前来投降,并得知阿鲁台已经被瓦剌部落打败,正四处溃逃。朱棣命令大军继续前进,明军到达上庄堡时,鞑靼王子也先土干率众前来投降。朱棣大喜,当即封也先土干为忠勇王,赐名"金忠",随后带军南归。公元1424年7月,朱棣在第五次远征途中,病死在榆木川,漠北之战也随之结束。

▼《平番得胜图》

于谦保卫北京之战

公元1449年，瓦剌蒙古率军南犯。于谦临危受命，亲自指挥数十万军民进行了垂范青史的北京保卫战。于谦因处危不惊、指挥若定的气度而名满天下。此战不仅加强了京师部队的战斗力，组成了一支战斗力较强的机动兵力，使瓦剌军不敢窥视京师，而且还促进了边防建设，使明王朝的统治得到了进一步的加强。

◀ 于谦

京城是国家的根本

明朝50万大军在土木堡全线崩溃，明英宗也被俘虏，消息传到北京，太后和皇后从宫里内库拣出大量金银珍宝，偷偷派太监带着财宝去寻找瓦剌军，想把英宗赎回来。从土木堡逃出来的伤兵，陆续在北京街道出现了。京城里人心惶惶，谁也不知道皇帝下落怎样。为了安定人心，皇太后宣布由郕王朱祁钰代理皇帝的职权，并且召集大臣，商量怎么对付瓦剌。大臣们也不知怎么办才好。大臣徐有贞说："瓦剌兵强，怎么也抵挡不住。我考察天象，京城将遭到大难，不如逃到南方去，暂时避一下再作打算。"兵部侍郎于谦神情严肃地向皇太后和郕王说："谁主张逃跑的，应该砍头。京城是国家的根本，如果朝廷一撤出，大势就完了。大家难道忘了南宋的教训吗？"于谦的主张得到许多大臣的支持，太后决定叫于谦负责指挥军民守城。

▼ 明代军官装束

挟持皇帝做人质

在京城面临危急的时刻，于谦毅然担负起守城的重任。他一面加紧调兵遣将，加强京城和附近关口的防御兵力；一面整顿内部，逮捕了一批瓦剌军的奸细。一天，监国的郕王朱祁钰上朝时，大臣们纷纷要求宣布王振罪状。朱祁钰不敢做主。有个宦官马顺，是王振的同党，见大臣们不肯退朝，就要把大臣赶跑。这下激怒了大臣，一起把马顺打死了。朱祁钰见到朝堂大乱，想躲进内宫，于谦拦住他说："王振是这次战争失败的罪魁祸首，不惩办不能平民愤。您只要宣布王振罪状，大臣们就心安了。"朱祁钰听了于谦的话，下令抄了王振的家，惩办了一些王振的同党，人心渐渐安定下来。

瓦剌首领也先俘虏了明英宗，没把他杀死，却挟持着英宗当人质，不断骚扰边境。于谦等大臣请太后正式宣布让朱祁钰做皇帝，被俘虏的明英宗改称太上皇。朱祁钰这才即位称帝，这就是明代宗。

◀ 明英宗

有进无退的决心

也先知道明朝决心抵抗瓦剌，就以送明英宗回朝为借口，大举进犯北京。瓦剌军很快打到北京城下，在西直门外扎下营寨。于谦立刻召集将领商量对策。大将石亨认为明军兵力弱，主张把军队撤进城里，然后把各道城门关闭起来防守，日子一久，也许瓦剌会自动退兵。

于谦说："敌人这样嚣张。如果我们向他们示弱，只会助长他们的气焰。我们一定要主动出击。"接着，他分派将领带兵出城，在京城九门外摆开阵势。于谦把各路人马布置好后，就亲自率领一支人马驻守在德胜门外，叫城里的守将把城门全部关闭起来，表示有进无退的决心。并且下了一道军令：将领上阵，丢了队伍带头后退的，就斩将领；兵士不听将领指挥，临阵脱逃的，由后队将士督斩。

将士们被于谦的勇敢坚定折服了，士气振奋，斗志昂扬，下决心拼死保卫北京。这时候，各地的明军接到朝廷的命令，也陆续开到北京支援。城外的明军增加到20多万人。也先发动几次进攻，都遭到明军奋勇阻击。城外的百姓也配合明军，跳上屋顶墙头，用砖瓦投掷敌人。也先遭到严重损失，又怕退路被明军截断，不敢再战，就带着明英宗和残兵败将撤退。北京城保卫战，最终取得了辉煌的胜利。

▼ 于谦《题公中塔图赞》

戚继光仙游抗倭之战

仙游之战，是明军在抗倭的斗争中，由福建总兵戚继光指挥明军解围仙游，击败倭寇的城邑争夺战，是继平海卫大捷之后，明军戚继光部取得的又一次重大胜利。戚继光抗倭斗争的连续胜利，沉重打击了倭寇的嚣张气焰，保护了人民生命财产的安全，使东南沿海的倭患，基本得到平息。

用祷告防止倭寇侵犯

明世宗时，有一批日本的海盗经常在我国东南沿海一带骚扰。他们和中国的土豪、奸商勾结，到处抢掠财物，杀害百姓，闹得沿海不得安宁。历史上把这些海盗叫作"倭寇"。

公元1563年10月，倭寇发动了新的攻势，不断加强对仙游的围攻。由于倭寇的侵略越来越严重，使躲在深宫里的明世宗坐立不安。他叫内阁首辅严嵩想办法对付。严嵩的同党赵文华想出一个主意，说要解决倭寇侵犯，只有向东海祷告，求海神爷保佑。明世宗居然相信赵文华的鬼话，叫他到浙江去祷告海神。可是这样的做法非但没有使倭寇退去，仙游城反而愈加危险了。直到这时，皇上才想到了大名鼎鼎的戚继光，于是派他前去守卫仙游城，打击倭寇。

▲戚继光

当时仙游城的守将是陈大有，在他的率领下，守城军民拼死抗击倭寇。倭寇几次强攻难以得手，于是倭寇改变了策略，企图进行诱降。守城官兵根据戚继光的要求，一面同敌谈判周旋，拖延和争取时间，一面抓紧时间，构筑土城等城防工事，改进和制造流星、飞钩等防御器械，加强防御。这样，到了十二月，倭寇因无力长期围困，就开始了

▼明军使用冷兵器图

▲《抗倭图卷》（这是反映明嘉靖年间，浙江沿海军民抗击倭寇侵扰的历史画卷。画面从海面出现倭寇船只开始，由倭寇登陆、烧杀抢掠、居民避难、明军出阵、水上激战、倭寇被歼、报告胜利等组画面组成。）

大规模的攻城行动。戚继光率领官兵赶到了城下，虽然人数很少，但戚家军个个争先，奋勇冲进敌阵，烧敌云梯，配合城内将士与倭寇拼杀。倭寇误以为援军赶到，于是停止了攻城。

利用大雾的掩护逼近了倭寇堡垒

十二月下旬，回浙江轮休的官兵约6000人返回福建，抵达仙游以东的沙园。戚继光得到援军后，认为要歼灭1万多人的倭寇，明军在兵力对比上并不占优势，很难向倭寇发起全面的攻势。但倭寇的四个堡垒之间有一定距离，相互之间协同并不是很容易，因此可以采取各个击破的战术，一个一个地进行攻占，这样就可以积小胜为大胜，打败倭寇。经过周密的计划，戚继光决定先以主力攻打倭寇南垒，得手后再分兵攻打东西二垒，最后解除倭寇对仙游的围困。

二十五日，明军各部开始行动。这一天大雾弥漫，明军各路人马利用大雾的掩护向倭寇营地逼近，快到城下，才被倭寇发觉。此时倭寇正在攻城，见明军直冲南垒，倭寇攻城部队只好放弃攻城，掉过头对付戚家军。戚家军奋力拼杀，倭寇大败，逃到了南垒。戚家军立即包围倭寇堡垒，拔掉木栅，放火焚烧。倭寇当时就被烧死数百人，其余倭寇只得逃奔东垒。戚家军从两翼夹击东垒倭寇。与此同时，戚家军向东、西二垒也发起了猛烈攻击，两垒先后被毁，杀死倭寇1000余人，其余倭寇逃奔北垒。戚继光亲自带领人马向北追击，攻破了北垒，粉碎了倭寇对仙游的围困。剩下的倭寇见明军连拔四垒，进入了仙游，就都逃到泉州去了。从此，东南沿海的倭患，基本得到平息。

> **戚继光与戚家军**
>
> 戚继光（1528—1587）是明代著名将领。明朝中期，日本武士、商人和海盗经常骚扰沿海地区，是为倭寇。沿海人民饱受威胁。戚继光精选4000余名农民和矿工，训练成一支军纪严明的劲旅，史称"戚家军"。戚家军既能陆战又能海战，巡游东西，转战在东南沿海的海面上。他们作战勇猛，所向披靡，使倭寇闻风丧胆，几无立足之地。戚继光戎马生涯40多年，智勇兼备，多谋善断，练兵有方，指挥戚家军"飚发电举，屡摧大寇"，在东南沿海扫灭倭寇，廓清海疆，成为雄峙大海的不朽军魂，牢固地守卫着中国的沿海边疆。

萨尔浒之战

公元1619年发生的萨尔浒之战，是明朝与后金政权在辽东地区进行的一场具有决定意义的战略会战。这场战争从开始到结束，只有4天时间，却改变了辽东的战略态势。杨镐率领的10万明军损失过半，文武将官死了300多人。萨尔浒之战后，不仅使辽东局势出现危机，而且动摇了明朝对辽东的统治。

▲努尔哈赤

"管他几路来，我就是一路去"

努尔哈赤统一女真，建立后金后，又花了两年多时间整顿内部，发展生产，扩大兵力。公元1618年，努尔哈赤召集八旗首领和将士誓师，宣布跟明朝有七件事结下了冤仇，叫作"七大恨"。为了报仇雪恨，决定起兵征伐明朝。努尔哈赤亲自率领2万人马进攻抚顺。守将李永芳一看后金军来势凶猛，没有抵抗就投降了，明朝的辽东巡抚派兵救援抚顺，也被后金军队在半路上打垮。努尔哈赤攻陷抚顺城后，带着大批战利品回到赫图阿拉。

消息传到北京，明神宗大怒，决定派杨镐为辽东经略，讨伐后金。杨镐七拼八凑，集中了10万人马。此时的后金兵力，合起来只有6万人。一些后金将士得知明军的兵力数量比自己多，不免有些害怕。努尔哈赤却胸有成竹地说："别怕，管他几路来，我就是一路去。"经过侦察，努尔哈赤得知杜松率领的中路左翼是明军主力，已经从抚顺出发打了过来，他就集中兵力，准备消灭杜松部。杜松是一员身经百战的名将。从抚顺出发的时候，天正下着大雪，杜松想争功灭敌，所以不顾气候恶劣，带兵冒雪行军。他先攻占了萨尔浒（今辽宁抚顺东）山口，接着分兵两路，把一半兵力留在萨尔浒扎营，自己带了另一半精兵攻打后金的界藩城。

努尔哈赤一看杜松分散了兵力，就集中八旗主力，攻下了萨尔浒明军大营，截断了杜松后路。接着，又急行军援救界藩。正在攻打界藩的明军，听到后路被断，军心动摇。驻守在界藩的后金军从山上居高临下地压下来，把杜松军杀得七零八落。努尔哈赤率领大军赶到，围住了明军。杜松左右冲杀想要突围，却被乱箭射死。而他带领的部下也被杀得尸横遍野，一路人马就这样全覆灭了。

◀萨尔浒之战碑

漫山遍谷都是后金伏兵

明军的另一路人马从开原出兵，刚刚到离开萨尔浒20千米的地方，得到杜松兵败的消息，吓得急忙转攻为守，就地依山，扎下营垒，挖了三层壕沟，准备防守。努尔哈赤率军从界藩马不停蹄地赶来，攻破了明军营垒。明军主帅马林仓皇逃走，回到了开原，第二路明军又被打散了。坐镇沈阳的杨镐，正在等待各路明军的捷报，哪想到一连两天接到的竟是两路人马覆灭的坏消息。他这才知道努尔哈赤很难对付，急忙派快马传令另外两路明军立刻停止进军。

辽东总兵李如柏本来胆小，行动也特别迟缓，接到杨镐命令，急忙撤退。山上巡逻的20多名后金哨兵远远望见明军撤退，大声鼓噪，明军兵士以为后面有大批追兵，争先恐后地逃跑，

▲努尔哈赤统一女真后，建立八旗制。图为八旗军服

自相践踏伤亡严重。剩下的一路明军由刘铤带领，努尔哈赤知道刘铤骁勇，不能光靠拼硬仗。他选了一个投降过来的明兵，叫他冒充杜松部下，送信给刘铤，说杜松军已经到赫图阿拉城下，只等刘铤军去会师攻城。

刘铤没接到杨镐命令，不知道杜松军已经覆灭，信以为真，他怕让杜松独得头功，下令火速进军。刘铤带兵走了一阵，忽然杀声四起，漫山遍谷的后金伏兵，向明军杀来。努尔哈赤这时又派了一支后金兵穿着明军衣甲，打着明军旗帜，装扮成杜松军前来接应。刘铤毫不怀疑，把人马带进包围圈里。后金军里应外合，四面夹击，明军阵势大乱。刘铤虽然勇猛，但是毕竟寡不敌众，战死在混战中。萨尔浒之战后，明朝大伤元气，从那以后，后金就成了明朝最大的威胁。

▼大政殿（是努尔哈赤占领沈阳后兴建的皇宫中最早的建筑，是努尔哈赤举行军政大典的地方。）

宁远之战

努尔哈赤征战二十多年，从来都是战无不胜，攻无不克。但他却在宁远这座四面无援的孤城下败退了。在此战中，明将袁崇焕悉心备战，勇敢善战，坚定抗战，以不足2万人打退了13万的后金军，鼓舞了明军的士气，巩固了明在辽西走廊的防线，为此后与后金军争夺辽西走廊打下了良好的基础。这一战也是明军与后金军八年作战中唯一的一次大的胜利。

▲袁崇焕像

沟通关内和关外的通道

萨尔浒之战以后，辽东明军已无力再发动进攻，不得不改取守势。后金军则乘胜进攻，先后攻占了沈阳、辽阳、广宁。广宁的失陷，使明金战线已从辽河东岸转向了辽西走廊。辽西走廊，是一个阻山绝海的狭长地带，是沟通关内和关外的通道。因此，对辽西走廊是弃还是守，将直接影响明朝抗击后金的全局。

广宁失守消息传到了都城北京，明廷上下一片慌乱，究竟是在山海关外抵抗后金，还是退守关内？这两种主张在大臣中间议而不决。明熹宗任命兵部侍郎王在晋为辽东经略，具体指挥辽西走廊地区的战事，王在晋到任后，缩短了防御战线，只把守山海关。这一放弃辽西走廊的主张，遭到了他的部下袁崇焕等人的反对。袁崇焕上疏朝廷，请朝廷改变消极防御的策略。兵部尚书孙承宗更是请求熹宗，希望亲自出关，考察实地情况。经考察孙承宗认为应该重点把守关外。回京后，孙承宗面奏皇上，认为王在晋不能担当大任。于是熹宗将王在晋免职，而让孙承宗接替了他的职务。

▼明朝长城卫兵腰牌（长城的防卫非常严谨，凡守卫长城的卫兵均需要腰悬信牌，这是他们出入的凭证。无牌或把信牌借给他人均属违法，需依法论罪。）

配置了威力巨大的西洋火炮

通过上次的实地考察，孙承宗已经确定了明军的防御部署。他坚持守关外以屏蔽关内的方针，派袁崇焕和金冠分别防守宁远城和觉华岛，形成了水陆配合屏障山海关的防御体系。经过孙承宗四年的努力，关外的防线已逐步推进到锦州一带，这使辽东的防务渐渐巩固起来。

袁崇焕深知守卫宁远城的责任重大，所以率兵进抵宁远后，倾注全力修筑守城工事。按照他的要求，宁远城墙筑成三丈二尺高，二丈四尺宽，地基用了7

层基石,中间用土筑打坚实,外层用砖石包砌,缝隙灌满了灰浆。宁远城筑成以后,配置了包括威力巨大的西洋火炮等各种火器、炮石。宁远已成为关外一个相当坚固的军事重镇。

孙承宗督辽有方,却引起了以魏忠贤为首的宦官集团的忌恨和攻讦。明廷不但不支持孙承宗,相反竟听信了宦官的谗言将他罢免,而让懦弱无能的高第接任辽东经略一职。高第认为关外必不可守,下令撤掉锦州、塔山、宁远等要点守备。在袁崇焕的坚决反对下,才不得不留袁崇焕守卫宁远孤城。

▲袁崇焕题写的聚奎塔匾额

谁也不敢靠近城墙

努尔哈赤攻占了辽河东西广大地区后,于公元1625年3月,迁都到了沈阳,并改沈阳为盛京。第二年,努尔哈赤听到明朝辽东前线换了主帅,又自动向关内撤军,就全力进攻宁远,企图打通辽西走廊,夺取山海关。袁崇焕得知努尔哈赤率大军西进的消息后,向守城将领申明,要"与此城共存亡",他用佩剑刺破皮肉,以鲜血写成血书,激励全城军民,并向全体将士下拜,表示抗敌的决心。这使全城将士大受感动,都表示愿意誓死守卫宁远城。

公元1626年正月二十三日,努尔哈赤大军越过宁远城5里扎下营寨,截断了宁远与山海关的联系,企图全歼宁远守军。二十四日,后金的骑兵、步兵、牌车、勾梯一拥而上。袁崇焕亲自指挥明军,张弓射箭,发射各种火器。特别是西洋大炮,只要击中敌军牌车,必定将其炸得粉碎。由于两门炮之间有一些射击死角,后金士兵在牌车的掩护下,靠近了城墙,凿出了几个二丈多的大洞,形势十分危急。这时,明军将火把、火球一齐扔向凿城敌军,并用铁索系着浇过油的柴草,将牌车烧毁。躲在后面的后金兵全都被烧死,城下堆满了后金兵的尸体。后金军的进攻暂时被打退了。第二天,努尔哈赤再次组织攻城,这次后金军的士气已大不如前,虽然有持刀的首领在后面督战,但后金兵都不敢接近城墙。努尔哈赤只得下令退兵。宁远之战以明军胜利、后金军大败而结束。

◀宁远城遗址

松锦之战

松锦之战，是清军在松山、锦州地区与明军进行的战略决战，是大清帝国与大明帝国之间的最后一次殊死会战。此役清军采取了围城打援战法，歼灭洪承畴援锦大军，夺占辽西锦州、松山、杏山、塔山四城，取得决战的胜利。此战使明军的辽东精锐损失殆尽，宁远、锦州防线彻底崩溃，清入关夺权已成必然之势。

▶皇太极像

锦州陷入了真正的危机

皇太极以筑城义州为开端，开始实施对锦州的持久围困。他先后派和硕郑亲王济尔哈朗与多铎率兵围困锦州，随后，又加派和硕睿亲王多尔衮轮番围城，以期达到长围久困之效。

这种围城和攻坚对于双方都不是一件轻松的事情。当时，大明方面的锦州主将是名将祖大寿，在他的指挥下，锦州城防守严密，粮饷充足，致使清军打得十分艰苦。甚至一度被包围的明军尚未动摇，围城的清军反而粮草不继，逼得清军前敌主帅多尔衮为防备城中的明军突然冲杀出来无法收拾，不得不下令全军后退30里，以便兵有吃、马有草，并命令军中将领带部下分批回沈阳休整。这就在事实上解除了对锦州的包围。皇太极知道后，极为震怒，下令严厉处置。多尔衮根据大清家法，自请死罪。最后，皇太极下令削去多尔衮的和硕睿亲王爵位，降为郡王，罚一万两白银，夺两牛录处分。随后，皇太极的命令被迅速执行，锦州城外被清军加筑了一道围城，与杏山、松山、宁远的联系被阻隔掐断，锦州成了孤城，陷入了真正的危机之中。

崇祯皇帝接到祖大寿的求援报告后，命令洪承畴前去救援，解锦州之围。洪承畴提

◀调兵信牌（木质，长20.3厘米，宽31.2厘米。为皇太极统一东北各部时使用的调兵信牌，牌中间汉字为"宽温仁圣皇帝信牌"。）

出，若没有15万兵马，没有足够一年的粮饷，则根本不能谈战守之事。崇祯皇帝同意洪承畴的见解，按照洪承畴的要求，为他调集军马钱粮。

公元1641年，即大明崇祯十四年、大清崇德六年，洪承畴率领从全国各战区调来的8员大将、13万人马出山海关，赴宁远，并以此地为前进基地，向松山、杏山推进，志在解锦州之围。

明军失去了粮道

洪承畴的战略指导思想是稳扎稳打、步步为营，一步步向前推进，最后与锦州连成一气，内外呼应，一举击败清军。由于战略得当，清军多次发起大规模的攻击，均告失利。然而在大好的局面下，崇祯帝错误地分析了形势，密令洪承畴必须在限定的时间内大举进攻，消灭清军。洪承畴不敢冒违旨抗上的风险，只能奉命而行。皇太极在得到这个消息后，大胆分兵，一路大军在松山与杏山之间，由山至海，将大路拦腰截断，致使两地之间的饷道和信息完全被阻断；另派一路部队袭击明军驻在塔山的护粮部队，致使明军的粮草基地落入清军之手。这两个部署使双方形势立即发生了逆转，明军只能收缩部队，背靠松山城列阵。

八月二十一日深夜，没有退路的明军果然按照皇太极的设想向宁远突围。起初，各军轮番殿后，秩序井然。但由于连日战守失措，使部队心慌意乱，行军至半路时，一路大军统帅率先夺路狂奔，终于导致了全军大乱，争先奔逃。皇太极趁机起兵到处截杀，明军全线崩溃。吴三桂等大将仅仅带领着很小一部分兵力，艰难突围成功，逃进了宁远城。而洪承畴等不到一万人则被拦截在松山城中，明军阵亡五万三千余人，遗弃的枪炮火器则数以万计，4位大将下落不明。

副将夏承德，不甘心坐以待毙，偷偷地派人潜入城外向清军投降，并约好时间与清军里应外合。二十八日夜里，清军应约攻城，由南城墙登梯而入，最终攻破了松山城。第二天早晨，夏承德又带领部队生擒洪承畴及巡抚丘民仰、总兵王廷相、曹变蛟、祖大乐等明朝将领。然后进行全城大搜杀，皇太极下令把洪承畴及祖大乐等送往沈阳，将松山城夷为平地。攻破松山城后，清军集中攻打锦州。祖大寿在战守力竭的情况下，也开城投降了。至此，持续2年多的松锦之战以明军彻底失败而告终。

八旗制度

八旗制度最初源于满洲人的狩猎组织。结伴而行的狩猎活动因人数增多而须统一指挥，其指挥者称为牛录额真，这个多人集体即称为牛录。女真人在对外防御与征伐过程中采取了以牛录额真统领牛录的组织形式，从而牛录组织具有了军事职能。为便于统一指挥大规模的围猎或作战，需将若干个牛录组成一个更大的单位，以旗帜为标志作导引而不使方位错乱。旗帜在满语中称为"固山"，因而这个高于牛录的最大的单位即称为固山，汉语称"旗"。

1601年，努尔哈赤整顿编制，规定300人为一牛录，5牛录为一甲喇，5甲喇为一固山，分别以牛录额真、甲喇额真、固山额真为首领。初置黄、白、红、蓝4色旗，编成四旗。1615年增设镶黄、镶白、镶红、镶蓝4旗，八旗之制确立。满洲社会实行八旗制度，丁壮战时皆兵，平时皆民，使其军队具有极强的战斗力。

李自成朱仙镇会战

▲李自成像

朱仙镇会战,是一场具有决定意义的战役。明末农民起义军在攻打开封之战中,随机应变,改为围城打援的办法,运用避敌之锐、懈敌之志、乘敌之蔽的战术,一举歼灭了明军的主力,进而为夺取中原奠定了胜利的基础。朱仙镇会战后,明王朝在河南的统治,更是日暮穷途,不可终日,而起义军以高屋建瓴之势,迅速扫荡着大江以北、黄河上下大明王朝的残余势力。

筑炮台,挖深沟,宿精兵

公元1642年3月,李自成转战在豫东,与号称小袁营的20万农民起义军会合。罗汝才起义军也加入到了李自成的队伍。自此,李自成起义军"众逾百万"所向披靡,无往不胜。克太康,占睢州,下宁陵,破考城,二十八日拿下豫东重镇归德,接着,又连续夺取仪封、杞县、柘城、虞城等地。在节节胜利的基础上,李自成于四月二十三日,统率百万雄师,第三次攻打开封。

崇祯皇帝听到李自成起义军又把开封包围起来,就接二连三地发布命令,从全国各地调兵遣将,援救开封。他任命兵部尚书侯恂亲自到河南督战,命令接替汪琴年总督陕西军务的孙传庭赶快赴援,又下令在河南的兵部右侍郎丁启睿、保定总督杨文岳,还有总兵左良玉等,立即率军进援开封。在明朝政府这种精心策划下,丁启睿、杨文岳和左良玉纠集了20万兵马和1万辆炮车,向开封急进。六月下旬,到达了朱仙镇。

朱仙镇在开封城西南,离城二十多千米,地处水陆交通要冲,是开封的重要门户。李自成非常重视这个战略要地。所以,当李自成得知明军向朱仙镇聚集的时候,立刻作了相应的部署。只留下一小部分兵马,继续围困开封,牵制城内守敌,不让敌军与其援兵会合。他

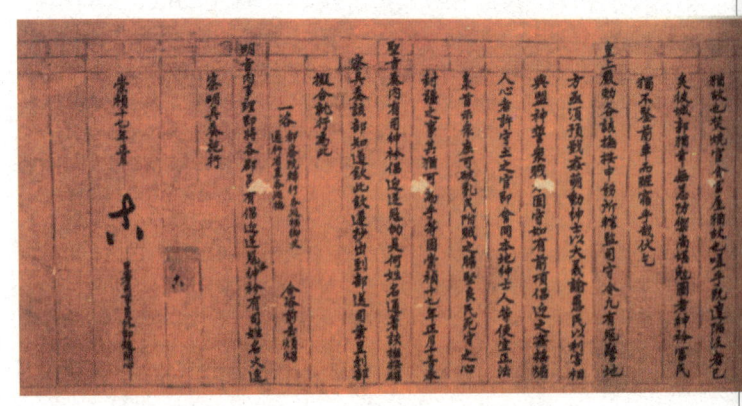

自己亲率主力，迅速占领朱仙镇南高阜，并且在朱仙镇西南构筑炮台，台下挖深沟，各宿精兵，同时，为了拦截敌军，切断敌人的粮运，在朱仙镇东南交通线上挖掘长达百里的壕沟。李自成命令全军将士，加强防守，时刻作好战斗准备，等待时机，痛歼来犯之敌。

交战两日就没有火药了

会战开始后，保定总督杨文岳，依靠所拥有的一万辆炮车、火器等优良装备，发起了疯狂进攻。这时正当伏天，由于起义军堵截了贾鲁河上游水源，又切断了明军的粮运，所以交战两日后，明军就断水缺粮，火药也不能保证供给。他们寄希望于开封守敌出城配合，哪知开封守敌也处于自身难保的窘境。杨文岳得不到开封守敌的救援，军心慌乱，士气越发低落。主帅丁启睿看到起义军发起猛烈反击，拼命督促诸将率军出战，诸将不听调遣，各有自己的盘算。左良玉在镇东南同起义军对打五昼夜，感到支撑不了，就下令退兵，步兵在前，骑兵断后，妄图溜掉。

左良玉兵马十余万，是明朝军队中的骨干力量，也是这次会战中明军方面的主力。只要把他打败了，其他各路明军，也就不难击破。为了歼灭左良玉的部队，李自成审时度势，运用了避敌之锐、懈敌之志、乘敌之蔽的战术，命令全军将士，对于正在撤退的左良玉暂时不予阻击，遇到退在前面的步兵只作一些有利有节的出击，造成敌军错觉，促其迅速撤退，以消耗和疲惫敌人，待左良玉主力撤退后，出敌不意地从背后发起冲击，打个措手不及。同时，派遣精锐部队绕道迅速插向逃跑的敌人前面，进行堵截。

左良玉且战且退，就在他以为可以溜之大吉，保存实力之时，李自成统率大军，从他的背后，以闪电般的速度，发起猛烈追击；前面的阻击部队，也奋起进行截杀。左良玉的军队，眼望前后尽是起义军的旌旗和战马奋不顾身冲杀过来，顷刻之间，阵营大乱，争先逃跑。面临起义军已挖好的深沟长堑，大队人马，前后拥挤，互相践踏，狼藉的尸体填平了壕沟，各种武器辎重遍地都是。左良玉也仅仅带领着少量人马从朱仙镇逃回襄阳。紧接着，丁启睿、虎大威、杨文岳等各路明军，也相继溃退，东奔西逃。最终，这场规模巨大的朱仙镇会战，以明军的一败涂地而告结束。

▶大顺通宝　永昌通宝（李自成在西安称帝，建国号曰"大顺"，建元曰"永昌"，改六部为政府，设局铸造钱币名曰"永昌通宝"。）

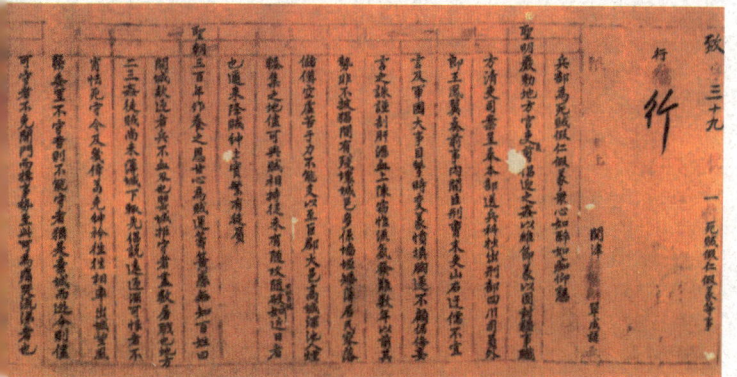

◀兵部报告李自成活动情况行稿　明

山海关之战

李自成攻占北京后,没有看到关外清军日益逼近的危险,对山海关这个战略要地,也没有派得力的将领和重兵去占领,以致在吴三桂降清并联合清军进攻时,准备不足;指挥失当。山海关一战,不但未能消灭吴三桂,反而遭到清军突袭,形势也急转直下,最后在清军的围剿下失败。

虎视眈眈的皇太极

吴三桂是明朝驻守宁远的总兵,当李自成农民军进入北京后,他奉命舍弃宁远,率领4万精兵入京救主。在回京的路上,吴三桂听说北京已经失陷,因为他的所有财产、父亲、爱妾都在北京,所以吴三桂不敢贸然行动,就返回到山海关,准备见机行事。李自成进京派遣降将唐通携带重金财物,前往山海关招降吴三桂。吴三桂本来愿意接受招降,他将山海关交给了农民军把守,自己则带兵进京朝见李自成。但是,在路上他听到自己的家产被抄,家人被抓的消息后,顿时怒火冲天,立即又率部杀回了山海关,击败了守关的农民军,占领了关城。吴三桂写信给清摄政王多尔衮,企图勾结清军入关,联合镇压农民军。

▲吴三桂

清廷实际早就在打吴三桂的主意,松锦战后,皇太极就曾多次劝说吴三桂投降,李自成占领北京后,清廷更是虎视眈眈地注视着中原的变化。恰在此时,吴三桂请求清兵入关,多尔衮大喜。但多尔衮深知吴三桂现在的处境困难,就向他提出了先要归降才能出兵的条件。吴三桂接受了清军的条件,甘心做清军的马前卒,消灭农民起义军。

▼山海关城楼

亲自迎接新主子

李自成获悉吴三桂袭击山海关的消息后,立刻推迟了称帝的时间,决定亲征吴三桂。公元1644年4月13日,李自成率领大军出征。为了挟制吴三桂,农民军还带上了吴三桂的父亲吴襄。李自成出发后,继续调兵遣将,另外还派出了唐通的2万人马,

▲长城实景

绕出关外,准备与自己的主力从南北两个方向夹击吴三桂。农民军到达山海关后,吴三桂已在西石河岸摆开阵势,双方展开激战。农民军虽英勇奋战,但是因为敌人的炮火猛烈,所以久攻不下,双方处于胶着状态。这时,清军已来到山海关外,并将唐通率领的起义军击退,解除了吴三桂的后顾之忧。吴三桂听到清军已到,急忙亲自出关迎接,他见到了新主子多尔衮,带领着清军分别从南水关、北水关、关中门进入关内。清朝几代统治者梦寐以求的进关就这样不损一兵一卒变成了现实。于是农民军抗击清吴联军的一场激战便在山海关前展开了。

发现了清军的骑兵主力

李自成在关内将10万农民军摆成一字长蛇阵,而多尔衮则采取了集中兵力对付农民军的办法,他命令联军按吴三桂军、清军的顺序,重点进攻农民军长蛇阵的尾端,为了保存清军的实力,他要求在后面的清军不能越过吴三桂的部队。作为先锋的吴三桂首先对农民军发起了攻击,农民军则从两侧包围了吴三桂,吴三桂数次突围均没有得逞。双方经过激战,都受到了巨大消耗。这时,多尔衮才下令埋伏在后面的清军主力突然出动,向农民军发起猛烈进攻。农民军遭此突然袭击,顿时发生混乱。正在指挥作战的李自成,突然发现清军的骑兵冲杀过来,因为没有作出预先准备,所以措手不及。他眼看着清军就要杀到跟前,就率先撤退了。农民军因无人统领,全军溃散而败。李自成退回北京后,清军与吴三桂跟踪而至,局势十分危急。在清军和吴三桂的不断进攻下,李自成决定放弃北京,四月二十九日,李自成匆忙称帝,第二天就撤离了北京。

▶山海关镇炮(山海关依山临海,形势险要。1644年4月,吴三桂引清军入山海关,击败李自成,清军由此进入中原。)

第十二章
清代

顺治至康熙前期，满清定鼎北京，从割据一隅的地方政权变成为君临天下的中央政权。为真正实现对全国的统治，清王朝开始实施统一全国的战略计划。清王朝根据统治全国的新形势，组建绿营兵，并在改造、完善八旗军制等关外时期形成的军事制度的同时，在明代军事制度的基础上，制定出一套适应多民族统一国家的军事制度。

康熙中期至乾隆中期，清王朝在完成统一并巩固了政权之后，即着手经营边疆，巩固和发展了多民族统一的国家。随着国家主权和领土意识的加强，清王朝采取一系列措施，加强边防建设。

乾隆后期至道光中期，清王朝由盛转衰，阶级矛盾和民族矛盾日趋尖锐，从而引发一系列各族人民的反清起义。自王伦起义拉开起义战争的序幕之后，起义规模一次比一次大，持续时间一次比一次长，地域一次比一次广。

19世纪上半叶，英国开始大量向中国贩售鸦片，最终导致1840年中英鸦片战争的爆发。鸦片战争失败后，西方列强开始入侵，迫使清政府与其缔结一系列不平等条约。由于人民的负担逐年加重，因此引发了一系列的反抗运动，大规模的太平天国运动一度对清朝的统治构成了严重挑战。公元1911年10月，武昌起义爆发，各省随后纷纷宣布独立，清朝的统治开始走向瓦解。

清军进军大西南之战

爆发于公元1657至公元1659年的清军进军大西南之战,是清朝初期,清廷、南明政权及农民起义军三大军事政治势力斗争的最后关头的决定性作战。此战,清军在全面掌握了南明政权及农民起义军情况的基础上,采取了多路并进的战法,取得了胜利。清廷的最后胜利,标志着清廷彻底夺取了全国政权,建立起了稳定的满汉蒙地主阶级的统治地位。

把抗清重任抛于脑后

清军入关后,清朝统治者实行圈地、剃发、掠人为奴等制度,使汉族人民深受其害,各地人民坚决反抗,抗清斗争此起彼伏。

公元1651年,在清军的大举反攻下,明永历政权,大顺、大西军余部退守云、贵、川、黔、桂等地区。迫于抗清形势的需要,三大势力形成统一阵线,联合抗清。在各地农民军的强有力支持下,东征北伐进展十分顺利,收复了大片土地,一度出现了复明希望。但是,永历小朝廷同明朝后期政权一样昏庸、腐败无能,无宏大志向,只苟安偷生。朝廷内部,除少数坚决抗清,谋图复明大业外,多数以抗清作资本,为个人或小集体谋利。

大西军领袖张献忠牺牲后,余部十几万人由李定国、孙可望、刘文秀、艾能奇等"四将军"领导。西南抗清联合阵线成立后,李定国战功显赫,颇得重用。孙可望顾忌李定国功高于己,在南明部分军官的挑拨下,把抗清重任抛于脑后,不择手段地阻挠和破坏李定国的抗清斗争。

公元1653年春,孙可望以"议事"为名,企图趁机除掉李定国的阴谋破产后,变本加厉,多次率兵攻打李定国,均以失败告终。公元1657年9月,孙可望在湖南宝庆向清军投降。

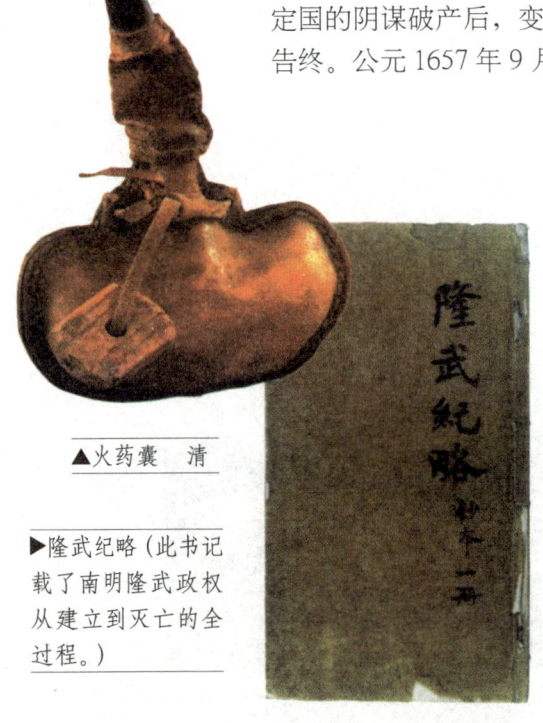

▲火药囊 清

▶隆武纪略(此书记载了南明隆武政权从建立到灭亡的全过程。)

灭明的时机到了

孙可望降清后,对抗清联合阵线和清朝双方的战略态势均产生了重大影响。抗清联合阵线由于孙可望的降清,失去了一定数量的军队和与清军周旋的战略地幅,直接三面临敌。

清军方面,孙可望降清之前,对待抗清联合阵线的作战方略是:守势为主,伺机反击;孙可望降清后,清朝掌握了抗清联合阵线的兵力及部署情况,掌握了云贵地区的作战地形,特别是清廷了解到内讧的情况后,认为"统兵进讨",消灭南明的时机到了。

公元1657年12月15日,清廷开始部署向抗清联合阵线的进攻方案。以固山额真罗托为宁南靖寇大将军,率兵由湖南西进;以平西王吴三桂为平西大将军,率兵由四川南进;以固山额真赵布泰为征南将军,率兵由广西北进,三路人马先合攻贵州,然后向云南发展。公元1658年正月初九,又命多罗信郡王多尼为安远靖寇大将军,率兵进攻云南。企图多路进攻、三面合围,一举消灭南明政权及农民起义军。

抗清联合阵线岌岌可危

永历小朝廷建立后,既无收复大明江山社稷的大志,又无治国安邦的雄才,只沉醉于奢侈淫逸、贪婪腐朽的生活。李定国虽掌握兵权,坚决抗清,但是受到党派争权的左右支配,也不能一心治军,导致军队装备不整,防御松弛。特别是在清军进攻态势面前,出现了作战指导上的错误,只派出了部分兵力守关防御,主力却忙于讨伐孙可望旧部。叛军虽除,但失去了贵州大部地区和广西部分地区,抗清联合阵线形势岌岌可危。

十月份,清军各路统帅会集贵州平越的杨老堡,研究制定出分兵三路进攻云南的计划,北路由吴三桂率兵从遵义向云南进攻,中路由多尼率兵从贵阳向云南进攻,南路由赵布泰率兵从都匀向云南进攻,由信郡王多尼担任总指挥。李定国闻讯后,急忙全力迎敌,但为时已晚,回天乏术。十二月十五日,永历帝朱由榔在李定国的护卫下仓皇南逃。公元1659年1月21日,在清军的穷追猛打下,永历帝朱由榔逃往缅甸。后来,缅甸迫于清军的强大压力,向清廷交出永历帝朱由榔。公元1662年4月,永历帝朱由榔在昆明被处死。同年六月,李定国悲愤交加,死于缅甸勐腊。

至此,南明政权坚持了近20年的抗清斗争基本结束。全国的明朝残余势力,除了东南沿海方向的郑成功外,基本被镇压下去。

▼尼堪墓碑(尼堪是清太祖第一子褚英的第三子,1649年中李定国埋伏毙命。)

郑成功收复台湾

公元1624年，荷兰殖民主义者侵占台湾。郑成功亲率大军对盘踞在台湾的侵略军发起强攻，最终迫使侵略军投降。至此，郑成功从荷兰侵略者手里收复了沦陷38年的我国神圣领土台湾。郑成功收复台湾的军事斗争，是中华民族反对外来侵略的成功尝试，通过这一斗争，驱逐了荷兰殖民者，维护了中华民族的利益，捍卫了中国主权和领土完整，因而具有极其重大的历史意义。

提水端茶，迎接亲人

荷兰殖民者于公元1624年侵占了我国的台湾，对台湾人民进行残酷的剥削和压迫，并不断骚扰福建、广东沿海地区。为了打击荷兰殖民者的嚣张气焰，郑成功决定收复台湾。

▲郑成功

公元1661年4月1日早晨，郑成功率领部队冒着暴风雨横越台湾海峡，陆续到达澎湖群岛鹿耳门港外。郑成功先换乘小船，由鹿耳门登上北线尾，查看地形，并派出精良的潜水健儿进入台江内海，侦察荷军情况。等到鹿耳门海潮大涨之时，郑成功命令众将士乘坐大小战舰顺利地通过鹿耳门后，立即兵分两路：一路登上北线尾，一路驶入台江，准备在禾寮港登陆。

台湾城上的荷军原以为中国船队必从南航道驶入，却未料到郑成功却躲开了火力，从鹿耳门驶入台江。荷兰侵略者面对浩浩荡荡的郑军船队，以为是神兵天降，顿时束手无策。郑军船队沿着预先测度好的港路鱼贯而入，切断了台湾城与赤嵌城荷军的联系，迅速于禾寮港登陆，并立即在台江沿岸建立起滩头阵地，准备从侧背进攻赤嵌城。

台湾人民听到郑军到来，成群结队推着小车，提水端茶，迎接亲人，并用货车和其他工具帮助他们登陆。正是由于台湾人民的大力支援，郑军不但顺利登陆，而且为分割包围盘踞台湾的荷军创造了有利的条件。

六十多只战船一齐发炮

当时，坐镇赤嵌城的荷军兵力大约有400人，荷军兵力虽弱，但气焰十分嚣张。同时，为了对抗郑军，侵略军又调动了一艘最大的军舰"赫克托"号，企图阻止郑军的船只继

统一台湾的战略意义

清政府统一台湾并建府设防，其战略意义重大而又深远。从历史、文化和地缘的角度来说，台湾是中国领土的一部分，这是无可置疑的。但在台湾正式设立府县等官方机构，使台湾成为中国行政区划的一部分，则自康熙二十三年始，此举无疑从政治上进一步确定了大陆与台湾之间不可分割的隶属关系。从军事上看，清政府在台设立府县并长期驻兵守卫，是确保台湾和大陆沿海地区安全的重大措施，同时也对整个中国国防产生了深远影响。

续登岸。

郑成功沉着镇定，指挥他的 60 艘战船把"赫克托"号围住。郑军的战船小，行动灵活。郑成功号令一下，60 多只战船一齐发炮，把"赫克托"号打中起了火。大火熊熊燃烧，把海面照得通红。"赫克托"号渐渐沉没下去，还有 3 艘荷兰船一看形势不妙，吓得掉头就逃。

荷兰侵略军遭到惨败，龟缩在两座城里不敢应战。他们一面偷偷派人到巴达维亚去搬救兵，一面派使者到郑军大营求和，说只要郑军肯退出台湾，他们宁愿献上 10 万两白银慰劳。

郑成功喝退荷兰使者，派兵猛攻赤嵌，结果，不出 3 天，赤嵌的荷兰人就乖乖地投降了。

扯起白旗投降

郑成功迫降赤嵌城后，立即分兵从水陆两路进攻台湾城。鉴于台湾城城池坚固，强攻一时难以得手，为了减少伤亡，进一步做好准备，郑成功决定采取长期围困的办法，迫使荷兰侵略军投降。他一方面派兵围困荷军，一方面到高山族人民聚居的四大社进行巡视，帮助他们开荒种地，这样的做法，受到当地人民的热烈欢迎，赢得了台湾同胞的拥护和支持。

台湾城的荷军被围数月，军粮得不到补给，

▲郑成功像（画中郑成功头戴方巾，身着铠甲，正在对弈，右下方一兵士正在汇报军情。）

因而士气低落，不愿再战。但是盘踞台湾城的侵略军头目却企图顽抗，等待救兵，进行最后一搏。在围困 8 个月之后，郑成功于公元 1661 年十二月初清晨下令向台湾城发起强攻。郑军居高临下，向台湾城猛烈轰击。荷兰侵略军走投无路，只好扯起白旗投降。公元 1661 年 12 月 13 日，侵略军头目被迫到郑成功大营，在投降书上签了字后，灰溜溜地离开了台湾。至此，荷兰侵略者在台湾 38 年的殖民统治宣告结束，宝岛台湾又回到祖国的怀抱。

▼荷兰殖民者投降图

平定三藩之战

三藩指的是云南的平西王吴三桂，福建的靖南王耿精忠（耿仲明之孙），广东的平南王尚可喜。康熙初年，他们的拥兵自重、割据一方、恣意妄为已严重威胁到清王朝的统治。平定三藩之战历时八年，地域波及十几个省，规模巨大，最终康熙帝取得了平叛的胜利。

▲康熙皇帝龙袍

撤藩要反，不撤藩也要反

清王朝基本统一中国后，各支八旗劲旅陆续返回京城。而吴三桂、尚可喜、耿精忠三人留在了各自的封地，镇守一方。他们的势力越来越大，已逐步摆脱了清廷的控制，成为称霸一方的独立王国。康熙帝一直把三藩视为心腹大患，总想利用时机限制他们的兵权，削弱他们的势力。终于康熙帝等来了一个大好时机。公元1673年3月，尚可喜请求告老还乡，返回辽东。康熙帝答应了这个请求，并要求他撤销藩兵返回祖籍。康熙帝同意尚可喜撤藩的诏令，牵动了吴三桂和耿精忠。迫使他们不得不考虑自己的问题。不得已，两人也请求了撤藩。实际上，他们只是在试探清廷的态度。当时朝廷大臣意见不一，索额图等人认为下诏撤藩，势必会引起反叛，所以提出了反对撤藩的意见。只有户部尚书米思翰、兵部尚书明珠、刑部尚书莫洛等少数人主张撤藩。

康熙经过慎重思考，认为藩镇久握重兵，现在撤也反，不撤也会反，不如先发制之。于是康熙帝顺水推舟，将计就计，同意将二藩撤离，要求吴三桂所属的官兵家人全部撤移。这下使吴三桂大失所望。本来吴三桂认为自己功高位尊，与尚可喜情况不同，皇上不会夺其王爵，没想到反被康熙帝借机削权。但他不甘心就此罢休，所以一面假装服从安排，一面积极准备叛乱。十一月二十一日，吴三桂串通心腹，杀死云南巡抚朱国治，发布反清檄文，自称"天下都招讨兵马大元帅"，公开发动了叛乱。吴三桂为了扩大势力和影响，打出了"复明"的旗号，欺骗人民。实际上，当年正是吴三桂勾结清兵入关，所以"反清复明"的幌子，反而成为当时天下有识之士的笑柄。在吴三桂的煽动下，慑于他的威势，不少明朝降清的文臣武将依附到他的旗下，一时间，分裂割据势力非常嚣张。

◀康熙帝

▲《吴三桂擒桂王由榔论》书影

从水路运米运粮

　　康熙皇帝为了控制局势，平定叛乱，连下数道谕令，采取了一系列措施。为了稳住福建、广东的局势，集中精力打击吴三桂，还停撤了耿精忠和尚可喜二藩。从平叛战争一开始，康熙皇帝就认为三藩之中吴三桂是主要的敌人，而把夺取他的战略基地湖南，视为关系全局成败的关键。经过三年的作战，吴三桂兵败陕、甘、闽、浙等省，左、右两翼已被剪除，湖南主战场的侧后受到了严重威胁。清军对湖南形成包围之势，已把握了战略主动权。公元1678年8月，吴三桂突然病发而死，他的孙子吴世璠被拥立为帝。吴三桂的死，对叛军影响极大，康熙帝更是借此来加强对叛军的心理瓦解。康熙帝要求各路将军大臣，对待吴三桂的部下要从宽处理，要尽量进行招降。果然叛军纷纷投降，清军夺下了岳州城。岳州的失守使叛军在湖南的根基彻底动摇了。湖南的叛军个个成了惊弓之鸟，不战自溃。

▼吴三桂颁布的兵部票　清

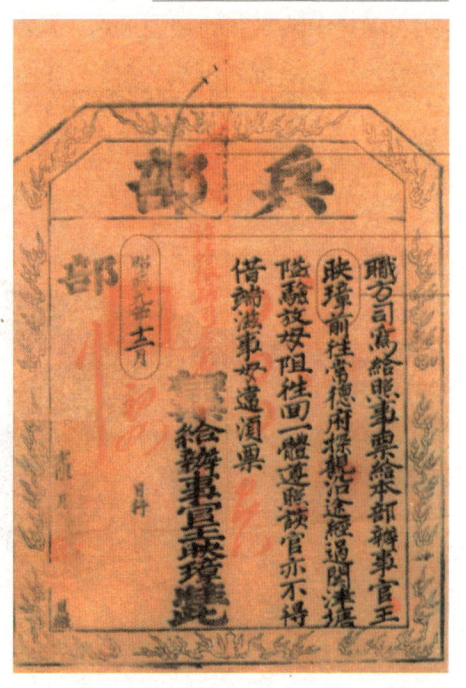

　　康熙二十年（1681）四月，赵良栋奉命到云南与先前到达的清军会师。这时清军已围困昆明半年之久。尽管叛军不少将领率部投诚，但由于清军在离城40里处安营，一面临昆明湖，一面靠山，湖中没有部署兵力切断叛军的水路，所以叛军照旧可以从水路运米运粮。所以清军的围困是围而不死，难以造成致命的打击。赵良栋到达昆明后，主张将围困范围缩小，并在昆明湖内设置封锁线，截断叛军的补给线。这一招果然奏效，很快城中的粮草就接济不上了。吴世璠被迫派兵出城，在归化寺一带与清军展开激战，最终被清军击败。清军乘势从四面向昆明城发起猛攻。此时，城内军心动摇，内部矛盾重重，吴国柱等将领迫于清军声威浩大，准备将吴世璠擒拿交给清军，吴世璠走投无路，自杀而死。

雅克萨自卫还击之战

雅克萨自卫还击之战，是康熙时期我国军民被迫进行的一次驱逐沙俄侵略者，收复被占领土地进行的战争。由于清政府采取了以武力驱逐的正确方针，派出正规清军进驻黑龙江地区，并以军事斗争、政治斗争和外交斗争有机地结合，终于取得了抗俄战争的胜利。特别是两次雅克萨之战的胜利，还促成了中俄尼布楚会议的召开，并签订了《尼布楚条约》。

▲《玄烨戎装图》

2000多斤的重型大炮

17世纪60年代，沙俄侵略者盘踞我国领土雅克萨，并四处扰掠，严重威胁我国边境的安全。平定三藩之乱以后，收复雅克萨便成为清政府面临的一个刻不容缓的任务。公元1685年2月25日，康熙帝玄烨下达了进军雅克萨的命令。由彭春率领的清军分水陆两路从瑷珲出发，进抵雅克萨城下。攻城中清军的红衣炮发挥了巨大的威力。红衣炮是中国自制的重型火炮，其中有一种型号是康熙帝亲自命名的，叫作"神威无敌大将军"，这种火炮重2000多斤，炮弹重6～8斤，装火药3～4斤，射程远，威力大。一发发的炮弹射向城堡，俄军难以抵抗。万般无奈之下只好向清军乞降。彭春等人接受了俄军的投降，并遵照康熙帝"勿杀一人，俾还故土"的谕旨，给予投降俄军宽大待遇。700多名俄国人携带着除大炮以外的武器和个人财物离开了雅克萨。巴什里等45名俄国士兵不愿回俄国，还被获准留居在中国。第一次雅克萨之战胜利结束。清廷收复雅克萨的战略目标完全达到。但沙俄的侵略本性不改，不久之后他们又卷土重来，重新占领了雅克萨。

▼神威无敌大将军炮　清

俄军中暴发了坏死病

1686年初，康熙帝再次下令出兵讨伐。这一次清军由于火器不足和缺乏有效的攻城器械，所以无法攻下坚城，但清军将领改变了攻城策略，改强攻为围困。清军从四面把雅克萨团团围住，俄军困守孤城，处境越来越困难。早在围城之初，正在塔楼观察战况的托尔布津被清军炮弹击中右腿，4天之后因伤势过重不治而亡。别伊顿继任为统领。在清军严密包围下，雅克萨城内的俄军几乎断绝了与外界的联系。尼布楚督军费拉索夫曾经派隆沙科夫率70名俄军到雅克萨，企图侦察该城情况，以确切了解中方意图，但他们根本进入不了城堡，也捉不到俘虏。别伊顿派出的求援人员死里逃生，历时一个月才到达尼布楚，但尼布楚的俄军兵力很少，根本无法给予支援。这时雅克萨城内开始流行致命的坏死病，死亡的人数大量增加。到1686年年底，城堡中原来的826名侵略军大部分战死、病死，只剩下150人。而这些人也大都是坏死病患者和伤员，能值勤的只有30多名士兵和15名少年，死神随时都在向他们招手。雅克萨城内的俄军已完全绝望了。

即便在这种情况下，清政府仍一如既往地寻求和平解决争端的途径。清政府抱着寻求和平的愿望，提出中俄双方各派出官员前往雅克萨，命令各自部队就地停止军事对抗。这个合理的建议竟遭到沙俄先遣信使的拒绝，维纽科夫用种种借口，拒绝派人去雅克萨宣布停战命令，却要求清军既解除对雅克萨的围困，又要撤离该地区，而让俄军继续留驻在雅克萨。清政府为了促成中俄两国政府间的正式谈判，实现两国间的和平，决定作出让步，实行单方面撤兵。维纽科夫再也找不到借口，只得同意派人前往雅克萨。1687年8月19日，当康熙帝接到俄国谈判使者已到达边境的奏报时，为了促使谈判能够早日举行，立即下令清军全部撤离雅克萨。至此，历时一年多的第二次雅克萨之战，由于中国主动地单方面撤军而宣告结束。雅克萨之战的胜利，沉重地打击了沙俄侵略者，遏止了沙俄对我国东北地区的进一步侵略。

◀ 康熙帝大阅兵之盔甲

▼尼布楚城内市场（尼布楚位于石勒喀河支流尼布楚河口东岸。明末清初为蒙古布拉特、乌梁海等部游牧地带。顺治十五年被沙俄侵略军据为己有。）

清平定准噶尔叛乱之战

清平定准噶尔叛乱之战是清政府为了保卫边疆的安宁，反抗沙俄的侵略，对准噶尔部封建主噶尔丹所进行的一场战争。清政府平定准噶尔贵族叛乱，消除了西部边疆的分裂割据状况，加强了对西部边疆地区的管理，进一步促进了全国的统一。平叛之后，清政府废除了准噶尔游牧封建贵族所实行的农奴制统治，促进了西部边疆地区社会经济的发展。清政府平定准噶尔贵族叛乱的胜利，对侵略成性的沙俄也是一个沉重打击，客观上起到了维护国家统一和领土完整的积极作用。

▲乌兰布通古战场

上万头骆驼躺在地上

准噶尔部是蒙古的一支。噶尔丹取得准噶尔的统治权后，一反其父兄抗击外来侵略、捍卫民族主权的立场，而逐渐走上与沙俄相勾结的道路。公元1690年6月，噶尔丹在俄国的支持下，以追击漠北蒙古为名，大举进犯漠南。

康熙帝召集大臣宣布他决定亲征噶尔丹。他认为噶尔丹气势汹汹，野心不小，既然打进来，非反击不可。公元1690年，康熙帝分兵两路：左路由抚远大将军福全率领，出古北口；右路由安北大将军常宁率领，出喜峰口，康熙帝亲自带兵在后面指挥。

右路清军先接触噶尔丹军，打了败仗。噶尔丹长驱直入，一直打到离北京只有700里的乌兰布通。噶尔丹得意洋洋，还派使者向清军要求交出他们的仇人。康熙帝命令福全反击。噶尔丹把几万骑兵集中在大红山下，后面有树林掩护，前面又有河流阻挡。他把上万头骆驼，缚住四脚躺在地上，驼背上加上箱子，用湿毡毯裹住，摆成长长的一个驼城。叛军就在那箱垛中间射箭放枪，阻止清军进攻。清军用火炮火枪对准驼城的一段集中轰击，炮声隆隆，响得震天动地。驼城被打开了缺口。清军的步兵、骑兵一起冲杀过去，福全又派兵绕出山后夹击，把叛军杀得七零八落，纷纷丢了营寨逃走。

▼北征督运图

噶尔丹一看形势不利，赶快派个喇嘛到清营求和。福全一面停止追击，一面派人向康熙帝请示。康熙帝下令说："快进军追击！别中了贼人的诡计。"果然，噶尔丹求和只是缓兵之计，等清军奉命追击的时候，噶尔丹已经带了残兵逃到漠北去了。

走投无路，服毒自杀

噶尔丹回到漠北，表面向清朝政府表示屈服，暗地里却重新招兵买马。还扬言他们已经向沙俄政府借到鸟枪兵6万，将大举进攻。在此情况下，康熙帝决定第二次亲征。

康熙帝的中路军到了科图，遇到了敌军前锋，但东西两路还没有到达，这时候，有人传说沙俄将要出兵帮助噶尔丹。随行的一些大臣就有点害怕起来，劝康熙帝班师回北京。康熙帝气愤地说："我这次出征，没有见到叛贼就退兵，怎么向天下人交代？再说，我中路一退，叛军全力对付西路，西路不是危险了吗？"

康熙帝决定继续进兵克鲁伦河，并且派使者去见噶尔丹，告诉他康熙帝亲征的消息。噶尔丹在山头一望，见到康熙帝黄旗飘扬，军容整齐，连夜拔营撤退了。噶尔丹带兵奔走了五天五夜，到了昭莫多正好遇到费扬古军。昭莫多原是一个大树林，前面有一个开阔地带，历来是漠北的战场。费扬古按照康熙帝的部署，在小山的树林茂密地方设下埋伏，先派先锋400人诱战，边战边退，把叛军引到预先埋伏的地方，清军先下马步战，听到号角声起，就一跃上马，占据了山顶。叛军向山顶进攻，清军从山顶放箭发枪，展开了一场激战。费扬古又派出一支人马在山下袭击叛军辎重，前后夹击。叛军死的死，降的降。最后，噶尔丹只带了几十名骑兵脱逃。

隔了一年，康熙帝又带兵渡过黄河亲征。这时候，噶尔丹原来的根据地伊犁已经被他侄儿策妄阿那布坦占领，他的左右亲信听说清军来到，也纷纷投降，愿意做清军的向导。噶尔丹走投无路，就服毒自杀了。清政府又重新控制了阿尔泰山以东的漠北蒙古。

◀ 康熙帝半身朝服像

清王朝前期的民族关系与民族政策

清朝灭明后，一方面在北方军事要冲地区，凭借明长城或设置柳条边加强防守；另一方面鉴于明亡国的教训，决定不再兴筑长城，而是改变统治的政策，采取以重视德化及人心向背的"怀柔"政策，以拉拢蒙、藏各族的上层王公贵族，利用宗教信仰，用思想统治的办法代替浩大的长城工程。这项政策包括优给廪禄、减免徭赋，封以爵位官职，保证他们的世袭权力。规定他们可轮流到北京或承德觐见皇帝，观光赐宴，待遇优渥。清朝朝廷特别重视蒙族上层，强调"满蒙一体"，皇室子女和蒙古贵族通婚联姻。又在蒙族、藏族中扶植藏传佛教格鲁派，尊崇活佛，优礼喇嘛，修建许多喇嘛寺庙，利用宗教进行统治。这些措施的施行，受到朝野上下的拥护，在当时取得了积极的效果。

太平军湖口之战

湖口大捷是太平军于公元1855年在江西湖口粉碎清军水陆进攻、扭转西征战局的关键一战。太平军在石达开的领导下，坚守要点、疲惫敌人，利用有利地形，并抓住有利时机，机智果断地分割湘军水师，进而主动出击，取得了重创湘军水师的重大胜利。太平军湖口大捷，粉碎了曾国藩夺取九江、直捣金陵的企图，扭转了西征战场上的被动态势，成为西征作战的又一个转折点。

▲洪秀全

"惊营"战术

公元1853年，太平军在北伐的同时，又派兵西征。西征军连续作战一年半，取得重大胜利。但后来遇到湘军的顽抗，使得湖北和江西战场形势对太平军极为不利。在这种形势下，为挫败湘军的进攻，主持西征军务的翼王石达开由安庆进驻湖口，坐镇指挥。

石达开到达湖口后，鉴于湘军气势正盛，水师更占优势，便决定扼守要点，伺机退敌。湘军则首先集中力量进攻九江。

湘军水师自进抵湖口的第二天起，就开始了猛烈的进攻。太平军凭借工事顽强抵抗，敌人一无所获。而九江的太平军却乘着敌人调动兵力之际，出城反击，获得了胜利。曾国藩顾此失彼，陷入了捉襟见肘的境地。更使曾国藩头痛的是太平军的"惊营"战术。石达开经常利用天阴月黑的夜晚，派出小船，堆积柴草硝药，三五成联，分几十起突入

▼《清军奏报与太平军交战图》之一

湘军水师营中纵火。他还在两岸挖掘许多地窖，每窖藏战士数人，不时向敌军施放冷枪。每天夜间，他又派出小股部队，在长江两岸一边施放火箭火球，一边大声呼喊。这些战斗措施，虽然不能大量地杀伤敌人，但却使其"昼夜戒严，不敢安枕"，因而收到了使敌人更加疲惫、更加焦躁不安的战略效果。由于石达开的小股突袭和惊营战术，再加上当时正是隆冬时分，雨雪交加，曾国藩的水师疲于奔命，锐气已经消磨殆尽了。

▲太平军号衣图

湖口水卡早已被堵塞了

曾国藩在九江、湖口和石达开相持一个半月有余，进退失据，狼狈困顿。为了突破太平军由江入湖的防线，打通江西的饷道，他出动了全部水师和部分陆军，于一月二十三日突破了湖口的水卡。但是，九江城下和湖口江面的战事还在激烈进行，曾国藩如果要进入鄱阳湖，他的兵力就会更加分散。如果再有一部分力量闯入内湖，然后立即将湖口封锁，这就是一个各个击破、开始反攻的有利机会。果然，曾国藩于一月二十九日派遣了一部分水师船队，闯进了鄱阳湖内，企图执行"搜剿内湖"，联系江西省城的计划。

石达开紧紧捕获住这个有利的战机，命令部队立即堵塞湖口水卡，隔绝敌人的两部分水师，同时在长江江面上布置反攻，袭击敌人留在外江的笨重战船。一月二十九日的晚上，在一部分太平军战士紧张地堵塞湖口水卡的同时，另一部分太平军正在布置一次奇袭。三更时分，几十艘轻便战船突入敌人的船队中大砍大杀，并且放火燃烧。长江两岸的陆军也纷纷施放火箭火球，同时呼喊助威。

曾国藩在一个月期间陈兵湖口的局面，一夜之间化为乌有。趁乱冲入内湖的一百多艘轻便战船，在鄱阳湖颈的大姑塘等地游荡了一天以后，获知了外江水师大败的消息，惊慌万状。他们急忙想逃出口外与大部队会合。但是，湖口水卡早已被堵塞了。曾国藩的水师被割裂为二，进攻太平军的力量被极大地削弱。至此，盛极一时的湘军水师，被太平军打得落花流水。而太平军在石达开的领导下获得了半年以来的第一次重大胜利。

湘军与淮军

为了镇压太平天国起义，清政府允许地方组织团练。湖南湘乡大官僚曾国藩趁机组织了湘军，湘军有陆军和水师，大小将领多是曾国藩的亲戚、朋友、学生和同乡。相当于曾国藩的私人武装。同时，曾国藩的门生李鸿章也在安徽组织淮军。湘军、淮军与外国反动势力一道联合绞杀了太平天国运动。此后，曾国藩裁撤湘军，李鸿章则继续扩大淮军，并派袁世凯训练新式陆军。淮军派生了以后的北洋军阀。

捻军高楼寨之战

捻军是继太平天国后活跃在苏、鲁、豫、皖地区的一支农民起义军。高楼寨之战,捻军采取"以走致敌"的运动战,即诱敌深入,选择有利地形,巧妙设伏,突然攻击,战而胜之。

慈禧的严厉训斥

公元1852年11月,在太平天国革命的影响下,长期活动在安徽、河南、山东、江苏、湖北等省的捻党纷纷起义。太平军起义失败后,一些被打散的太平军、捻军也陆续组成了一支集中统一的新捻军,赖文光成为这支新捻军的最高领袖,继续与清军斗争。赖文光自从与张宗禹兵合在一起,军威大震。赖文光又选出部分精兵,组成骑兵。在与清军多次交锋中,力挫清军,击毙清军副都统格绷额、徐州总兵滕加兴等数名将官。朝廷震怒,慈禧将僧格林沁严厉训斥,并责令他必须消灭这股太平军。

十二月七日,赖文光等督军在襄阳打败僧军,然后挥军北上,进入河南邓州境。赖文光、张宗禹等选择邓州西南的唐坡,挖壕筑垒,部署兵力。僧格林沁兵分三路,左路由总兵陈国瑞率领,右路由副都统常星阿率领,

▲僧格林沁像(僧格林沁(1811—1865),姓博尔济吉特氏,蒙古科尔沁左翼后旗人,是蒙古"黄金家族"后裔

僧格林沁与内阁大学士全顺、总兵何建鳌率领中军。左右两路先到高楼寨村外的三岔路口,看到两条小路上扔下许多衣服,散碎银两等物。陈国瑞说:"看来这是捻子仓促逃命扔下的,我分两路包抄过去,一举歼灭!"常星阿说:"总兵说得有理,我们赶快追上去,打他个措手不及!"二将命士兵迅速包抄过去,当两军会合时,突然杀声四起,这两支清军很快就被歼灭了。僧格林沁在总兵陈国瑞援救下,才幸免于死。

▼狩猎用的火枪

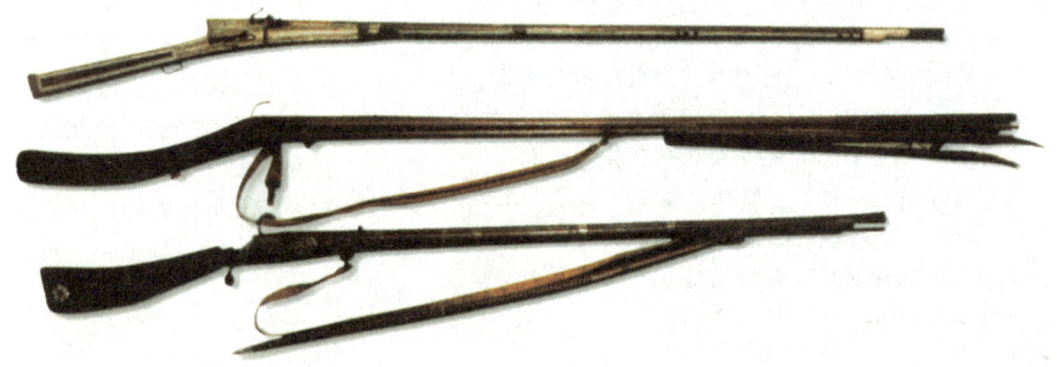

疲劳得连马缰都拿不住

僧格林沁经邓州、鲁山两次大败之后，气急败坏，将首先败退的富克精阿、精色布库处决，借以震慑部队，他决心猛追捻军，报仇雪耻。捻军本来准备西进陕西，由于清军防堵甚严，于是决定在河南境内与僧军继续周旋。

在两个多月的时间里，僧格林沁尾随捻军之后穷追不舍，从豫西、豫中、豫东、豫南，一直追到山东，行程数千里，所部被拖得精疲力竭，将兵也死亡了一百多人，军中已经对僧格林沁的做法有了许多的怨言。僧格林沁本人也因几十天不离马鞍，疲劳得连马缰都拿不住，但刚愎自用的僧格林沁，一意孤行，仍穷追不舍。

▲八旗军旗

公元1865年5月17日，僧格林沁率军追至高楼寨之南的解元集地区。捻军派出少数部队迎战，诱使僧军向高楼寨地区深入。十八日中午，僧军进至高楼寨，埋伏在高楼寨以北村庄、河堰、柳林中的捻军一齐出击。僧格林沁分兵三路：翼长诺林丕勒、副都统托伦布等率左翼马队，总兵陈国瑞、何建鳌各领本部步兵为西路；副都统成保、乌尔图那逊等领右翼马队，总兵郭宝昌率本部步兵为东路；副都统常星阿、温德勒克西等各领马队为中路。捻军也分三路迎战。西路鏖战两小时左右，捻军稍却。适中路捻军已将常星阿部击溃，便支援西路捻军向敌人发起反击，将西路清军歼灭。与此同时，东路捻军也已将敌军击溃。在后督队的僧格林沁只得率残部退入高楼寨南面的一个荒圩，捻军乘胜追击，将该圩团团包围，并在圩外挖掘长壕，防止敌人突围。当夜三更，僧格林沁率少数随从冒死突围，逃至菏泽西北吴家店时，被一捻军战士砍死在麦田。这一仗，捻军全歼僧格林沁以下7000余人，取得重大胜利。

▶八旗军衣

镇南关大捷

镇南关大捷是公元1884年中法战争中，清军在广西镇南关大败法国侵略者的战役。年近古稀的老将冯子材亲自上阵，手持长矛与敌白刃格斗，重伤法军指挥官尼格里，将法军逐至郎甲以南。镇南关大捷使清军在中法战争中转败为胜，振奋了民族精神。

"用法国人的头颅，重建我们的门户"

1883年，法国向越南侵略，并以越南为跳板，向中国发动了侵略战争。1885年，广西前线的清军在清政府投降路线的影响下，军心涣散，全线瓦解，镇南关

▲冯子材旧照

为法国侵略军占领。法军统帅尼格里派人在废墟上插块牌子，狂妄地写道："广西的门户已不再存在了！"镇南关周围的中国人针锋相对，在关上奋笔直书："我们将用法国人的头颅，重建我们的门户！"在人民群众反侵略热潮的激励下，以冯子材为首的爱国清军将领积极展开了抗法斗争。

冯子材是广东钦州人，早年曾参加农民起义，后投降清朝，被任为广西提督，1882年因年老多病还乡。法国的猖狂侵略，激发了他的民族情感，主动重返前线，奋起抗法。冯子材到达前线，一面收集溃兵，稳定军心；一面招募民间丁勇，积极团结边防其他部队，鼓励军民保卫国家，并在距镇南关内十里的关前隘沿着山麓修筑一道三里多的长墙，挖掘长壕，以备攻守。

运输队被打了回去

一天早晨，下起了大雾。冯子材获知法军统帅尼格里趁着大雾来攻城了。冯子材立刻找来了苏元春、王德榜和王孝祺等将领。他讲了一下自己的作战计划，然后命令各位将领马上分头行动。

尼格里从文渊城出来后，把队伍分成了两路。一路攻打东岭，一路攻打长墙。他们在大炮的掩护下，依靠先进的武器，很快就登上了东岭。洋鬼子们一冲进炮台，便把炮口转向长墙开起火来。炮弹雨点一样落在长墙上，炸得石头砖块乱飞。正面的敌人也端着枪，

▼镇南关布防形势图

"哇哇"怪叫着冲了上来。冯子材一面指挥清兵奋勇还击,一面大声鼓励说:"弟兄们,为国报效的时候到了。千万不能让洋鬼子冲过长墙。不然我们还有什么脸去见两广的父老!"这时候,王孝祺领人绕到法军后面发动了猛攻。苏元春冒着猛烈的炮火,冲上了东岭。两方用大炮展开对攻,东岭上炮声隆隆,喊杀声响成了一片。可是,凶猛的洋鬼子并没有被打退。就在这时,法国兵突然乱了起来。原来是有人向尼格里报告,说王德榜率兵袭击了文渊城。往前线送食品弹药的运输队几次都被王德榜打了回去。

不败而败的战争

中法战争促使法国茹费理内阁倒台。公元1885年6月9日,李鸿章与巴德诺签订了《中法新约》,结束了战争。李鸿章认为以往战争失败后讲和,对方会盛气凌人,谈判中漫天要价,提出苛刻的条件,如今战争胜利后谈和,对方不敢提出过高要求,于是李鸿章竟然不是"乘胜前进",而是"乘胜即收",屈辱求和,与法国订立《中法新约》,使法国在战争失利的情况下,仍然达到了侵略目的。法国不胜而胜,中国不败而败,助长了帝国主义的侵略野心,使中国的边疆危机更加深重。

70多岁的老将军冲了上去

冯子材看机会来了,就第一个跳出了长墙,挥舞着大刀朝洋鬼子冲了过去。战士们一见70多岁的老将军带头往上冲,也都奋不顾身地杀向敌人。洋鬼子在大刀长矛面前,吓得四散奔逃,尼格里也跟着往后逃跑。打退长墙前的敌人后,冯子材又指挥士兵向东岭冲去。正在东岭上与敌人进行炮击的清军见到这种情况后更加英勇顽强了。在苏元春的带领下,一个个像小老虎似的扑向敌人。法军前后都挨打,只好从东岭上逃了下来。

尼格里把两路败兵集中在一起,还想进行疯狂的反击。忽然,山谷四周传来了一片呐喊声,这声音震得尼格里和法国兵心惊肉跳。他们抬眼一看,只见无数人像湖水一样从四面八方涌了过来。原来是周围中越两国的老百姓支援冯子材来了。他们手里拿着各种武器,有刀枪,有棍棒,还有干农活用的锄头和铁耙子。尽管武器落后,但他们没有一个怕死的,都不顾一切朝洋鬼子冲去。老百姓像汹涌的大海,把敌人淹没了。冯子材不给敌人喘气的机会,率领清军穷追猛打。接连收复了文渊、谅山、北宁等地,并在激战中把尼格里击成重伤。法军士气沮丧又疲惫不堪,代理尼格里指挥的爱尔明加下令毁坏各种军用物资后,弃城而逃。清军和黑旗军继续追击,又在谷松、威坡、长庆重创法军,缴获各种枪炮弹药不计其数,法军第二旅团精锐悉被歼灭。镇南关大捷,扭转了中法战争整个战局。法国茹费理内阁因此倒台。

◀《点石斋画报 镇南关大捷图》

中日甲午海战

甲午战争爆发后，日本海军按原定作战计划，准备在黄海寻歼中国北洋海军。1894年9月17日，中日海军在黄海北部海域相遇，遂爆发了近代世界海战史上所罕见的一次海战。这场海战对整个甲午战争的进程产生了重大影响。由于北洋舰队在此后不敢再战，使日军基本上掌握了黄海制海权，为下一步登陆辽东半岛创造了条件。北洋舰队虽然在海战中失利，但海军官兵奋勇拼杀的精神仍值得后人称颂。

▲中日甲午海战图

陷入了消极自保的被动局面

丰岛海战以后，日本海军增强了战胜中国海军的信心。联合舰队接到日军大本营关于击破中国舰队的命令后，便加紧海上搜索，随时准备与北洋舰队进行决战。而北洋舰队由于受李鸿章"保全坚船为要"的束缚，始终不敢寻敌决战，因而陷入了消极自保的被动局面。

9月17日上午10时30分，北洋舰队正准备起锚回航旅顺时，发现日本舰队自西南驶来，丁汝昌随即命令舰队起锚迎战。北洋舰队开始成"并列纵阵"以每小时5海里的速度向西南方向航进。日舰则以第一游击队"吉野""高千穗""秋津洲""浪速"4艘速率最高的巡洋舰为先锋，日军指挥官伊东祐亨则乘旗舰"松岛"，率领本队"千代田""严岛"等舰跟进。本来北洋舰队采取的是交错配置的"夹缝雁行阵"出战，但由于旗舰"定远"航行速度过快，"济远""广甲"等舰未能及时跟上，阵形因此成为半月形。

▶邓世昌

开足马力撞击日军旗舰

激战开始后，北洋舰队重创日本"比睿""赤城""西京丸"诸舰。但北洋舰队中"致远"舰亦受重伤。日舰随即调整作战队形，第一游击队准备掠过北洋舰队右翼以后，又向左作了180°的回航，企图利用其航速快、便于机动的优点，与本队互相配合。但本队旗舰"松岛"发出信号令其归队，它只好调头回航。于是，北洋舰队主力舰只对准第一游击队右侧后方,猛烈炮击。第一游击队刚刚追上本队,又见"西京丸"发出救援"比睿""赤城"的信号,只得再次向左作180°回航。继而驶向北洋舰队的西侧。与此同时,本队已绕至北洋舰队的背后,与第一游击队形成夹击之势。这样,北洋舰队便陷入了腹背受敌的不利境地,队形更加混乱。

战斗过程中,丁汝昌身负重伤,由右翼总兵"定远"舰管带刘步蟾代替指挥。北洋舰队大部分官兵都能英勇战斗,奋不顾身。在混战中,"致远"舰多处受创,船身倾斜,弹药将尽。管带邓世昌见"吉野"十分猖狂,毅然下令开足马力,准备用冲角撞击"吉野",与敌同归于尽。"吉野"慌忙躲避,并发射鱼雷。"致远"不幸被鱼雷击中,锅炉爆炸。邓世昌等250名官兵壮烈牺牲。

▲《点石斋画报 高升号沉没》

"吉野"只剩下一具躯壳

北洋舰队的"靖远""来远"因中弹过多,力不能支,退出了战斗,在大鹿岛附近紧急修补损坏的机器,抢修完毕后,又重新投入战斗。"靖远"帮带大副刘冠雄见"定远"号旗桅杆断裂,不能升旗指挥,建议管带叶祖珪代悬信旗集队,指挥各舰绕击日舰,并调出停泊在港内的"镇南""镇中"等前来助战。于是"平远""广丙"及鱼雷艇也都返回。这时,日旗舰"松岛"已经瘫痪,"吉野"也只剩下一具躯壳,丧失了战斗力,其余日舰也都伤亡惨重,不能再战。又见北洋舰队重新集队,伊东祐亨便于17时40分左右下令撤出战场。北洋舰队稍事追击,于是收队返回了旅顺。

这次海战,历时5个多小时,其规模之大,时间之长,为近代世界海战史上所罕见。战斗中,日海军"松岛""吉野""比睿""赤城""西京丸"5舰受重伤,死伤600余人。而北洋舰队的"致远""经远""超勇""扬威"被击沉,"广甲"逃离战场后触礁,几天后被自毁,共伤亡近千人。北洋舰队的损失虽然大于日军,但亦给日舰以重创。

▼丁汝昌

北洋海军的覆灭

光绪二十一年正月初八,威海卫陷落,诸舰相继沉没,十二艘鱼雷艇全部被掳。正月十三日,北洋海军副提督英国人马格禄和顾问美国人浩威勾结部分将领,煽动兵勇水手哗变,逼丁汝昌降敌。丁汝昌宁死不从,并下令沉舰毁台,部属拒不从命。十八日,丁汝昌与将领刘步蟾、张文宣等自杀殉国。威海卫内所剩舰艇和其他军械都落入敌手。至此,李鸿章经营约20年、耗资几千万两白银的北洋舰队全军覆没。

抗击八国联军的天津之战

抗击八国联军天津之战,是以义和团为主体的反抗外来侵略的战争,从1900年6月15日开始到7月14日结束,历时1个月。其间,发生了老龙头火车站争夺战、紫竹林租界攻坚战和八里台保卫战等一系列战斗,最后八国联军攻破了天津。义和团勇敢顽强的战斗精神,充分显示了中国人民反抗外来侵略的决心和勇气。

火牛踏响了地雷

1899年前后,在山东、河南等地,民间有一个秘密组织,就是义和拳。他们练习拳棒,传授武艺,并以散布传单等形式,进行反清活动。因外国传教士的活动越来越猖狂,义和拳开始转向打击教会侵略势力。之后,义和拳改名为义和团,并提出了"扶清灭洋"的口号。由于形势的逼迫,慈禧太后要利用义和团抵抗外来侵略者,所以,清政府承认了义和团的合法性。

▲义和团团旗

八国联军攻占大沽之后,大规模地向北京的门户天津进犯,联军的战略意图是夺取天津,保证紫竹林租界的安全,并以天津为根据地,进而占领北京。为了阻止联军入侵,清军与义和团首领商议,决定向租界的北面、西面、西南面发起攻击。义和团首领张德成率领的"天下第一团"从西面发起猛攻。当时,八国联军从大沽登陆后,陆续向这个租界区集结。联军在通往租界的路上边走边埋设地雷,想阻止义和团的追击。张德成就找来几十头黄牛,在牛尾上系好浸透煤油的棉絮,然后点燃,驱牛上阵。火牛踏响了地雷,吼叫着冲向租界。这样,不仅打通了道路,还引燃了租界里的多幢建筑物。八国联军被吓得惊慌失措,到处乱窜。义和团跟随火牛冲进租界,向乱窜的敌人猛杀猛砍,侵略军死伤累累,损失惨重。

▼义和团反帝传单

"主战"变成了"主和"

义和团及清军实施的"三面进攻之计",取得了一定的战果,使联军进一步陷入"欲进不能、欲退不得、疲惫已极"的境地。但腐败的清政府不但不激励军民继续奋勇杀敌,扩大战果,反而急于求和。七月八日,清政府任命两广总督李鸿章为直隶总督兼北洋大臣，宋庆为帮办北洋军务大臣，为求和作准备。害怕财产和商务毁于战争的天津富商们，趁机奔走相告，一时和议之声传遍前线，这样就大大影响了军民的抗敌意志。武器简陋的义和团，在连日进攻作战中，被清军胁迫"充先锋当前敌"，伤亡很大。宋庆率部到达天津后，见慈禧已由"主战"变为"主和"，就借故下令屠杀义和团，使抗击联军的力量大大削弱。联军则由于大沽援军不断到达，开始由防御转入进攻，于是战争形势急转直下。

用炸药炸破了城门

七月十二日，租界内的联军已有1.7万人，大炮40门。他们见清军的进攻已经停止，便准备进攻天津城。联军指挥官决定由俄国海军总司令阿列克谢也夫任攻城总指挥。分两路攻打天津城。当时清军没有坚守防御的准备，大部分驻守在城外各地，城内驻军很少。而且清军的建制杂乱无章，既没有统一的指挥，又没有协同的部署。十二日夜里，白河东岸和西岸的俄、英、美、日、法各军，向天津城发起进攻。法军炮击了城东北壕墙外的火药库，引起爆炸，俄军乘机强攻清军北侧阵地。军心已经涣散的清军纷纷向北郊溃退。驻扎在城外的2万多清军，不但不迎击敌军，反而临阵脱逃。而天津前线的最高指挥官裕禄，在城破前和宋庆一起逃到了天津的远郊。十四日，日军派工兵用炸药炸破南城门，攻进城内，义和团及民众同侵略军展开巷战，终因装备简陋，火力悬殊，被迫后撤。当天下午，联军占领了天津，他们洗劫了全城，奸淫烧杀，无恶不作。在城内抗击联军的义和团战士大部分惨遭杀害。天津之战，八国联军死伤900多人，是联军发动侵华战争以来伤亡最多的一次。

▼李鸿章与八国联军签署《辛丑条约》

中国战争大事年表

公元前 30 世纪至前 2070 年五帝前期，阪泉之战

公元前 30 世纪至前 2070 年五帝前期，涿鹿之战

公元前 2070 年至前 1600 年，甘之战

公元前 1046 年周武王十一年，牧野之战

公元前 684 年周庄王十三年，长勺之战

公元前 638 年周襄王十四年，泓水之战

公元前 632 年周襄王二十年，晋楚城濮之战

公元前 627 年周襄王二十五年，秦晋崤之战

公元前 597 年周定王十年，晋楚邲之战

公元前 506 年周敬王十四年，吴楚柏举之战

公元前 475 年周元王元年，越灭吴之战

公元前 353 年周显王十六年，齐魏桂陵之战

公元前 341 年周显王二十八年，齐魏马陵之战

公元前 279 年周赧王三十六年，齐燕即墨之战

公元前 260 年周赧王五十五年，秦赵长平之战

公元前 257 年周赧王五十八年，邯郸之战

公元前 230 年秦王政十七年，秦灭六国之战

公元前 209 年秦二世元年，陈胜、吴广农民起义战争

公元前 207 年秦二世三年，巨鹿之战

公元前 204 年汉王刘邦三年，韩信灭赵之战

公元前 203 年汉王刘邦四年，成皋之战

公元前 202 年汉高帝五年，垓下之战

公元前 154 年汉景帝前元三年，周亚夫平定七王之乱

公元前 133 年汉武帝元光二年，汉攻韩王信马邑之战

公元 23 年王莽地皇四年，昆阳之战

公元 184 年汉灵帝中平元年，黄巾军农民大起义

公元 200 年汉建安五年，官渡之战

公元 208 年汉建安十三年，赤壁之战

公元 215 年汉建安二十年，巴蜀之战

公元 221 年魏黄初二年，夷陵之战

公元 225 年魏黄初六年，七擒孟获之战

公元 228 年魏太和二年，诸葛亮北伐之战

公元 383 年晋太元八年，秦晋淝水之战

公元 450 年宋元嘉二十七年，北魏刘宋之战

公元 581 年隋文帝开皇元年，隋朝统一之战

公元 618 年唐高祖武德元年，北邙之战

公元 621 年唐武德四年，围郑灭夏虎牢之战

公元 630 年唐贞观四年，反击东突厥之战

中国战争大事年表

公元656年唐高宗显庆元年，讨伐西突厥之战
公元763年唐代宗广德元年，平定安史叛乱之战
公元764年唐广德二年，反击吐蕃、回纥联合侵袭之战
公元817年唐元和十二年，平定淮西吴元济之战
公元875年唐僖宗乾符二年，黄巢农民起义
公元923年后唐庄宗同光元年，后唐奇袭大梁之战
公元975年宋开宝八年，宋灭南唐之战
公元979年宋太平兴国四年，宋辽之战
公元1121年宋宣和三年，方腊起义
公元1126年宋钦宗靖康元年，保卫东京战
公元1130年宋建炎四年，黄天荡之战
公元1140年宋绍兴十年，保卫顺昌战
公元1140年宋绍兴十年，宋金郾城之战
公元1161年宋绍兴三十一年，采石之战
公元1234年宋理宗端平元年，蒙古灭金之战
公元1279年元至正十五年，忽必烈灭宋之战
公元1351年元至正十一年，刘福通红巾军起义
公元1363年元至正二十三年，朱元璋鄱阳湖之战
公元1367年元至正二十七年，吴元年徐达北上灭元之战
公元1410年明永乐八年，朱棣亲征漠北之战
公元1449年明正统十四年，于谦保卫北京之战
公元1563年明嘉靖四十二年，戚继光仙游抗倭之战
公元1619年明万历四十七年，明与后金萨尔浒之战
公元1626年明天启六年，宁远之战
公元1641年明崇祯十四年，松锦之战
公元1642年明崇祯十五年，李自成朱仙镇会战
公元1644年清顺治元年，山海关之战
公元1658年清顺治十五年，清军进军大西南之战
公元1661年清顺治十八年，郑成功收复台湾之战
公元1673年清康熙十二年，平定三藩之战
公元1685年清康熙二十四年，雅克萨自卫还击之战
公元1690年清康熙二十九年，清平定准噶尔叛乱之战
公元1856年清咸丰六年，太平军湖口之战
公元1865清同治四年，高楼寨之战
公元1885年清光绪十一年，镇南关之战
公元1894年清光绪二十一年，中日黄海海战
公元1900年清光绪二十六年，抗击八国联军的天津之战